W I Z A R D

WIZARD BOOK SERIES Vol. 93

オニールの空売り練習帖

HOW TO MAKE MONEY SELLING STOCKS SHORT

ウィリアム・J・オニール、ギル・モラレス［著］
鈴木一之［監修］西村嘉洋［訳］

Pan Rolling

監修者まえがき

本書は成長株投資の第一人者、ウィリアム・J・オニールの最新刊“How To Make Money Selling Stocks Short”の邦訳である。1953年、オニールは21歳だったときに、プロクター＆ギャンブルの株を５株買って株式投資の世界に足を踏み入れた。以来、類まれなる研究心と観察力、そして持ち前のガッツにより数々の「大化け銘柄」を探し当て、30歳でニューヨーク証券取引所の会員権を取得するまでになった。

オニールはインベスターズ・ビジネス・デイリー紙の創設者兼会長としても知られるが（同紙はウォール・ストリート・ジャーナルと並ぶ米国の投資情報紙）、それ以上に氏の名声を高めているのは、投資手法“CAN SLIM”を完成させた実績である。

株式投資では「成長株派」と「バリュー株派」に大きく分かれる。投資対象の選別にあたって、バリュー株派はバランスシートを分析して数値上の手がかりを得やすい（だからといって「投資適格銘柄」を見つけだすのはたやすいわけではない）。一方、成長株派には、確立された理論がない。売り上げや利益の伸びで示される「成長」の根幹部分が、時代の波や社会構造の変化によって変わってしまうためである。「成長株とは何か？」という根源的な問いに対して、世界の投資家は明確な答えをいまだに手にしていない。

そのような成長株派からの熱望に、オニールの“CAN SLIM”はひとつの道標を示した。“CAN SLIM”のアイデアを初めて世に発表した最初の著書『オニールの成長株発掘法【第４版】』（パンローリング）が全米で100万部を超えるベストセラーになった事実がそれを物語っている。

７つの頭文字からなる“CAN SLIM”は、オニールが50年以上にわたって毎年巨大な値上がりを示した株式を選び出し、本人が「最大成長銘柄の記録」と呼んでいる膨大なデータベースを作り上げるところから生まれた。歴史に刻まれるような「大化け銘柄」に共通している成長株のエキス、それが“CAN SLIM”なのである。株式投資は「記憶のゲーム」と言われるが、まさに戦後、米経済がたどってきた偉大な成長の記憶が“CAN SLIM”には詰め込まれている。

本書はタイトルが示すように「売り」のノウハウが満載されている。もっと言えば「空売り」の技術を詳述したものである。著者が本文中で述べているように、売りの時期が分からなければ、どうしてあなたが買いと思ったものが、本当は売りの時期に来ているかもしれないと判断できるのだろうか。90年代に75000％もの上昇を遂げたシスコ・システムズにも適切な売りの時期があったのである。

したがって、“CAN SLIM”の全体像は本書では述べられていない。また、オニールが好んで使う独特の言い回し（ディストリビューション、ベース、カップ・ウィズ・ハンドルなど）も、本書では最小限の説明しかなされていない。“CAN SLIM”は１冊目の『オニールの成長株発掘法【第４版】』に詳しく記述されており、２冊目の『オニールの相場師養成講座』（パンローリング）では、最適なタイミングで買いに入る手法が詳述されている。そして３冊目の本書では、売りの真髄が細部にわたって展開されている。オニールの戦術をより深く研究することを望む読者は、氏の３冊を併せて読まれることをお勧めする。

日本でもようやく上場企業に対して四半期決算の開示が義務づけられた。“CAN SLIM”の真髄は四半期決算の伸び率にあり、2005年は日本にとってまさにオニール流成長株投資への扉が開かれた記憶に残る年だと言えよう。

最後に、訳出にご尽力いただいた西村嘉洋氏、編集・校正を担当していただいた阿部達郎氏（FGI）、本書の出版に際しパンローリング社長の後藤康徳氏に大変お世話になった。記して感謝申し上げる。

2005年9月

鈴木一之

謝辞

本書を作成するために多大な労力を注いでくれた、ギル・モラレス、サラ・シュナイダー、アンジェラ・ハン、ゲイル・クロナイザー、マイケル・オビエド、カレン・シーグラーの各氏からなるチームに心からの感謝を贈りたい。特に、ウィリアム・オニール・アンド・カンパニーのチーフストラテジストでありポートフォリオマネジャーであるギル・モラレス氏に感謝する。同氏は、当初1976年にパンフレットの形で出版された本書の書き直し、訂正、アップデートを行うという非常に骨の折れる作業を行ってくれただけでなく、その過程において空売りに関する彼自身の研究内容の多くを提供してくれた。

CONTENTS

監修者まえがき ……………………………………………… 1
謝辞 ………………………………………………………… 3
序言 ………………………………………………………… 7

第1部　いつ、どうやって空売りするか　　11

空売り ……………………………………………………… 13
正しい相場環境での空売り ………………………………… 15
上昇すれば必ず下落する …………………………………… 17
主要な株価指数の利用方法 ………………………………… 17
反発したときはどうするか ………………………………… 23
サイクルはどのように起こるか …………………………… 26
崩れやすいベースの例 ……………………………………… 27
市場だけでなく銘柄にも注意 ……………………………… 31
空売り銘柄の選択 …………………………………………… 32
常識が勝つ ………………………………………………… 35
クライマックストップの例 ………………………………… 36
空売りしてはいけない銘柄 ………………………………… 40
空売りのタイミング ………………………………………… 42
50日移動平均線のブレイクの例 …………………………… 44
オーバーヘッドサプライ …………………………………… 46
オーバーヘッドサプライの例 ……………………………… 46
ヘッド・アンド・ショルダーズ・トップの例 …………… 48
指値の決め方 ………………………………………………… 50

目次

買い戻して手仕舞いをするのはいつか ……………………………………… 51
大衆に従ってはいけない ……………………………………………………… 53
プットとコール ………………………………………………………………… 54
空売り残高レポート …………………………………………………………… 54
リスクは常にある ……………………………………………………………… 55
空売りチェックリスト ………………………………………………………… 55

第2部　空売りの構造　　59

第3部　最高の空売りのモデル　　71

シスコ・システムズ …………………………………………………………… 73
ルーセント・テクノロジーズ ………………………………………………… 77
カルパイン・コーポレーション ……………………………………………… 81
ヤフー …………………………………………………………………………… 84
ブロードコム …………………………………………………………………… 85
サートゥンティード・プロダクツ …………………………………………… 88
ロウズ …………………………………………………………………………… 90
レッドマン・インダストリーズとスカイライン・コーポレーション …… 93
Cキューブ・マイクロシステムズ …………………………………………… 98
その他の最高の空売りモデル ………………………………………………… 101

序言

40年以上前になるが、私が29歳だったとき、私はNYSE（ニューヨーク証券取引所）会員の大手証券会社のブローカーだった。1962年４月１日までには株式市場から完全に撤退すると決めており、それ以降は空売りの取引を始めた。1950年～1960年代は株式市場が最悪だった時期で、私の周りのほとんどすべての人が巨額の損失を出していた。私は1962年の年末までに利益を出して手仕舞っていたが、１年後には、NYSEの会員権を買い、私自身の会社であるウィリアム・オニール・アンド・カンパニーを創業していた。そして20年後、インベスターズ・ビジネス・デイリーを設立した。この間に私は時には成功し、時には失敗し、個人投資家と仕事をし、ファンドマネジャーを雇い、そして機関投資家のために仕事をしている何百人というファンドマネジャーを見てきたが、その結果得た結論は、**株を売るとき――特に空売りのときはなおさら――、人々には重要な知識が欠けており、そして極めて人間的ではあるが、大きい心理的な障壁が存在する**ということであった。

1973～1974年の弱気相場のあと、われわれはある機関投資家の顧客のために調査を行ったが、その調査では、大手リサーチ企業の推奨は「買い」と「ホールド（保有）」に大きく偏っていることが分かった。その長期にわたった困難な弱気相場の間、「買い」と「ホールド」の推奨は「売り」の推奨に対して、４対１の比率だった。最近の2000～2002年の弱気相場は1929年以降で最悪のものだったが、その間に投資家が見いだしたのは、ウォール街のアナリストは50もの異なる方法で「買い」推奨を行うにもかかわらず、「売り」推奨に関しては沈黙したままであるということであった。1990年代の大強気相場が2000年３月に天井を付けてからかなりたったあとも、ウォール街のほとんどのアナリストはかつて高値を付け、マーケットを牽引していたリーダー企業の「買い」推奨をずっと続けていた。これは、それらの企業が強気市場で付けた高値から90％かそれ以上下落する間でさえ、なかには倒産に至るまで続いていたのである。この事実は、株の売り方を知っており、また売るべきときには断固として売る投資家が専門家にさえほとんどいないということをはっきりと示す証拠である。これは、ほとんどの投資家にとっては空売りは大変困難であるということを意味している。

売りには、特に空売りをするには本当の知識と市場でのノウハウ、それに大きな勇気を必要とする。というのも、売りには数多くの間違いが付きものだからである。しかし、株を売るべき時期、方法、そして理由を学ばずに、市場でうまく立ち回り、資産を守ることができる方法があるとは私には思えない。**もし投資家が、株がピークに達しているのに、売るべき時期が分からないのであれば、株を買おうとしているときにその株は本当は売るべきであるというシグナルを発していないとどうやって確認するのだろうか？**　売る能力もなしに買うのは、攻撃だけで防御がないフットボールチームのようなものである。勝つためには両方を理解し、実行しなければならない。

私はマーケットレターなど購読したことはないし、アナリストやエコノミストの言うことを聞いて儲けた試しもない。そんなことよりも、ジェラルド・ローブの『**投資を生き抜くための戦い――時の試練に耐えた規律とルール**』（パンローリング）や、エドウィン・ルフェーブルの『**欲望と幻想の市場**』（東洋経済新報社）――それに私自身のベストセラーである『**オニールの成長株発掘法【第４版】――良い時も悪い時も儲かる銘柄選択をするために**』（パンローリング）でもよいが――などのいくつかの良書を読むべきである。あなたが市場で知っている少数の成功している投資家やグループの研究をし、過去にあなた自身が下したすべての決断をチャートにして分析するほうが市場をよりよく知ることができるはずである。

幸運を祈る

ウィリアム・J・オニール

第1部

いつ、どうやって空売りするか

HOW AND WHEN TO SELL STOCKS SHORT

もしあなたがほかの多くの投資家のひとりならば、周りの人すべてがいつも良い銘柄、買うべき銘柄をあなたに教えようとするだろうし、あなたの投資に関する研究と調査の時間のほとんどは、買って大きな利益につながるアイデアを見いだすことに費やされていることだろう。市場全般が一貫して力強く上昇しているのであればそれもよい。しかし、**市場は過去において強気相場であったのと同じくらいの期間、弱気相場でもあったのである。**すべての物事には２つの側面があるものだが、それは株式市場以外の話である。しかし、**株式市場には１つの側面しかない。それは強気の側や弱気の側ではなく、正しい側なのである。**

株をうまく買う方法を本当に理解しているのはごく少数の投資家だけであり、株を売る時期に関して理解しているのはそれよりもさらに少ない。専門家も含め正しく空売りをする方法を知っている人はほとんどいないのである。

空売り

空売りとは、保有していない会社の株を売ることだ。あなたは、証券会社を通じて株券を「借りて」、あなたが空売りした株の買い手に引き渡すのである。最初に買って、あとで売る場合の単なる逆で、空売りではあなたは最初に売ってその後買い戻しをするのだが、うまくいけば売値よりも安い価格で買い戻し、手数料を引いた分の利益をものにすることができる。もちろん、間違えばこれらの株を高値で買い戻さざるを得なくなり、損失を被ることになる。

空売りをする前に、あなたが空売りしようとしている株を確実に借りることができるかどうか、証券会社にチェックさせておく。保有していない株を売るので、証券会社は株を借りて、あなたが空売りした相手に対して株の受け渡しをする必要がある。また、あなたが空売りしている間に行われる空売りした株の配当金もあなたが買い手に支払う必要があるが、これは証券会社が処理してくれる。株価は通常、配当金の分だけ配当落ちするので、これは大したリスクではない。さらに、空売りをするには信用取引口座を使う必要があるが、借りた金額に対する金利を支払う必要はない。これは、証券会社があなたの売った株の代金を受け取るため、あなたにお金を貸す必要がないからである。

空売りの仕組みは比較的単純である。もしあなたがABC社の普通株式の株価が下落に向かっていると考えた場合、あなたがしなければならないことはABC株100株の空売りの注文を証券会社に出すことだけである。空売りの執行は価格上昇時にのみ行われる。空売り注文は株価の最初のプラスティック（アップティックとも言う）か、ゼロ・プラスティックで執行されることになる。プラスティックとは、直近の取引価格よりも高い価格で約定された取引である（本書執筆の時点で、SEC［証券取引委員会］は空売りによる価格操作が困難な、極めて流動性が高く、また時価総額が大きい一部の銘柄に対しては「アップティック」ルールを廃止すべきかどうかの検討を行っている）。

ゼロ・プラスティックとは、直近の取引価格と同じ価格で約定した取引であるが、直近の取引自体がその前の取引からプラスティック（価格上昇）になっているものである。仮想的な株の売買とその時間を示した**表1.1**で、この両方の概念の説明をする。

表1.1の仮想的な株取引の例では、ある特定の日のNYSEにおける午後12時19分前後に約定した取引時間と出来高の結果を示している。最初の列は取引が成立した正確な時間を、時間、分、秒で示している。２番目の列は取引サイズを株数で、３番目の列は取引が成立した価格を表している。この表から、12時18分53秒に2000株が54.45ドルで取引され、その12秒後に1500株が54.44ドルで取引されたことが分かる。この価格である54.44ドルは直前の取引の54.55ドルよりも安いため、

表 1.1　株式の「ティック」の決定

時間	サイズ	株　価	
12:18:53P	2000	54.45	
12:19:05P	1500	54.44	< マイナスティック
12:19:10P	400	54.46	< プラスティック
12:19:16P	700	54.46	< ゼロ・プラスティック
12:19:22P	1000	54.40	< マイナスティック
12:19:29P	200	54.42	< プラスティック
12:19:32P	500	54.48	< プラスティック
12:19:38P	200	54.48	< ゼロ・プラスティック

これは「ダウンティック（マイナスティック）」であり、したがってこの取引で空売りを行うことはできない。

しかし、その次の400株の取引は54.46ドルと直前の取引よりも２セント高い価格で成立しているため「アップティック」または「プラスティック」になっており、この取引で空売りを行うことができる。その次の54.46ドルの同じ価格での700株の取引では、株はそれ以前の取引から値を上げたあと、その「プラスティック」と同じ価格で取引されているため、これは「ゼロ・プラスティック」の取引である。この「ゼロ・プラスティック」の取引においても空売りができる。この次の取引は直前の取引の54.46ドルよりも安い54.40ドルで行われているため「マイナスティック」であり、空売りはできない。しかし、その次の３つの取引はすべて「プラスティック」か「ゼロ・プラスティック」なので、すべて空売りが可能な取引である。

正しい相場環境での空売り

用心しなければならないポイントは、空売りの正しい時期を選ぶこ

とである。第一の鉄則は、強気相場ではなく弱気相場になっていると考えられるときに限って、空売りを行うことである。理由は極めて簡単である。強気相場では大半の株式は上昇し、反対に弱気相場では大半の株式が遅かれ早かれ下落する。重要なことは、トレンドと全体的な市場平均の状況（ダウ・ジョーンズ工業株平均、S&P500、ナスダック総合指数）に基づいて、強気相場か弱気相場になっているかを理解する方法を学ぶことである。弱気相場になりつつあることを見極めた場合には、空売りは利益を狙える試みになる。しかし、強気相場の間に空売りを行うのは流れに逆らって泳ぐようなもので、利益を上げることはまれである。

弱気相場は大体3年に一度到来し、ひとたび弱気相場になったときの下落のスピードはそれまでの上昇のペースをはるかに上回る。正しくタイミングをつかめば、たった3カ月で前年の強気相場の1年間よりも大きな利益を得る可能性がある。私の見解では、弱気相場でできることは2つだけである――つまり、大半の株式を売り払い、資金を現金や米国短期債やマネー・マーケット・ファンドのような現金同等物の形で置いておくか、株の空売りを行うかのいずれかである。

強気相場に十分乗ったあとで株式の売り時を考えている場合、あなたが本格的な市場全般の状況悪化と弱気相場の到来を認識する前に、おそらく株価は最高値から10～15％下落しているはずだ。空売りをすれば、この下落の一部を取り戻せるだけではなく、ある程度の追加的な利益を得る可能性すらある。もし正しく行えば、この買いと売りの両方によって、弱気相場に対してあなたのポートフォリオへの打撃はより少なくなり、以前の破滅的な失敗による混乱もなく、現金を備えて次の強気相場と新たなエキサイティングなリーダー銘柄を探す準備が整っているだろう。

上昇すれば必ず下落する

株価を維持し、弱気相場に逆行するかに見える株式も遅かれ早かれ下落する。本格的な弱気相場では、ほとんどすべての株式が下落する。したがって、ポートフォリオを組み替えて、質の高い優良銘柄や一見ディフェンシブな銘柄を下降トレンドに抗しているからという理由で買うのは間違っている。これらの銘柄は避けられない事態を引き延ばしているだけであり、通常はその後、下落することになる。この戦略では、あなたは市場平均ほどには損失を被らないかもしれないが、依然として損をすることには変わりはない。

いったん弱気相場になると、個人投資家であれ機関投資家であれ多くの投資家は、自分たちは実際には長期的投資家であり、保有する株式の配当金を受け取っているので自らの判断は正しいなどという、体面を守るだけの理屈を使い出す。これは単純なだけではなく、バカげており危険でさえある。受け取った配当などはたった１日の株価下落で吹っ飛んでしまうからである。弱気相場が始まったときにまったく何も売らなかった投資家は、下落が何カ月も続くにつれ、プレッシャーが着実に高まっていくのを感じることだろう。最終的に恐怖とパニックに圧倒され、巨額の損失を出して底値で売る可能性があるのはこういう投資家である。

主要な株価指数の利用方法

主要な株価指数（ダウ・ジョーンズ工業株平均、S&P500、ナスダック総合指数など）は、大筋において米国経済における一部の最大かつ最も地位を確立した企業を代表しているので重要である。**複数の主要指数に対して同時に注意を払うことによって、市場のピークを見極めることができる。**またそれだけでなく、ある指数がほかの指数から大幅に遅れていたり、ほかの指数で付けている新高値をある指数では付けることができなかったりする相違点を見極めることができる。

一番良いのは、主要な株価指数の動きで空売りの時期を決めることである。主要な株価指数が明確な弱気のサインを示したあとで初めて、空売りする個別銘柄の選択とタイミングが問題になる。インベスターズ・ビジネス・デイリーには、複数の株価指数の日足チャートが毎日掲載されている。毎日４つのチャートが掲載され、ダウ・ジョーンズ工業株平均、S&P500、S&P600、ナスダック総合指数、IBDニューアメリカ指数の主要市場指数の間で順番に入れ替えられる。これらのチャートは１ページのなかで縦に並べられ、さまざまな指数、指標間の相違を発見しやすくなっている。

主要な株価指数の天井形成には２つの形がある。第一は、株価指数が上昇し、平均か少ない出来高を伴って短期間の新高値を付ける場合である。これは、この水準での株式に対する需要が少ないことを示しており、上昇はまもなく売りによって圧倒されることになる。第二の場合も、市場がまだ上昇トレンドにある間に天井を形成するものである。NYSEやナスダックにおける１日の出来高が前日の水準を上回るものの、株価指数が前日比でほとんど上昇しない、あるいは場合によっては下げて引けるという状態（「チャーニング」としても知られている）が１日、２日、３日と突然起こる。このような日を「ディストリビューション（売り抜け）の日」と呼ぶが、これが２～４週間の間に３回、４回または５回と起こるようになったときは、現金の比率を上げて、その時点での保有銘柄を再検討し始めるべきタイミングである。

1984年の市場の天井はダブルトップ型のもので、市場が上昇の最中に「ディストリビューション」が起きた。**図1.1**を詳しく検討すると、市場が上昇を続け、チャート上のポイントＡに至るまでの間に、前日比で出来高が増加しているのにダウが下落したディストリビューションの日が数多くあるのが分かる。ポイントＡにおいては、市場は２日間にわたって前日よりも大きく商いが増えているにもかかわらず、値はそれほど上がらず、市場がその時点でチャーニングとなっていたことを示している。４日後のポイントＢでダウは日中に新高値を付けたが、その日は極めて出来高が多かったにもかかわらず値を下げて引けており、重要なディストリビューションの日となった。市場はそれから下げに転じ、底に達するまでもう５日のディストリビューションの日を記録した。市場はその後反転し、ポイントＣの高値まで上昇したが、この日の市場は再び出来高が多かったにもかからず値を上げることができなかった。そしてポイントＤでもチャーニングがあり、その後市場は再び下げ始めさらにディストリビューションの日を５日記録し、ダウ平均は200日移動平均線を割って下げた。これは1984年の弱気市場の始まりであった。

ダウの1990年の天井も1984年と類似したもので、市場が新高値に上昇するときにディストリビューションが起こっている。**図1.2**のポイントＡの日は、市場が上値を試す過程で大商いとなったが、結局その日は下げてディストリビューションの日になっている。この時点で市場は安定し、その後、再び高値を取りにいった。ポイントＢにおいて市場は大商いで、しかも前日よりも出来高は増加していたが、株価はその日の取引レンジの安値付近で引け、結局その日はほとんど上昇せず、チャーニングの日となった。ポイントＣとＤでは、出来高は急激に増加しているが、市場は下げに転じている。市場はあと１週間半持ちこたえたが、その間にポイントＥで２日間のディストリビューションの日を記録し、機敏な投資家にロングポジションを手仕舞いする時間を与えたあと、再びポイントＦ、Ｇ、Ｈで出来高の大幅な増加を伴って大きく崩れた。

図1.3のナスダック総合指数のチャートが示すように、2000年の市場の天井も古典的なダブルトップの天井形成で、市場が新高値に向か

図 1.1　ダウ・ジョーンズ 1984 年天井の日足チャート

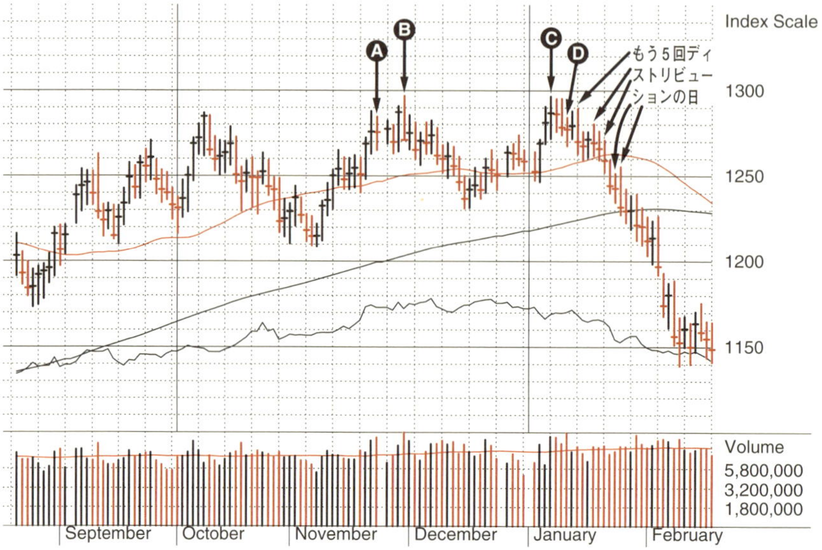

図 1.2　ダウ・ジョーンズ 1990 年天井の日足チャート

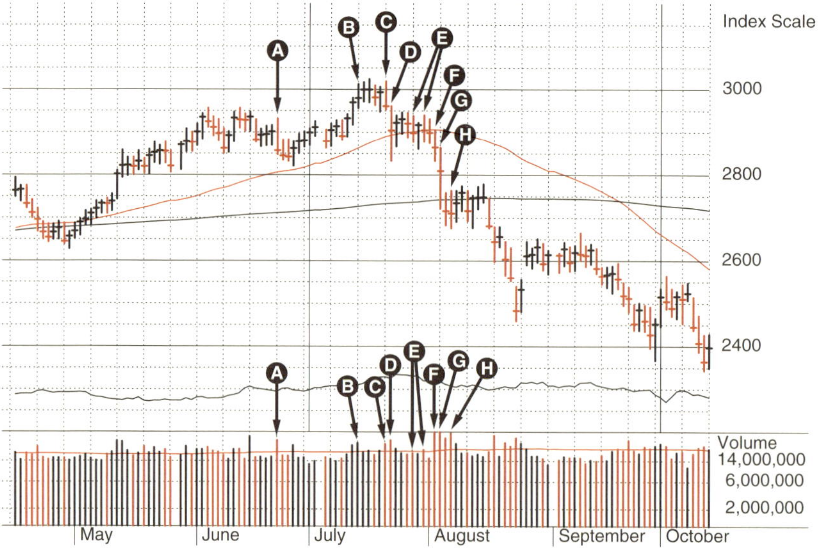

図1.3　ナスダック総合指数2000年天井の日足チャート

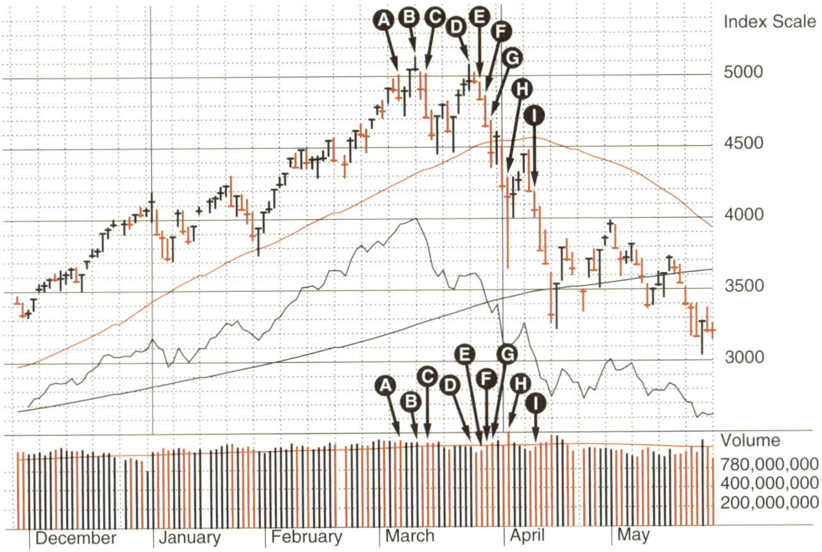

っていたために極めて力強く見えたものである。それまでにナスダックは1998年の底値から倍になり、5000の水準を突破して史上最高値を付け、さらなる高値に向かうという予測と騒々しいファンファーレが鳴り響いていた。

インターネット銘柄はすべて猛烈に上昇し、１日に10、20や40ポイントも上げる上昇を見せたが、それは最後のクライマックストップ形成の値動きだった。市場がチャートのポイントＡに向かって上昇する間、出来高が増加していることに注意してほしい。出来高はポイントＡの近辺の数日間に増加しているが、出来高が増え、指数が5000に最初に達した日に指数は反転し、その日は下げて引けている。その後の３日間、ナスダックは平均以上の出来高で新高値を付けたが、３日目のポイントＢでストーリング（失速）した。

ポイントＣで出来高は再び増加したが、指数は下落し、３日目のディストリビューションの日となった。そして、ナスダックは4500前後でいったん底を付けたあと、再び上昇に転じ5000を上回ったが、その２週間前に付けた水準には達しなかった。しかし、チャートでポイントＤとしたこの転機において、指数は5000を超えて上昇したにもかかわらず、ポイントＡで最初に5000を上回ったときと比較すると出来高は少なく、需要がこの水準では減退しつつあるというかすかな手掛かりになっている。ポイントＤのあとの最初の下げの日の出来高は少なかったが、その次のチャートでＥ、Ｆ、Ｇで示した３日間は出来高の増加を伴って指数の急激な下げが起こっている。

この時点でナスダックは高値近辺で７日のディストリビューションの日を記録したことになる。ナスダックの下落は50日移動平均線で一時的に止まり、投資家は１日の猶予を得たが、次の日には少ない出来高でまた下落している。ポイントＨでナスダック指数は大商いで大きく下げたが、株価はその日の取引レンジの高値付近で引けたため、多くのテクニカルアナリストはこれをナスダックの「キャピチュレーション（投げ売り）による大底」と呼ぶこととなった。

しかし、この日は実際にはディストリビューションの日であり、ナスダックが50日移動平均線を上抜いて反発することに失敗するまで「大底」の声は３日間続いた。ポイントＨのあと、ナスダックが反発した３日間は連続して出来高が少なかったことに注意してほしい――指数が回復しようとしているのにもかかわらず、需要が減退している兆しである。ポイントＩで示した日を最初の日として、ナスダックは出来高の増加を伴って下落を始め、４日間連続でディストリビューションの日となった。そして、歴史上最も残酷な弱気相場のひとつが始まった。

株価指数が天井を付けたあと、市場が下落し始めた最初の数日間は、出来高は必ずしも大きく増加しないということに注目すべきである。多くのテクニカルアナリストは下落が始まった当初に出来高の大きな増加がない場合、通常の株価調整であると思いがちであるため、このポイントは重要である。市場での多くの天井形成の例については、私の著書である『オニールの成長株発掘法――良い時も悪い時も儲かる銘柄選択をするために』（パンローリング）を参照していただきたい。

反発したときはどうするか

天井近辺での１日、あるいは２～３日のディストリビューションの日のあと、株価指数はほとんどの場合、４日か、それ以上連続して下落する。そして数日以内に反発の動きがある。これが新たな安値水準における株価指数の状態と力を評価する次の機会となる。市場が出来高の増加を伴って反発できるかどうかに注意する必要がある。日足ベースの株価指数が短期的な底から反発して最初の３日間は、その３日間のすべてで出来高の増加を伴って大幅な株価上昇を示した場合を除いて、すべて無視するべきである。本物の株価指数の反転は、85％の確率で出来高を伴った力強い株価上昇の「フォロースルー」の日を伴う。これは通常反発の４日目から10日目の間に起こり、主要な株価指数の少なくとも１つが前日よりも出来高の増加を伴いながら、1.7％以上上昇する。

数は少ないが、力強いフォロースルーの日があっても市場が反発に失敗する場合もある。これが起こる場合は比較的早い時期に起こり、２～３日のうちにそうであると分かる。フォロースルーに注目して、再び強気に転じる前にそれを待つ主な理由は、フォロースルーのない１日か２日の反発に惑わされないためである。出来高が細りながら市場が極めて少ししか反発しない場合や、１日間の急激な上昇のあとで突然急落し始めた場合は、株価指数に関するかぎりはおそらく新たな空売りポイントである。**図1.3**は、最初の３日間の反発の動きが人を誤らせる可能性があるという良い例である。この例ではポイントＨの

図 2.1　ナスダック 2002 年フォロースルーの失敗の日足チャート

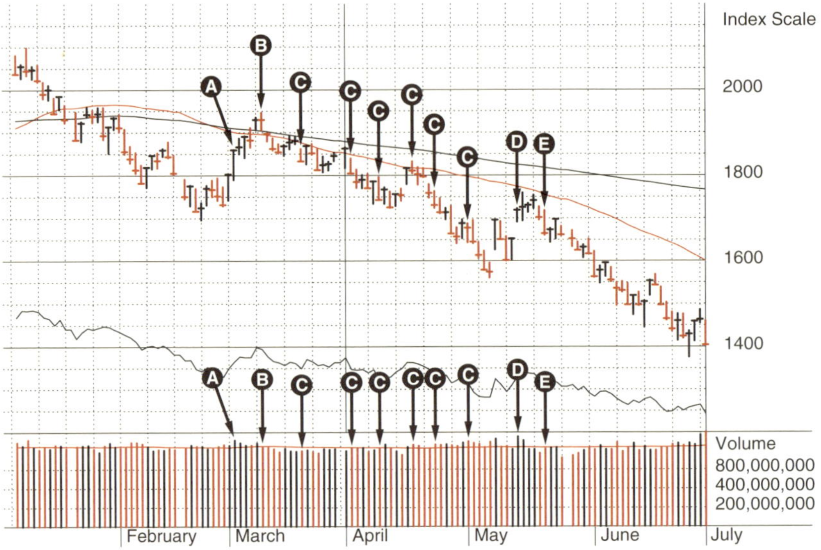

あと市場は底値から3日間反発したが、フォロースルーの日もなく、まもなく市場は反転に失敗している。

いったん市場で上昇へのフォロースルーが起こった場合は、株価指数を観察してフォロースルーが失敗しないかどうかを確かめることが重要である。フォロースルーに失敗したときは次の空売りの良い機会である。**図2.1**で、ナスダックはポイントAで示した反発7日目のフォロースルーで上昇に転じるシグナルを出している。ナスダックは安値から約12%反発しており、あなたはおそらく損切りポイントに達して、手仕舞いせざるを得なくなっているかもしれない。

しかし、ポイントBにおいて出来高は細り、市場はそれ以上値を上げることができなくなり、反発は衰え始めている。株価指数が直近の安値に近づき、それを割り込む過程で、チャート上「C」で示されているディストリビューションの日が現れ始める。数日後、市場は底を

図 2.2　S&P500 指数 1982 年フォロースルー失敗の日足チャート

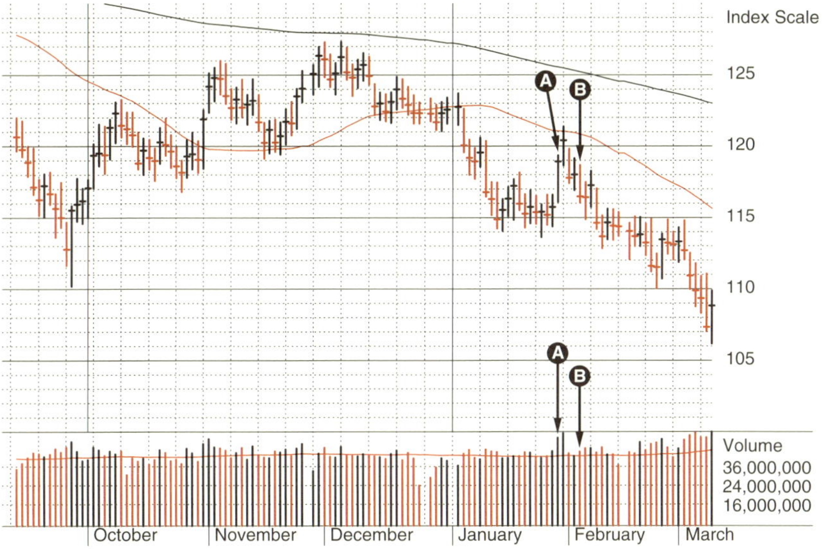

付け、その後ポイントDで極めて強いフォロースルーに見える日がある。

しかし次の日には、指数はストーリング（失速）し、ポイントEでは出来高の増加を伴って下落している。次の2週間においてディストリビューションの日は4回あり、ナスダックは新安値を付けた。反発が失敗に終わったということを判断するためには、フォロースルーの日のすぐあと、1日ないし2日のディストリビューションの日を見るだけでよいということに注目してほしい。

図2.2の例では、S&P500は反発4日目のポイントAで極めて強いフォロースルーを見せているが、その4日後のポイントBでは前日よりも出来高が増加したにもかかわらず下落し、その後1週間半で起こることになる4回のディストリビューションの日の最初の日となって、それ以上の反発が進むことはなかった。この例には、いくつかの失敗

したフォロースルーが含まれているが、チャートを研究してそれを見つけるのは、読者への簡単な練習問題としておこう。

フォロースルーの失敗を理解するポイントは、多くの場合、それが空売りに適したクズ株が上値抵抗線にまで反発し、空売りの最適な機会を提供するタイミングと同時に起こるということである。健全なファンダメンタルズの銘柄が健全なベース形成から新たなブレイクアウトを見せるという形ではないフォロースルーには警戒する必要がある。怪しいフォロースルーは、このような優良銘柄のブレイクアウトが少なく、新たなリーダー銘柄が出現していないという点でそうと分かる。

通常であれば健全なフォロースルーの日は、ファンダメンタルズが健全な多くの銘柄の力強いブレイクアウトを伴うので、もしこれが起こらないようであれば、そのフォロースルーは失敗する可能性があるということに注意しなければならない。

サイクルはどのように起こるか

通常、弱気相場とパニックは基本的な状況の悪化や特定の異常な出来事によってもたらされる。例えば、1962年の市場の崩壊はSECが株式市場の特別調査を行う予定であると公表したことから始まった。当時の経済・金融の状況は悪いものではなかったが、多くの投資家がSECの調査の結果に不安を感じて市場から撤退し、株式を売却した。その後、ケネディ大統領は市場が最高値を付けたあとに、製鉄会社に対して強硬な態度に出たため、すでに着いていた火に油を注ぐことになった。もっと最近では、複数のノーベル受賞者によって運用され、極めてレバレッジの高いヘッジファンドであったロングターム・キャピタル・マネジメント（LTCM）が1998年に崩壊し、市場のメルトダウンの恐怖をかき立て、３カ月の間、市場に大混乱を引き起こした。

通常の市場サイクルでは、３～４回のFRB（連邦準備制度理事会）

の金利引き上げによって金融の引き締めが始まり、事業の拡張、特に住宅部門における拡大が抑制されるようになった。

また、相場の天井圏では、多くの銘柄がチャート上のベース形成からブレイクアウトするが、2～3週後には下落するという特徴を持っている。詳細に調べると、これらのチャートのパターンは不完全であり、適切なベースではないことが分かる。しかし、専門家も含め適切なベースと適切でないベースの区別ができる投資家はほとんどいない。この適切ではないベースは大体、次のタイプのどれかに当てはまる。

●第3ステージまたは第4ステージの「後期ステージ」のベース――全般的な上昇トレンドのなかでの3回目または4回目のだれが見てもよく分かる大きいベース
●カップ型が株価の急落と急激な反発で底が狭い「V」字型になり、底が丸い形（鍋底）になったり、株価が底で少しの期間もとどまることのない形のベース
●同じ銘柄での直近の2～3回のベースと比較して、週足で見ても幅が横に広がっている不明瞭なベース
●カップ・ウィズ・ハンドル（取っ手付きのカップの形）型のチャートで上昇ウエッジを形成するハンドル（カップの取っ手部分）――下降するのではなく、各週の安値が前の週の安値よりも高くなる、わずかに上昇気味の「ウエッジ」を形成するハンドル
●カップ・ウィズ・ハンドル型のチャート形成で、ハンドルの部分がカップ全体の下半分の株価で形成されている形。値崩れしやすいチャートのパターンの例を以下のページで見てみよう。

崩れやすいベースの例

2001年6月のカルパインのチャート（**図3.1**）は分かりやすい、後

期ステージのベース崩壊の古典的な例である。カルパインの2.60ドルから60ドル近くまでの大きな動きの間には何回かのしっかりとしたベースがあり、上昇トレンドの間に株価は毎回そこからブレイクアウトをした。上昇トレンドの間の最初の５回のベースは比較的しっかりした形で、５回目はカップの底は丸く、ハンドルが徐々に下降するそこそこ良い形のカップ・ウィズ・ハンドルのベースであることに注意してほしい。６回目は後期ステージのベースで、それまでの上昇トレンドの間に形成された以前のベースと比較すると、より幅が広く不明瞭という明らかな違いがある。カップの底のような丸い形を描くのではなく、株価はカップの底を上下に動き、上昇すると下落し、また上昇し、結局はブレイクアウトを試し、失敗するという形になっている。

この時点では、このタイプのベースはほとんどの投資家にとって明白な値固めに見えるが、われわれがよく知っているように、**市場において全員がそうであると思えることは、ほとんどそうなった試しがない。**興味深いことであるが、カルパインの天井に極めて近い時期は、「輪番停電」を引き起こした悪名高いカリフォルニアの2001年のエネルギー危機の真っ盛りで、報道でも大きく取り扱われており、カルパインのようなエネルギー銘柄に対する強気のセンチメントに油を注いでいた。これらすべての状況とベース形成（結局は後期ステージの不完全なものだったが）によって、カルパインは明らかに完全な買い銘柄に見えた。ご存じのとおり、市場においてあまりに明白なものがうまくいったことはほとんどない。

ニューメリカル・テクノロジーズ（**図3.2**）は幅が広く不明瞭な、不完全なベースの良い例である。株価が何度も形の悪いハンドルを持ったＶ字型のカップ・ウィズ・ハンドルを形成し、最終的にポイントＡでの最後のＶ字型のカップ・ウィズ・ハンドルからのブレイクアウトに失敗した値動きに注意してほしい。

アプライド・マイクロ・サーキッツ（**図3.3**）は1998年から1999年

図3.1　カルパイン・コーポレーション2001年週足チャート

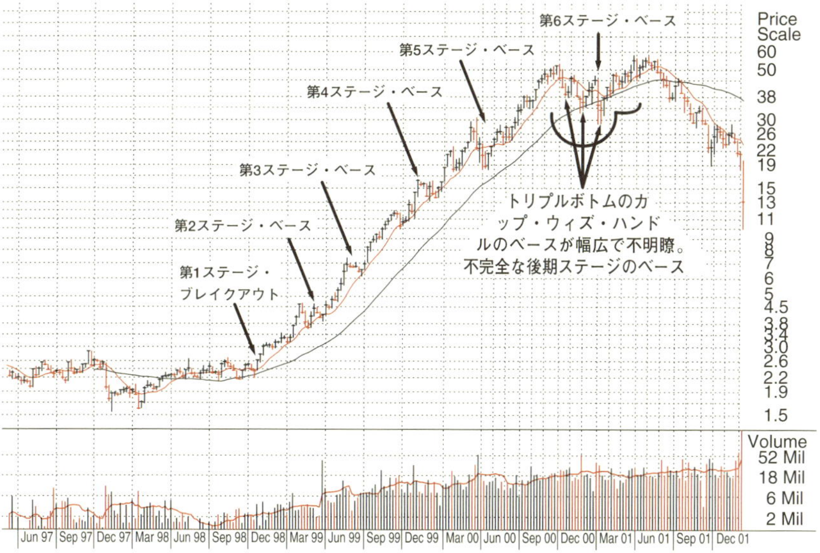

第1ステージ・ブレイクアウト

図3.2　ニューメリカル・テクノロジーズ2002年週足チャート

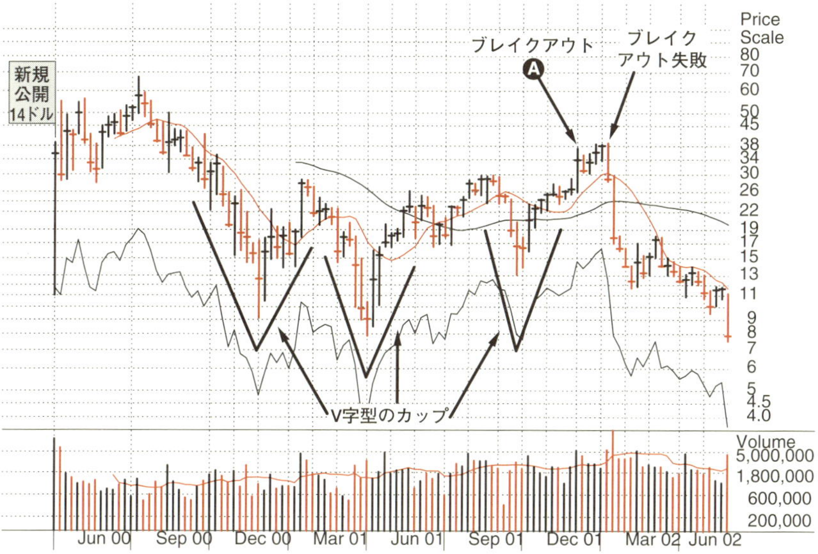

図3.3　アプライド・マイクロ・サーキッツ2001年週足チャート

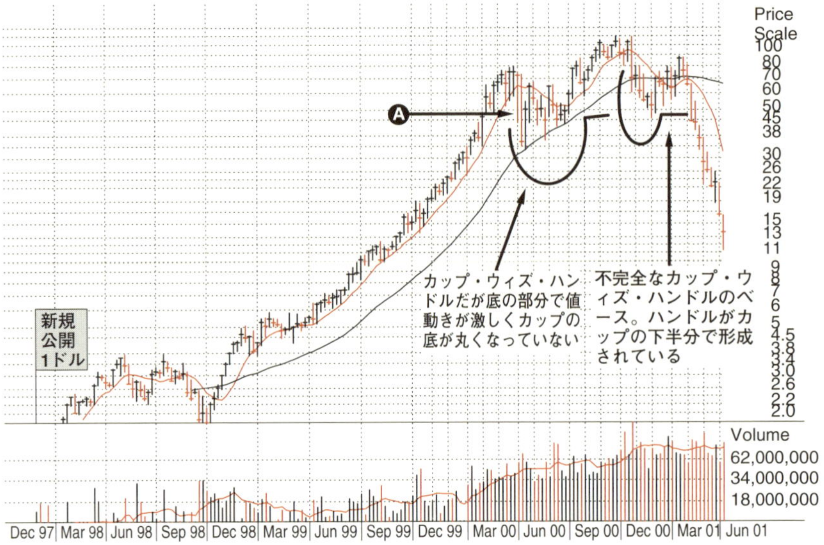

図3.4　チャールズ・シュワブ2001年週足チャート

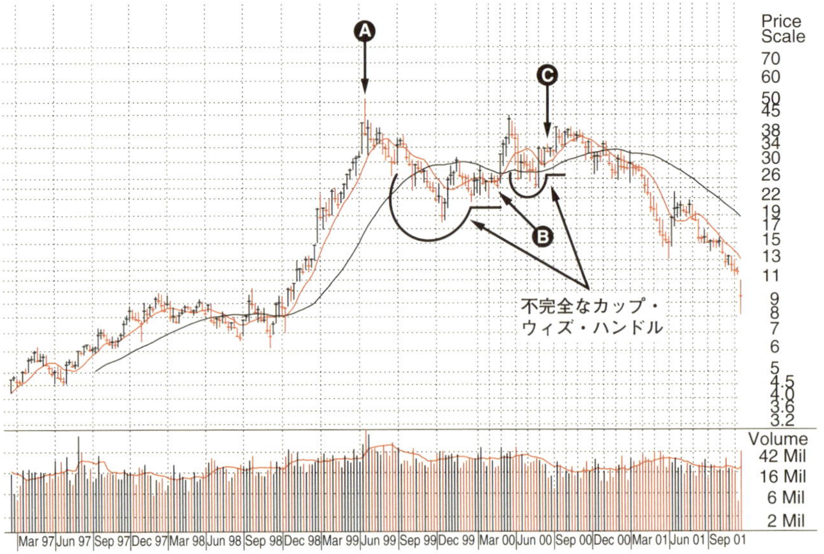

にかけての大きな上昇の間、はっきりしたアップトレンドチャネルのなかで上昇トレンドを描いていた。しかし、株価がポイントＡで示した領域に近づくと、株価は大きく上下し始めるようになり、ベースの底から急激にブレイクアウトしようとしたり、潜在的な問題を示すシグナルを出し始めた。週足での株価のレンジも、この銘柄が上昇トレンドにあったときと比較すると拡大していることに注意しなくてはならない。最終的に株価はこの水準からブレイクアウトすることに失敗し、２番目のベースを形成した。しかし、このベースも不完全なもので、カップ・ウィズ・ハンドル型なのだが、カップの底までの深さが50％もあり、しかもハンドルがカップの下半分で形成されている。株価はこの不完全なベースからブレイクアウトしようとするがやはり失敗し、その次の11週間で85％も下落した。

チャールズ・シュワブ（**図3.4**）はポイントＡで高値を付け、その後２回ベースを形成して態勢を立て直そうとした。しかし、この２回のベースも不完全である。最初の大きいカップ・ウィズ・ハンドルでは、ポイントＢでハンドルがカップの下半分で形成されている。株価はその後ブレイクアウトして４週間上昇するが、その後下落し、再びハンドルがカップの下半分にある（ポイントＣ）不完全なカップ・ウィズ・ハンドルを形成した。株価はここからブレイクアウトするが、株価がカップの右側を上がっていく間も出来高の増加はほとんどなく、この時点で本物の力と需要がないことを示している。２～３週後、株価は下落し、1998年10月のブレイクアウト時の株価まで下げる大きな下降トレンドが始まった。

市場だけでなく銘柄にも注意

強気相場では、１週間や１カ月では天井を付けない。天井を付けるまでには何カ月もかかることがある。時期尚早の空売りをする場合もあるだろう。その場合は損切りで手仕舞いせざるを得ない。しかし、あきらめたり、気力を失ったりしてはならない。市場は２～３カ月のうちには強烈な弱気に襲われるかもしれず、そうなればもう一度空売りのアクションを起こさなければならないからだ。何事も同様だが、**空売りにおいても成功するためには規律と忍耐が必要なのだ。**

弱気相場の間でも、企業が配当を増額したり、良いニュースを公表したり、株式分割を発表したり、良好な業績発表をしたりすることが時にはある。見かけ上の良いニュースに惑わされてはいけない。賢明なるプロはおそらく良いニュースをさらなる空売りのチャンスとして利用するだろう。企業は、市場環境が悪いときに株価の支えになると思って、しばしば配当の増額を行う。専門家はこれを売りのチャンスととらえるため、企業にとっては通常これは完全に裏目に出る。弱気相場で重要なことは株価と出来高の動きをフォローすることである。多くの場合、良いニュースや良い発表で株価は空売りにちょうど良いところまで戻すため、投資家は「ニュースラリー（ニュースによる上昇）」をうまく利用することができるのである！

空売り銘柄の選択

空売り対象に選ぶ最適の銘柄は通常、下げ相場に入る直前の上げ相場を大きくリードしていた銘柄、つまり最も上昇率の大きかった銘柄である。これらの銘柄は、ミューチュアルファンド、銀行、年金基金などの機関投資家の注目を数多く集めているはずである。われわれの調査によると、強気相場をリードしていた銘柄は、その銘柄が大きく値を上げ、素晴らしいパフォーマンスを示していた時期よりも、その銘柄が天井を付けて１～２年後のほうが、より多くの機関投資家によってより多く保有されていることが示されている。つまり、これらの銘柄がその後も下がり続ければ、巨大な潜在的売り要因が生み出されることになる――だれもがこれらの銘柄を保有しており、残された投資家はこれらの銘柄を多く保有している潜在的な売り手なのである。

最近、株式分割された銘柄も良い。分割比率が高ければ高いほど良い。最近の分割がその銘柄にとって、ここ２～３年で２回目の分割ならばさらに良い。株式の２回目の分割は多くの場合、その株式の全般的な動きの最終段階で起こる。これが空売りにとって有利な状況であるのは、多くの投資家にとってあまりに明らかである。株式分割が空売り方にとって有利な理由は、50万株を保有していた機関投資家は１対３の分割後には150万株を保有することになり、もしその機関投資家が売却の決定をした場合にはより多くの売りの供給となるからである。多くの機関投資家がその銘柄を保有している場合には、この影響はさらに倍増する。株式市場では当然のことだが、これは単に需要と供給の問題であり、市場において売りに出される可能性のある巨大な潜在的供給が存在するということにすぎない。多くの場合、株は２回目か３回目の分割の後、１年以内に天井を付ける。

また、機関投資家による巨大な保有は、いったん弱気相場が始まるとその銘柄にとっては重荷になる可能性がある。普通、強気相場では機関投資家による保有はその銘柄にとって良いシグナルである。しかし、弱気相場においては、機関投資家が大きく保有しているとか、あるいは場合によっては「過剰に保有」している銘柄ほど、潜在的な供給源である機関投資家が保有ポジションを下げる決定をした場合には、株価は下落することになる。このような**過剰保有は、天井を付けてからかなりの時間が経過したかつてのリーダー銘柄で起こりやすい。**

例えば、AOL－タイム・ワーナー（AOL）は1999年12月に天井を付けたが、その時点では815のミューチュアルファンドが約３億6200万株を保有していた。それから２年以上たって、AOLが90ドル強から10ドル以下に下落したあとの時点では、1000以上のミューチュアルファンドが合計で８億8600万株の保有を報告していたのだ！　これは、大半のミューチュアルファンドのファンドマネジャーがパーティーに遅れて、愚かにも天井を付けたあとのかつてのリーダー銘柄を何10万株と買い、その銘柄が下落していく間に過剰保有の状態を作り出していったことを示している。かつてのリーダー銘柄が「終わったあと」のこの出遅れた買いは、いずれは市場における過剰な供給につながり、結局その銘柄が長年にわたってアンダーパフォームするか、場合によっては完全に崩壊するような状況を作り出す。

空売りする銘柄の選択と時期を決定するうえで役立つテクニックのひとつは、ある銘柄を、その銘柄が属するさまざまな業種グループの前後関係のなかで検討することである。市場全体が天井を付けても、すべてのグループが同時に天井を付けるわけではない。したがって、あるグループの銘柄にとっては、時期的には空売りの好機であっても、ほかのグループの銘柄にとっては時期的に２～３カ月早すぎるという場合もある。忍耐強くなければならない。いずれはこのグループにも順番は来るし、行動を起こすべきときには、市場がヒントを与えてくれる。

機関投資家が保有している１～２銘柄が大きく下落してそのまま反発しないか、極めて異常な弱さを示した場合には、同じグループのほかのリーダー銘柄もその後を追う可能性が高いため、それらの銘柄を検討するべきである。インベスターズ・ビジネス・デイリーには、市場を197業種に分割し、そのパフォーマンスを日次で追跡調査している表（**表2.1**を参照）が掲載されており、空売り銘柄の候補を含むグループを特定できるようになっている。さらに視野を広げるために、インベスターズ・ビジネス・デイリーは、前週および６カ月間の業種グループの順位も掲載しており、その順位のなかで上昇や下降しているグループを見つけるうえで役立つようになっている。

表 2.1　業種グループランキングの例

IBD197業種グループのランキング

業種グループは、グループ内の全銘柄の過去６カ月の株価パフォーマンス（最高＝１）に基づいて１位から197位まで順位付けされている。昨日のトップ10パフォーマンスの業種は太字で、ワースト10は下線付きで表示されている。調査によると、最高パフォーマンスの銘柄の大半は上位４分の１の業種に集中し、グループの動きがグループ内の銘柄の少なくとも半数のパフォーマンスを決定する。

Rank 3 This Wk	Last Fri	3 Mo Ago	Industry Name	No of Stocks in Grp	% Chg Since Jan 1	Daily % Chg
1	**1**	**1**	**Steel-Specialty Alloys**	10	+34.9	+0.9
2	2	9	Food-Meat Products	13	+39.7	−0.6
3	3	5	Steel-Producers	27	+20.0	−1.0
4	5	15	Metal Proc & Fabrication	50	+11.7	−0.9
5	6	3	Oil&Gas-U S Expl&Prod	82	+23.3	−0.6
6	4	53	Textile-Mill/Household	8	+35.2	−0.7
7	7	2	Comml Svcs-Security/Sfty	52	+28.3	−0.5
8	21	152	Computer-Manufacturers	16	+15.0	−2.3
9	11	22	Oil&Gas-Field Services	53	+12.4	−1.0
10	9	43	Oil&Gas-Refining/Mktg	23	+12.3	−0.6
11	14	41	Transportation-Svcs	11	+21.7	−0.7
12	19	39	Bldg-Hand Tools	10	+24.0	−0.6
13	8	132	Retail-Major Disc Chains	12	+15.3	−1.1
14	20	56	Retail-Mail Order&Direct	15	+16.6	−1.5
15	24	84	Machinery-Tools & Rel	7	+12.9	−1.0
16	12	21	Energy-Other	31	+11.6	−0.4
17	26	40	Metal Prds-Distributor	5	+19.6	−0.3
18	16	23	Oil&Gas-Cdn Expl&Prod	54	+17.3	−0.1
19	10	4	Transportation-Ship	27	+30.9	+0.1
20	22	86	Comml Svcs-Advertising	33	+16.0	−0.4
21	13	11	Oil&Gas-Machinery/Equip	29	+26.0	−1.0
22	**32**	**8**	**Bldg-Wood Prds**	22	+7.2	+0.4
23	27	100	Elec-Military Systems	14	+14.6	−0.7
24	18	141	Oil&Gas-U S Integrated	5	+21.4	−1.1
25	25	6	Leisure-Gaming/Equip	43	+12.4	−0.4
26	15	68	Oil&Gas-Intl Expl&Prod	24	+7.7	−0.9
27	36	103	Real Estate Operations	39	+16.6	−0.3
28	**41**	**14**	**Bldg-Mobile/Mfg & Rv**	20	+16.3	+3.2
29	35	78	Machinery-Gen Industrial	48	+7.3	−0.7
30	30	75	Medical/Dental-Services	50	+12.9	−0.7
31	29	176	Transport-Air Freight	9	+13.4	−1.1
32	28	99	Transportation-Truck	32	+10.7	+0.1
33	17	62	Beverages-Soft Drinks	17	+10.4	−3.1
34	**56**	**36**	**Funeral Svcs & Rel**	8	+17.3	+0.5
35	43	24	Chemicals-Specialty	55	+3.3	−1.2
36	57	144	Beverages-Alcoholic	32	+6.4	−0.3
37	39	48	Retail-Clothing/Shoe	64	+5.5	−0.9
38	38	26	Medical-Hlth Maint Org	20	+13.8	−1.9
39	37	13	Medical-Systems/Equip	91	+7.1	−0.9
40	23	16	Internet-Content	35	+13.0	−3.0
41	40	27	Medical-Outpnt/Hm Care	31	+19.5	−1.0
42	31	12	Cosmetics/Personal Care	45	+10.1	−1.8
43	44	58	Auto/Truck-Replace Parts	10	+10.7	−1.5
44	63	94	Retail-Super/Mini Mkts	34	+9.4	−0.5
45	42	55	Financial Services-Misc	39	+9.5	−0.6
46	54	163	Oil&Gas-U S Royalty Tr	18	+8.2	−0.1
47	**46**	**125**	**Bldg-Cement/Concrt/Ag**	17	+8.1	+0.5
48	45	47	Retail-Leisure Products	26	+6.5	−1.3
49	60	101	Diversified Operations	79	−2.5	−0.6
50	51	32	Retail-Restaurants	75	+2.3	−1.2
51	53	112	**Leisure-Hotels & Mot**	23	+12.8	+0.9
52	76	118	Containers	25	+5.7	−0.6
53	**62**	**52**	**Food-Dairy Products**	9	+17.8	+0.6
54	92	185	Retail-Drug Stores	8	−1.8	−0.9
55	48	42	Leisure-Products	27	+5.9	−1.0
56	70	127	Banks-West/Southwest	93	+4.6	−0.4
57	49	138	Food-Confectionery	7	+8.1	−1.2
58	69	30	Auto/Truck-Tires & Misc	6	+12.8	+0.1
59	75	20	Pollution Control-Svcs	33	+7.4	−1.0
60	52	105	Insurance-Acc & Health	9	+12.7	0.0
61	66	54	Leisure-Services	33	+8.8	−1.0
62	33	76	Insurance-Brokers	12	+9.8	−1.3
63	72	157	Pollution Control-Equip	24	+4.6	+0.2
64	64	83	Retail/Whlsle-Bldg Prds	19	+6.1	−0.5
65	47	69	Oil&Gas-Drilling	23	+11.4	−1.4
66	55	97	Chemicals-Fertilizers	11	+18.1	−1.8
67	79	123	Aerospace/Defense Eqp	51	+5.0	+0.2
68	67	46	Medical/Dental-Supplies	28	+7.3	−0.6
69	61	111	Paper & Paper Products	44	−1.6	−1.3
70	102	116	Real Estate Development	20	+7.8	−0.2
71	80	162	Media-Cable/Satellite Tv	30	−12.3	−1.2
72	59	25	Medical-Ethical Drugs	88	+2.2	−1.2
73	74	48	Apparel-Clothing Mfg	51	+3.0	−0.9
74	73	158	Utility-Electric Power	88	+0.4	−0.5
75	86	131	Office Supplies Mfg	11	+10.0	−0.9
76	91	33	Telecom-Wireless Equip	61	−13.7	−2.3
77	108	104	Comml Svcs-Market Rsrch	19	+6.2	−1.6
78	83	150	Banks-Midwest	83	+0.8	−0.4
79	71	10	Telecom-Wireless Svcs	73	+9.9	−0.7
80	77	149	Soap & Clng Preparatns	6	+5.6	−1.8
81	90	51	Chemicals-Basic	21	+3.2	−0.7
82	68	67	Medical-Products	134	−0.2	−1.2
83	107	31	Internet-E Commerce	44	+0.6	−2.4
84	50	107	Finance-Consumer/Cml Lns	43	+5.3	−1.7
85	**113**	**93**	**Comml Svcs-Leasing**	14	+4.9	+0.3
86	88	44	Bldg-Constr Prds/Misc	40	+3.1	−0.0
87	97	71	Computer-Integrated Syst	36	−4.2	−0.9
88	65	81	Oil&Gas-Intl Integrated	22	−1.2	−0.9
89	34	28	Chemicals-Plastics	19	+2.7	−1.7
90	123	147	Leisure-Movies & Rel	19	−2.3	−0.9
91	87	70	Food-Flour & Grain	12	+6.4	−0.5
92	94	175	Aerospace/Defense	7	+8.2	−0.0
93	78	77	Comml Svcs-Misc	57	−2.2	−0.4
94	81	90	Retail-Miscellaneous	25	+4.6	−0.5
95	84	64	Computer-Peripheral Eqp	15	+0.9	−0.7
96	99	18	Apparel-Shoes & Rel Mfg	18	+8.5	−0.4
97	82	135	Retail-Department Stores	14	+1.6	−0.4
98	101	154	Banks-Southeast	142	−0.8	−0.6
99	95	180	Utility-Gas Distribution	38	+2.5	−0.7
100	116	136	Comml Svcs-Printing	16	+7.2	−0.5
101	114	137	Computer Sftwr-Educ/Entr	22	+15.1	−2.2
102	89	80	Agricultural Operations	23	+4.3	−0.8
103	85	181	Finance-Reit	205	+1.2	−0.8
104	**138**	**115**	**Trucks & Parts-Hvy Duty**	11	+4.9	−2.0
105	147	19	Machinery-Constr/Mining	9	−1.6	−0.4
106	112	153	Transportation-Rail	14	−1.5	−0.9
107	96	164	Retail/Whlsle-Jewelry	11	−5.2	−0.4
108	110	29	Consumer Products-Misc	21	+5.4	−1.3
109	58	34	Metal Ores	44	−4.9	−1.0
110	106	66	Comml Svcs-Healthcare	22	−3.4	−0.9
111	105	165	Oil&Gas-Transprt/Pipelne	33	+1.2	−0.4
112	98	108	Insurance-Prop/Cas/Titl	108	+2.9	−0.8
113	111	143	Insurance-Diversified	14	+8.2	−0.2
114	140	124	Electrical-Equipment	30	−5.0	−2.0
115	104	174	Media-Periodicals	11	+6.2	−1.2
116	122	96	Transportation-Equip Mfg	12	+10.6	−0.2
117	109	139	Food-Misc Preparation	46	−3.5	−1.2
118	100	74	Machinery-Farm	9	+0.0	−0.4
119	134	145	Oil&Gas-Cdn Integrated	5	+3.0	−0.2
120	93	38	Elec-Scientific/Msrng	50	−1.7	−2.2
121	120	122	Machinery-Mtl Hdlg/Autmn	19	+0.6	−2.2
122	103	159	Metal Prds-Fasteners	6	−0.4	−0.7
123	125	189	Banks-Super Regional	17	−2.0	−0.5
124	146	106	Telecom-Services Frgn	67	−7.0	−1.1
125	130	128	Retail/Whlsle-Autos/Prts	27	−6.5	0.0
126	127	65	Medical-Nursing Homes	19	−8.0	−1.0
127	155	188	Leisure-Toys/Games/Hobby	15	−8.1	+0.2
128	118	37	Comml Svcs-Staffing	32	+0.3	−0.3
129	119	57	Comml Svcs-Schools	18	+3.1	−2.0
130	126	102	Hsehold/Office Furniture	29	+2.1	−1.1
131	**149**	**129**	**Bldg-A/C & Heating Prds**	12	+2.8	+1.2
132	133	155	Insurance-Life	30	+3.9	−0.4
133	141	82	Media-Books	13	+5.1	+0.1
134	117	110	Tobacco	14	0.0	0.0
135	137	170	Finance-Savings & Loan	166	−2.8	−0.2
136	148	171	Telecom-Services	43	−12.7	−0.4
137	132	146	Banks-Northeast	140	−3.2	−0.3
138	128	85	Finance-Investment Mgmt	63	−4.1	−0.6
139	121	140	Medical-Hospitals	11	+2.3	−0.3
140	142	114	Household-Consumer Elec	18	0.0	−0.8
141	124	190	Medical-Drug/Diversified	2	−2.3	−1.2
142	150	172	Auto Manufacturers	9	−13.4	−1.3
143	139	87	Media-Diversified	26	+1.4	−0.6
144	172	35	Elec-Parts Distributors	10	+3.4	−2.0
145	129	89	Comml Svcs-Consulting	21	+0.8	−0.8
146	143	73	Retail/Whlsle-Office Sup	9	−3.8	+0.1
147	144	179	Retail-Home Furnishings	23	−6.8	−1.0
148	136	182	Finance-Mrtg&Rel Svc	21	+2.2	−0.9
149	151	95	Elec-Component/Connectr	33	−6.0	−1.3
150	115	17	Medical-Biomed/Biotech	242	−10.1	−1.7
151	152	167	Finance-Idx Tracking Fd	160	−1.7	−1.0
152	145	191	Metal Ores-Gold/Silver	61	−24.9	−2.8
153	153	88	Bldg-Maintenance & Svc	10	−0.6	−0.6
154	157	7	Computer Sftwr-Security	35	−10.2	−2.5
155	159	121	Finance-Publ Inv Fd-Frgn	78	−7.3	−0.7
156	160	91	Computer-Tech Services	86	−10.9	−1.4
157	164	126	Retail/Whlsle-Cmptr/Cell	28	−3.0	−1.4
158	166	45	Elec-Misc Products	48	−12.4	−2.1
159	189	16	Internet-Isp	35	−15.9	−3.1
160	165	101	Auto/Truck-Original Eqp	43	−9.7	−0.0
161	170	183	Banks-Money Center	20	−4.9	−0.9
162	158	63	Finance-Investment Bkrs	44	−3.2	−0.6
163	135	109	Office-Equip & Automatn	9	−5.1	−0.7
164	131	130	Bldg-Resident/Comml	23	−5.9	−0.8
165	154	113	Bldg-Heavy Construction	21	−4.6	−1.2
166	161	166	Bldg-Paint & Allied Prds	6	−9.1	−4.5
167	174	117	Retail/Whlsle-Food	15	−1.0	−1.1
168	169	187	Finance-Publ Inv Fd-Eqt	109	−7.7	−0.4
169	175	120	Banks-Foreign	26	−7.6	−0.6
170	182	178	Medical-Whlsle Drg/Suppl	14	−7.5	−0.5
171	176	192	Finance-Publ Inv Fd-Bond	436	−6.3	+0.1
172	185	142	Media-Radio/Tv	43	−20.9	−0.8
173	167	160	Utility-Water Supply	16	−3.9	−0.6
174	173	134	Retail-Consumer Elec	11	−4.9	−1.4
175	168	177	Household-Housewares	7	−8.0	−1.4
176	178	168	Computer Sftwr-Design	19	−11.4	−1.3
177	156	92	Computer Sftwr-Medical	33	−8.9	−2.0
178	181	173	Media-Newspapers	15	−8.3	−0.6
179	163	169	Computer Sftwr-Desktop	17	−6.5	−1.4
180	162	72	Internet-Software	60	−23.6	−4.0
181	171	49	Computer Sftwr-Enterprse	164	−20.6	−1.6
182	179	50	Household-Appliances	11	−5.6	−1.1
183	184	61	Telecom-Equipment	82	−10.5	−1.8
184	183	133	Computer Sftwr-Financial	31	−9.2	−2.2
185	186	79	Internet-Network Sltns	21	−14.4	−6.7
186	188	195	Mining-Gems	5	−21.3	−0.5
187	177	59	Medical-Genetics	44	−13.4	−2.4
188	180	98	Medical-Generic Drugs	22	−21.5	−1.3
189	190	197	Retail-Discount&Variety	6	−26.7	−1.7
190	191	194	Leisure-Photo Equip/Rel	6	−28.4	−0.5
191	193	151	Computer-Networking	53	−26.8	−0.5
192	195	119	Elec-Semiconductor Mfg	140	−24.0	−2.9
193	187	186	Transportation-Airline	34	−29.5	−1.4
194	192	148	Elec-Semiconductor Equip	66	−31.9	−2.8
195	194	196	Telecom-Fiber Optics	23	−19.8	−1.4
196	196	193	Computer-Data Storage	27	−25.0	−1.9
197	197	161	Elec-Contract Mfg	28	−31.0	−2.8
0	0	0	S&P Midcap 400 Ind		−0.8	−1.2
0	0	0	S&P 500 Index		−2.3	−1.0

常識が勝つ

市場で弱気が台頭しつつあるときに、空売り対象になる理想的なタイプの企業を選択するには、常識やビジネスの知識が役に立つ場合がある。**この例では、景気循環系の業種の銘柄――すなわち鉄道、ホテル、資本財、素材産業など――で、過去１～２年の間に大幅な株価の上昇があった場合などがそれに該当する。**今はもうないが、サートゥン・ティードという鉄道会社は1962年の市場急落のときには、素晴らしい空売り対象だった。また住宅関連のMGICとカウフマン＆ブロード（現在はKBホーム）も、1973～1974年の厳しい下げ相場において、素晴らしい空売り銘柄だった。

また、**直近の強気相場をリードした銘柄のなかに、最も大きく値を**

下げる可能性があるというのも常識である。人生のさまざまな場面でもそうだが、株式市場も有頂天になって何でもやり過ぎる場合がある。2000年の市場の天井のあとの弱気市場において、その直前の上げ相場で常規を逸した大きな上昇を示し、教科書に「クライマックストップ」として名を残したハイテク銘柄の多くは、強気相場での高値から90%以上値を下げ、極めて儲けの大きい空売りのチャンスを提供した。

クライマックストップの例

図4.1～図4.6に、1998年から2000年の強気相場における三大リーダー銘柄であるヒューマン・ゲノム・サイエンシズ（HGSI)、クアルコム（QCOM)、AOL（AOL）のチャートを示す。この3銘柄すべてが、古典的な「クライマックス」トップで、それまでの大幅な上昇を終えている。株価の上昇はあまりに激しく、時には週足チャートで2～3週間（日足チャートでは8～10日間）にわたって急速な上昇をみせている。多くの場合、この最終的な上げの局面では、株価は日足チャートで複数の「ギャップ（窓空け)」を伴って上昇している。週足での高値と安値の間の幅は、何カ月も以前に上昇を開始して以来、どの週と比較しても大きくなっている。いくつかのケースでは、クライマックストップの近くで株価は前週における安値から高値までの大きな値幅を再び繰り返し、少しだけ前週よりも高くその週を引ける場合がある。これは週足チャートでは2本の平行に伸びる垂直な線に見えるため、私はこれを「線路（レイルロードトラック)」と呼んでいる。**図4.1**は、ヒューマン・ゲノム・サイエンシズの値動きのまさに頂上における「線路」の様子を示している。これは、その週において、大商いだが大幅な値上がりのないディストリビューションの日が続いていることを示している。

リーダー銘柄のクライマックストップは、いくつもの大きな良いニ

図4.1　ヒューマン・ゲノム・サイエンシズ2000年週足チャート

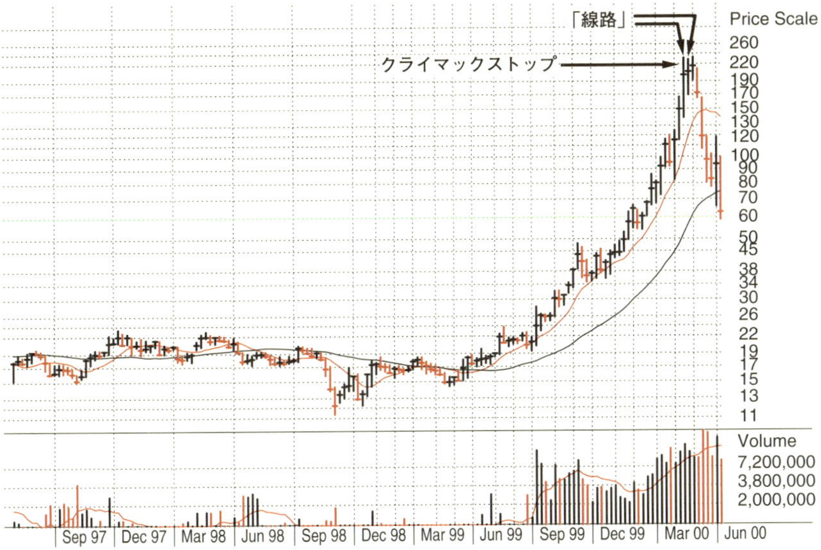

図4.2　ヒューマン・ゲノム・サイエンシズ2000年日足チャート

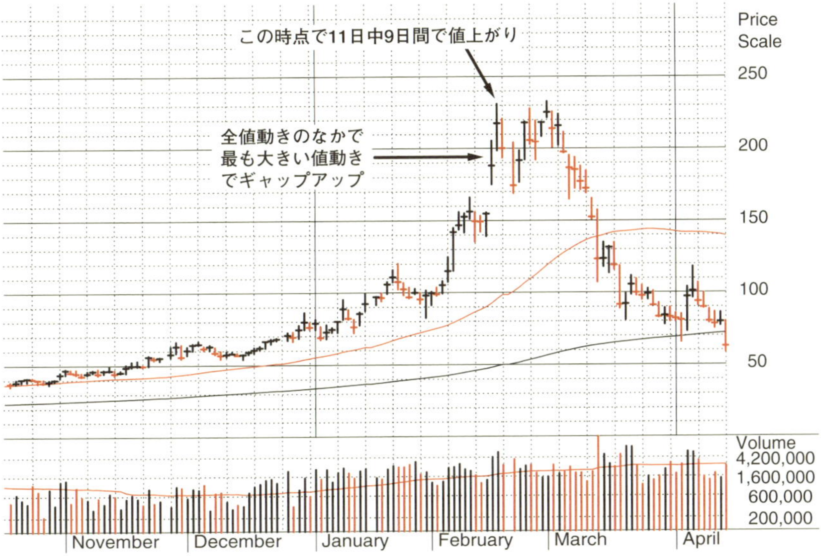

図 4.3　クアルコム 2000 年週足チャート

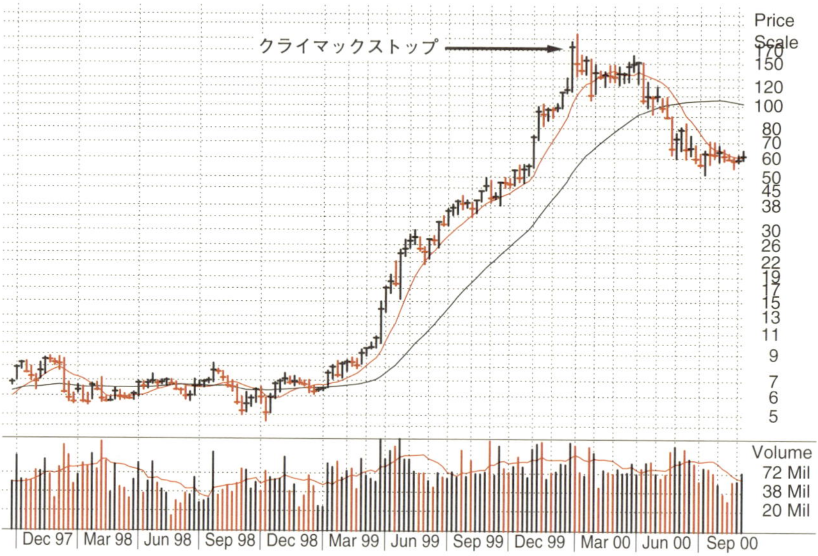

図 4.4　クアルコム 2000 年日足チャート

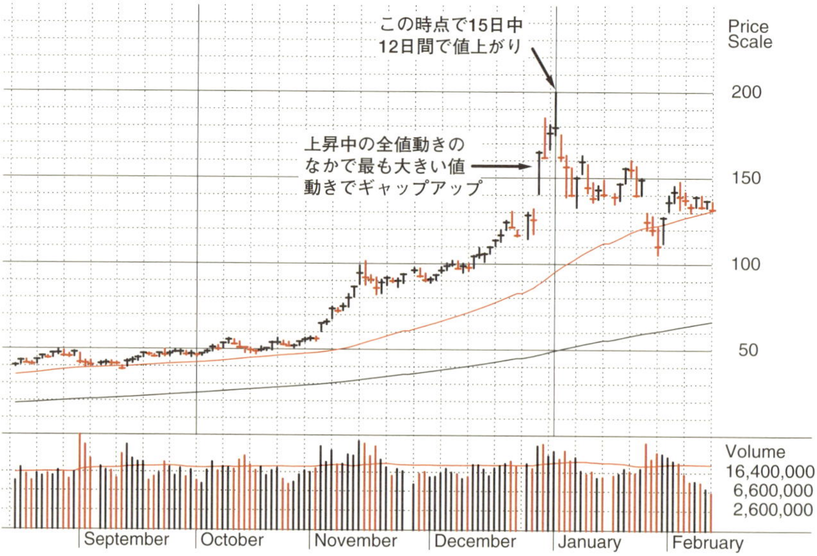

図 4.5　AOL タイム・ワーナー 1999 年週足チャート

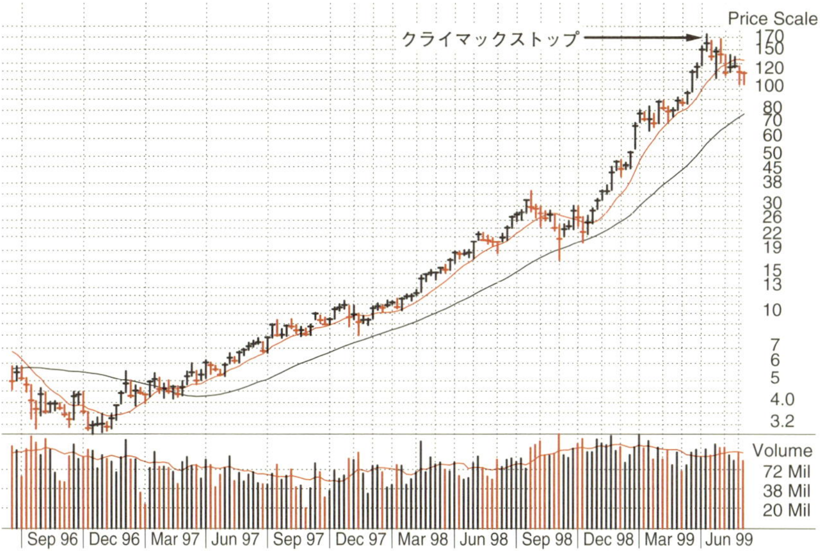

図 4.6　AOL タイム・ワーナー 1999 年日足チャート

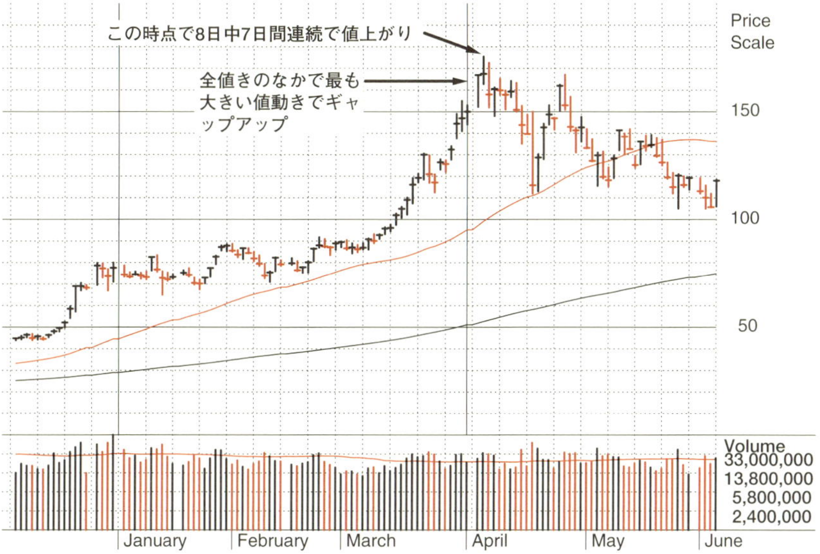

ュースの発表、または多くのウォール街のアナリストによる目標株価の引き上げを伴って起こる。1999年３月にチャールズ・シュワブ&カンパニーが160ドルを少し超えたところでとうとう古典的なクライマックストップを付けたとき、ある大手証券会社のアナリストはチャールズ・シュワブの目標株価を200ドルに引き上げた。またしても、アナリストの意見は現実の株式に起こったこととまったく関係がなかった――チャールズ・シュワブはすでに天井を付けていたのであり、200ドルはおろか、160ドルのレベルにすら再び達することはなかったのである！

以上の３つの例を注意深く研究すれば、リーダー銘柄でクライマックストップが起こった場合にそれを見つけるのに役に立つ。**主要なリーダー銘柄が天井を付けたことを理解することが、潜在的な空売りの機会を見つける第一歩である。**主要なリーダー銘柄がいったん天井を付けたら、その後数カ月間は適切な空売りポイントを見つけるために、その値動きと出来高の動きを見ておく必要がある。

空売りしてはいけない銘柄

過少資本（例えば、発行済み株式数が少なく、市場に出ている浮動株が少ない）、または出来高が少ない銘柄を空売りするのは極めて危険である。市場が突然に上向いたときには、これらの銘柄はほんの少しの買いで大きく値上がりし、短期間で大きな損失となる。これらの銘柄はほかの銘柄と比較して頻繁に取引されていないため、潮の変わり目を正確に見極めるのも困難である。１日に100万株から1000万株以上の出来高があり、機関投資家が保有しているような銘柄を空売りするのがよい。

ある銘柄の株価やPER（株価収益率）が「高すぎる」ように見える、という理由だけでは絶対に空売りをしてはいけない。個人的な意見や感触に従って取引するのではなく、株式市場での行動を決めるシステムを開発し、ルールを決め、そのシステムを守るほうがよい。同様に、株価が新たな高値圏に行こうとしているときに空売りを仕掛けるのも自殺行為となる。

2003年５月、私が知っているファンドマネジャーが大手の金融ニュース番組に登場してジェットブルー・エアウエーズを30ドル台半ばで空売りしていると勝ち誇ったように公表していた。その理由は、その銘柄の「本当の価値」は「20ドル台前半」しかないというものであった。17週間後、ジェットブルーの株式は70ドル以上で取引されていた！　この例は、株価にどれだけ不可解な値上がりの能力があるかということをまざまざと示している。

大事なのは市場に反論することではなく、市場を研究し、市場が弱含みになっているときを認識し、それについていくことである。それと、**ある会社に関して「悪いニュース」が発表されるかもしれないというウワサを聞いたからといって空売りしてはいけない。**その「悪いニュース」が本当に公表されたときには、その銘柄は実際には反発する場合が多い。

また、**ある銘柄の買われ過ぎ・売られ過ぎ指標が「買われ過ぎ」を示しているという理由で空売りするのもいけない。**買われ過ぎ指標のような１つの指標だけを使って空売りポイントを決めるのは、極めて危険である。しばしば、「買われ過ぎ」の銘柄は何日も、あるいは何週間も「買われ過ぎ」の状態のままで値を上げることがあり、もし空売りをしていた場合には踏み上げで大きい損失を被る場合もある。

2003年３月、われわれの顧客である５～６社の機関投資家が新たに設計された買われ過ぎ・売られ過ぎ指標を用いていたが、その指標は複数の「買われ過ぎ」銘柄に売りシグナルを出していた。これらの銘柄のなかにはイーベイがあった。この指標によるとイーベイは80ドル台で「買われ過ぎ」であったが、２～３週間後にはイーベイは110ドル以上で取引されていた。

ほかによくある間違いだが、投資家が保有していた株式をすべて売って手仕舞いしたあとで、同じ銘柄の空売りを思いつく場合がある。一般的に言って、これは賢明な方針ではない。**ある銘柄が手仕舞いの売りで良かったからといって、空売りでも良いとは限らない。同様に買い戻しで空売りの手仕舞いをした場合も、ポジションを逆にしてその銘柄を買うのが良い方針であるとは限らない。**

最後になるが、**あまりに多くの銘柄をあまりに短期間に空売りするのも賢明なやり方とはいえない。**ゆっくり構えて、複数の銘柄を空売りするのは、まず1～2回儲けてからがよい。忍耐強くなければならない。本当に間違っていないかどうか、市場が告げてくれるのを待たなければならない。このようなことに注意を払うことによって、市場全体の方向性や空売りのタイミングに関して早とちりをした場合でも、多くのポジションをとって大きな損失を被ることを回避できる。

空売りのタイミング

市場が下降トレンドに入ったと判断し、いくつかの空売り候補の銘柄を選択したあとで、初めて空売りの適切なタイミングを決めるために銘柄のモニターを始める。

空売りの正確な時期を決めるには、各銘柄の過去1年間の株価や出来高の動きを、日足や週足チャートで分析する必要がある。**大事なことは天井で空売りをするということではなく、正しいタイミングで空売りをするということである。**最初の異常で、大きな株価急落のあと、通常は2回か3回の反発がある。通常これが空売りの最高のポイントであり、またこれは株価指数のタイミングに対する判断と一致していなければならない。

多くの場合、株価は天井を付けたあと、50日移動平均線を下方に急激にブレイクする。これが起こると、多くの場合、株価は２回から４回、50日移動平均線を上抜くような反発を試す。この時点において、株価を注意深く観察し、株価が出来高の増加を伴って50日移動平均線を下方に急激にブレイクするかどうか注意しなくてはならない。この２回目の下方へのブレイクが起こった場合こそが、天井からの最初のブレイクで始まった下降トレンドの確認であり、このとき50日移動平均線の下方へのブレイクにできるだけ近いポイントで空売りを始めるべきである。

空売りのタイミングの決定するうえで極めて重要で決め手となるコンセプトは、**最適な空売りポイントのほとんどは株価が天井を付けてから5カ月から7カ月後、あるいはそれ以上あとになって現れるということである。**株を買うときに、大底で買うのではなく、適切な買いポイントを決める前に、上昇トレンドと正しい形のベースを考慮に入れるのと同様に、われわれは天井を付けた直後での空売りを試すということはしない。

この２回目のブレイクが起こるのを待つ主な理由は、かつてのリーダー銘柄には天井を付けたあとも一定の期間、強気のセンチメントが残っているからである。個人投資家もプロも含め、株価がロケットのように上昇するのを見ていただけで買うことのできなかった投資家は、今や比較的下がった株価を「バーゲン価格」と判断するのである。このような「安値拾い」によって複数の買いの波が起こり、主要な移動平均線――普通は50日移動平均線――を上抜いて値を戻す一連の反発につながるのである。これらの反発は早とちりの売り方を踏ませ、遅れてやってきた最後の安値拾いの買い方を引き込む。

これらの時期尚早の売り方と、遅れてきた買い方が出尽くして、彼らが精根尽き果てたあとで初めて、株価は最終的に大幅な下落を始めるのである。これが決定的に起こったのを判断する便利な方法は50日移動平均線を見ることである。50日移動平均線が200日移動平均線をクロスして下回ったとき、２回目の急激なブレイクは１週間から２カ月以内に起こる場合が多い。この移動平均線の「クロス」は空売りのタイミングを限定するのに役立つ。50日移動平均線が200日移動平均線とクロスしてそれを下回ったあと株価を注意深く観察していれば、株価がいまや急激に下落するという最初の兆候に対応できるはずである。

50日移動平均線のブレイクの例

図５で示したルーセント・テクノロジーズとＣコアの２つの例は50日移動平均線のブレイクを説明するものである。このタイプのブレイクは日足チャートや週足チャートで特定することができる。株価が最終的に下方にブレイクする時点を判断するには、抜け目のない売り方は両方のチャートに注意を払うべきである。

ルーセント・テクノロジーズの日足チャート（**図5.1**）は、株価が出来高の増加を伴って大幅に急落し、200日移動平均線と50日移動平均線の両者をブレイクしたところで極めて明確な空売りポイントを示している。このブレイクは天井からの最初の大きな出来高を伴ったブレイクから、株価が50日移動平均線を上抜いて上昇した５回目の反発のあとで起こっていることに注意してほしい。５回目の反発は４日間続き、４日目はこの４日間の反発のなかで最も多くの出来高を伴っている。４日間の反発の最後の日は本当に目覚ましいもののように見えるが、しかし株価はその日の取引レンジの中間付近で引けており、実際にはストーリングの兆しを示していることに注意が必要である。

Ｃコアのチャート（**図5.2**）は大きいヘッド・アンド・ショルダーズの天井を示しており、適切な空売りポイントは株価が右側のショルダーを超え、出来高の大幅な増加を伴って50日移動平均線を下方にブレイクした時点で現れている。注意深く見ると、株価は週間出来高と

図 5.1　ルーセント・テクノロジーズ 2000 年日足チャート

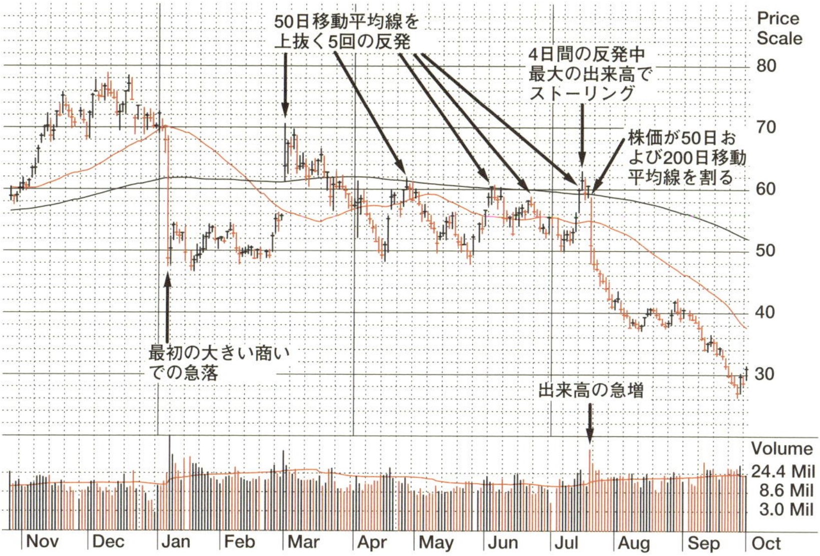
50日移動平均線を
上抜く5回の反発
4日間の反発中
最大の出来高で
ストーリング
株価が50日お
よび200日移動
平均線を割る
最初の大きい商い
での急落
出来高の急増
Price
Scale
80
70
60
50
40
30
Volume
24.4 Mil
8.6 Mil
3.0 Mil
Nov
Dec
Jan
Feb
Mar
Apr
May
Jun
Jul
Aug
Sep
Oct

図 5.2　C コア 2000 年週足チャート

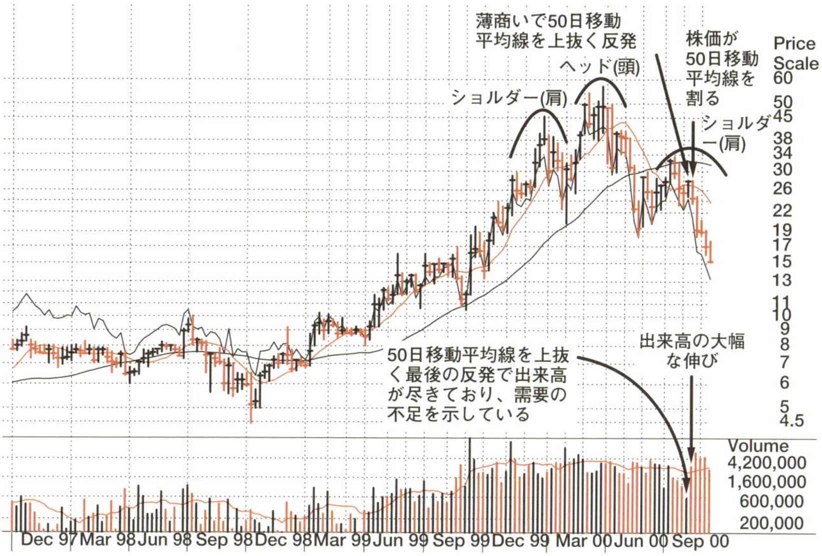
薄商いで50日移動
平均線を上抜く反発
ヘッド(頭)
ショルダー(肩)
株価が
50日移動
平均線を
割る
ショルダ
ー(肩)
Price
Scale
60
50
45
38
34
30
26
22
19
17
15
13
11
10
9
8
7
6
5
4.5
50日移動平均線を上抜
く最後の反発で出来高
が尽きており、需要の
不足を示している
出来高の大幅
な伸び
Volume
4,200,000
1,600,000
600,000
200,000
Dec 97
Mar 98
Jun 98
Sep 98
Dec 98
Mar 99
Jun 99
Sep 99
Dec 99
Mar 00
Jun 00
Sep 00

しては１年間で最も少ない出来高で50日移動平均線を上抜けて反発している。これは、最後の反発がこの銘柄に対する需要の衰えのもとで起こっており、株価の最後のあえぎであることを示している。

オーバーヘッドサプライ

次の例で示す値動きは、多くの場合「オーバーヘッドサプライ」によるものである。空売りの可能性を分析するときにはオーバーヘッドサプライの原則は非常に重要になる。チャートを研究すれば、その銘柄を保有している投資家が売りに出る可能性が高い「オーバーヘッド価格」を大まかに判断することができる。オーバーヘッドサプライは、チャート上では株式が現在取引されている株価よりも上で、一定期間その株が取引されていた領域と定義される。株価が反発し、この領域に入ると、以前にこのオーバーヘッドサプライの領域でその銘柄を買い、その後、株価が下がっていく苦痛を経験した投資家が「プラスマイナスゼロ」での手仕舞いを試みて売りに出るのである。

オーバーヘッドサプライの例

AOLタイム・ワーナーのチャート（**図6.1**）は株価がポイントＡで強大なオーバーヘッドサプライを抜けられず、最終的に新安値へと転落していった様子を示している。

Ｑロジック（**図6.2**）は激しい急落のあと反発を試みたが、ポイントＡにおいてオーバーヘッドサプライの壁に突き当たり、株価は新たな安値へと押し戻された。二度目の反発もポイントＢで同様の運命をたどっている。

図 6.1　AOL タイム・ワーナー 2002 年週足チャート

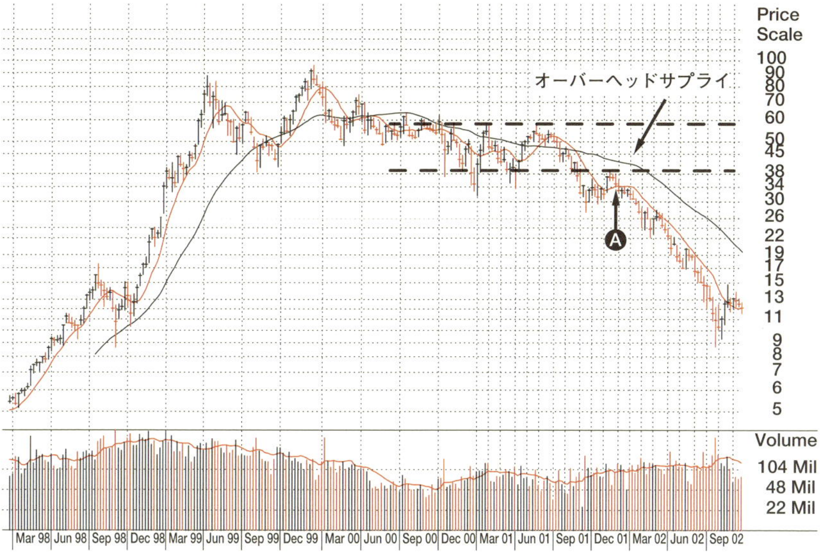

図 6.2　Q ロジック・コーポレーション 2002 年週足チャート

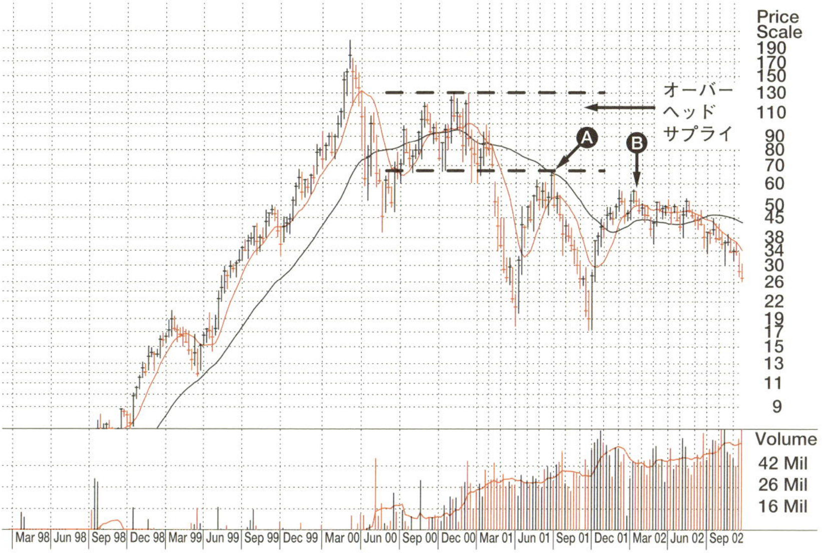

ヘッド・アンド・ショルダーズ・トップの例

チャート上での古典的な空売りの株価の型は「ヘッド・アンド・ショルダーズ・トップ」と呼ばれている。多くの投資家はおそらくヘッド・アンド・ショルダーズのパターンのことを聞いたことがあるだろう。これは「ヘッド（頭）」を中央に、それよりも低い「ショルダー（肩）」がその両側にある形になったものである。教科書的なヘッド・アンド・ショルダーズでは右肩が左肩より低く、出来高のパターンはヘッド・アンド・ショルダーズの左側から右側に移るにつれて増加する必要があるが、これは絶対に必要というわけではない。

図7.1と**図7.2**の例を見ると、ヘッド・アンド・ショルダーズのパターンの安値を結んで引いたトレンドラインが右肩で「ネックライン」を形成しているのを確認することができる。通常、ネックラインで空売りを試すのはあまりに明白すぎるため、そのためにわれわれは50日移動平均線のブレイクを空売りの適切なタイミングを決定するのに使うのである。

もしもあなたが注意深い「ティッカーテープ・ウオッチャー」ならば、株価が最初に大きく下落したあとに、大きな出来高を伴って上昇したとき、その銘柄が大変力強く感じられたことがあるだろう。これは時としてヘッド・アンド・ショルダーズ型の株価形成の右肩で、二度目か三度目の反発の試しの最後に近いところで起こる。これは、空売りのタイミングを間違えた売り方を驚かせることになる。このような戻りのポイントで起こる買いのことを知識豊富な専門家は――自分たちでもそれをやっている場合もあるが――「質の悪い買い」と呼んでいる。

天井を付けたあと激しく下落したかつてのリーダー銘柄のチャートを研究するべきだ。過去の相場で天井を付けた株の動きは、現在のモデルとして使えるものが数多くある。過去に起こったことはまた起こ

図 7.1　IDEC ファーマシューティカルズ 2001 年週足チャート

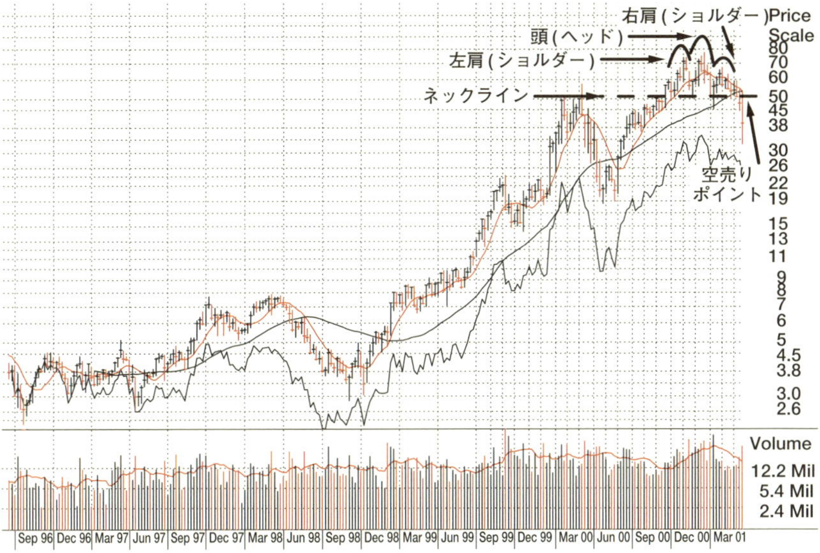

図 7.2　ティンバーランド 2001 年週足チャート

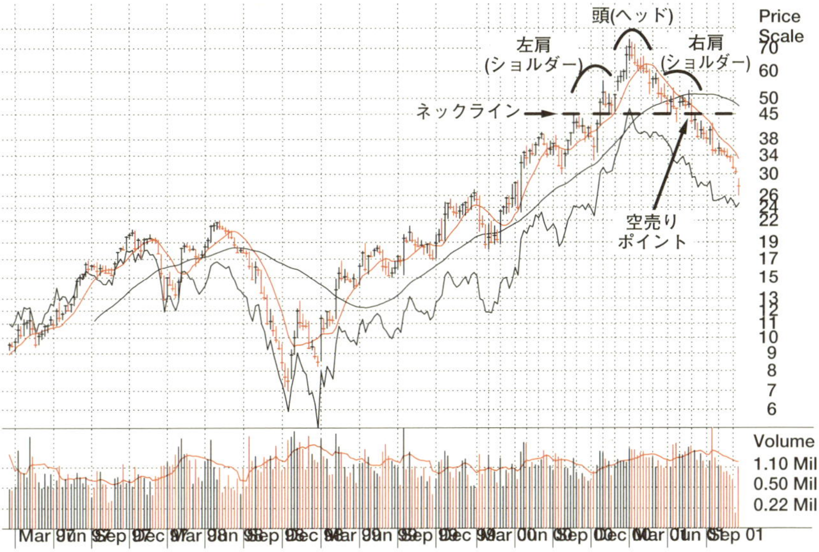

る――株式市場は何百年も存在しているのである。正しいタイミングで空売りをすることは、ほかのどんな要素よりも重要なことである。したがって、努力の80％を費やして、正しいタイミングで売り始めることを学ぶべきである。

指値の決め方

弱含みの市場で空売り注文を出す場合、直近に付いた株価から0.5ポイントくらい安いところに指値をするのが一番良いかもしれない。例えば、その銘柄が直近に取引された株価が50ドルならば、49.50ドルに指値をするのである。これは、49.50ドル以上ならばいくらであっても空売りしてよいが、それよりも安い株価では売らないということである。これによって、もしその銘柄がアップティックする前に大きく下げた場合に、注文が1～2ポイント安値で約定するということを避けられる。しかし市場全体が反発しているときには、普通は売り注文を指値ではなく成り行き（アット・ザ・マーケット）で出すほうが良い。大事なことは空売りのポジションを持つことで、10セントや20セント高く売ることではない。この10セントや20セントにこだわれば、大体いつもタイミングを逃すことになり、空売りの注文は結局執行されないままということになる。

すべての取引は、事後分析をして学び直す必要がある。過去2年間にあなたが売買した銘柄のすべてに対して、各銘柄のチャート上に、いつどこで売買したかを正確に赤ペンで描く。自分自身の決定や誤りに対する客観的な分析をすることによって、市場で行うほかのどんなことからよりも、適切な銘柄やタイミングの選択に関して多くを学ぶことができる。賢明にならなければならない。自分自身の力で正しかったことと間違っていたことを見いだすことだ――あなたを株の鋭い買い手、売り手、そして空売り手に変えることができるのは、この種の事後分析の能力にかかっているのである。

買い戻して手仕舞いをするのはいつか

どんな株でも空売りをする前に、いくらで手仕舞いし、株が自分の意図に反して上昇した場合にいくらで損切りをするかということを、最初に決めておかなければならない。空売りの場合、損切りの限界は通常買いポジションの場合に使う８％のリミットよりも、少し小さく設定すべきだろう。これによって、正しいタイミングで正確に空売りを始めることに、より大きな注意を払わざるを得なくなる。

空売りした株は最後には大きく下がるのかもしれないが、空売りのタイミングを間違えば、プロによる買い方の踏み上げ狙いで株価はすぐに15～25％くらいは上昇する可能性がある。複数の主要な機関投資家銘柄が大商いで力強く上昇し、市場全体が上昇に転じた場合、そしてもしそれまでに空売りのポジションで実質的な儲けを出していない場合は、ほとんどの場合においてあらかじめ決めていた手仕舞いの価格に達するのを待つよりも、すぐにポジションの手仕舞いをするべきである。

特に、下降トレンドがある程度続いたあとで、市場がフォロースルーの日でトレンド変化のシグナルを出している場合は、思い切りよく空売りポジションの手仕舞いをしないかぎり、重大な損失を被る可能性がある。市場全体はいったん上方へのフォロースルーがあると大きく方向を変える可能性があり、市場全体の方向性に関する判断が誤っていたかもしれないというリスクヘッジとして、素早い行動が求められる。株式市場には、素早い投資家と敗者の二種類しか存在しない。

もし市場が着実に下落している場合、悪いニュースが市場を襲うか、それまで持ちこたえていた複数の銘柄が遅れて下落を始めるか、いずれかが起こる日が来る。一部の銘柄の株価はギャップダウン（前日の終値から大きく下げて寄り付く――窓空け）するかもしれないし、その日、市場全体が大きく下げて寄り付くかもしれない。大きく下げて寄り付くときは、プット・コール・レシオやCBOE（シカゴ・オプション取引所）のボラティリティインデックス（VIX）などの一部の指標も大きな値になっている場合が多い。

プット・コール・レシオが1.0を上回るときは多くの場合、短期的か長期的な底に対する市場の過剰な恐怖を示しており、VIXが40を超え、60や70にまで達する急激なスパイクを見せるのも、そのような市場の底に対する恐怖に伴うものである。パニックに陥った市場が続いている間は、空売りした株を買い戻し、ポジションの手仕舞いをするのに申し分のないタイミングである。空売りポジションの手仕舞いは成り行き注文にすべきである。もし大きい空売りのポジションを持っている場合は、市場が弱い間に買い戻すのがより重要になる。ポジションが大きいため、買い戻しの機会がある間に手仕舞いしなくてはならない。

あなたが空売りするとき、一部の投資家は「損切りは早く、利食いはゆっくり」という格言に従うよう勧めることだろう。しかし、空売りに関していえば、損切りはさらに早く、そして利食いもあらかじめ決めたパーセント目標に達した時点で行うほうが良いというのが私の経験である。

この理由は弱気市場というのは非常に早く崩れやすく、そして短期間の急激な反発を起こして売り方を踏ませ、空売りポジションで持っていた利益を雲霧消散させる場合が多いからである。手仕舞いして利食いする目標パーセントは少なくとも損切りの限界で使うパーセントの２倍にすべきである。こうすれば、１回の正しい判断につき２回の失敗を犯しても、お金の問題を起こさずにすむ。

また、空売りのあとで利益が乗ってきたら、ストップロスオーダー（一定の値段になったら自動的に成り行きでの買い戻しの注文になるスペシャリストやマーケットメーカーによって出される注文）を用い、株価が下落するに従い買いストップロスオーダーのストップロスポイントを徐々に下げていく方法を勧める人がいるだろう。これは「トレーリングストップ」として知られている方法である。

私にはこれが最も賢明な方法だとは思えない。なぜなら、これを使うと普通の価格変動や反発でほんの少しの利益や損失で頻繁にストップに引っかかる（つまり、空売りしている株を買い戻し、空売りポジションを手仕舞いさせられる）からである。もっと良い方法は、市場の方向に関して間違っていた場合や空売りの前にあらかじめ決めていた最大のパーセントに達したら、すべて損切りすることであり、利食いに関しても、株が下がってあらかじめ決めていた利益目標のパーセントに達したら、利食いをして利益を確定するべきである。特定の空売りポジションで20～30％の利益が出ているのであれば、大事な利益を失うリスクを冒すよりは、すべての利益か、少なくとも利益の大部分を確定するべきである。

大衆に従ってはいけない

あなたの周りのすべての人にとって、空売りするのが明白なことになり、全員が空売りをし始めたら、空売りをやめ、ポジションの手仕舞いをすべきである。そうなったときにはもう遅すぎる。おそらく彼らはタイミングを誤っているからである。適切な空売り価格の選択とタイミングに関する自分自身の分析や研究を信頼して、自分一人で取引を行うのがよい。株式市場において、大衆に従ってうまくいった試しはほとんどない。

プットとコール

株価が下落に向かっていると確信しているが、普通株を市場で売りたくない場合、または市場で空売りするのが困難な場合にはプットオプションを使えば、同じ目的を達することができる。株式とまったく同じことだが、最低でもベースとなる銘柄の利益水準や株価チャートの履歴を研究をしないかぎり、プットもコールも買ってはいけない。プットオプションを使う場合は、絶対に全体の投資資金のうちオプションの取引に用いる比率を制限しなくてはならない。慎重な投資家やトレーダーは絶対に資金のすべてを、あるいはその過半ですらオプション取引に用いてはならない。

空売り残高レポート

NYSEやナスダックに上場されている個別銘柄の空売り残高は、インベスターズ・ビジネス・デイリーやデイリー・グラフを含む数多くの刊行物に月１回掲載される。ある銘柄の空売り残高が非常に多く、しかも最近増加している場合は、その銘柄は空売りの最良の候補ではないかもしれない。一部の大口トレーダーはその銘柄の空売り残高が膨らむのを注視して、市場全体が上昇に転じた瞬間に大きな買いを入れて、空売り方の踏みを誘う可能性がある。空売り残高は通常その銘柄の「空売り比率（日数）」で報告される。例えば、ABC社の株式の１日の平均出来高が10万株で、現時点で空売りされている合計株数が50万株であれば、理論的には売り方がABC社の空売りポジションを手仕舞いするには平均的な出来高で５日間必要となる。したがって、この例におけるABC社の空売り残高は「5.0日」となる。

1929年と2000年の初めにおける市場の天井においては、空売り残高は極端に低かった。1930年代の不況期のNYSEのエコノミストであったエドワード・ミーカーは1929年の市場の天井における空売り残高を調査し、1929年の市場崩壊のときには、空売り残高が無視できるほど小さかった銘柄のほうが、大きい空売り残高を抱えていた銘柄よりも厳しい下げとなっていたことを発見した。大きい空売り残高それ自体が下落を押しとどめるわけではないが、市場の下落において一定のクッションにはなる。

リスクは常にある

最後に、すべての普通株式は投機的であり、極めて高いリスクを伴うということを常に意識しておく必要がある。大きな損失のリスクと可能性を回避するためには、より多くの小さな損失を進んで引き受けなければならない。これを、破滅的な不運に対する火災保険料のようなものだと考えるべきである。バーナード・バルーチは「投機家がもし２回に１回正しければ、良い線を行っているといえる。もし彼が間違っていた投機で素早く損切りができれば、10回のうち３回か４回正しいだけでも大金を得ることができる」と言っている。

空売りチェックリスト

ここで、われわれの空売りの原則を、意欲満々の売り方が最初の空売りをする前に目を通すべきチェックリストの形で書き出してみよう。

１．市場全体が弱気トレンドでなくてはならない。また、なるべく弱気トレンドの初期段階にあることが望ましい。強気相場での空売りは勝率が低い。弱気相場でも非常に遅い時点で手がけた空売りは、市場が突然上昇に転じ、あらたな強気フェーズに入った場合には極めて危険である。

2．空売りを狙う投資家が空売り候補として選ぶ銘柄は、比較的流動性の高い銘柄でなくてはならない。これらの銘柄は、大規模なショートスクイーズにつながる可能性のある買い方の突然の殺到があった場合にも、急速な株価上昇とならないだけの十分な出来高がなければならない。一般的なルールとして１日当たり平均100万株以上の出来高があることが流動性の要件としては妥当である。

3．直前の強気サイクルにおけるかつてのリーダー銘柄の空売りを検討する。弱気相場で最高の空売り機会を提供する銘柄は、往々にして直前の強気相場をリードし、大幅な株価の上昇を示した銘柄である。

4．ヘッド・アンド・ショルダーズ・トップの形成と、後期ステージでの幅が広く、不明瞭な、値崩れにつながる不完全なベースに注意する。これらは空売りに絶好なチャートパターンである。

5．かつてのリーダー銘柄を天井から５カ月から７カ月、またはそれ以降に空売りすることを検討する。しばしば、最適な空売りポイントは、50日移動平均線が200日移動平均線を下方にクロスする、いわゆる「ブラッククロス」のあとで起こる。これは起こるまで数カ月かかる場合もある。かつてのリーダー銘柄が天井を付けたあとは、注意深く株価を観察し、最適な空売りポイントのシグナルが出れば行動に移せるように準備しておく。

6．利益目標を20～30％において、頻繁に利益確定する！

賢者への重要な警告

もし株式が1年半から2年間以上弱気相場にあり、直前の強気相場でかつてのリーダー銘柄の多くが当時の高値から70～90%以上下落している場合、このような後期ステージで空売りを始めようとしても、もうパーティーは終わっている。弱気相場の後期段階で空売りをするのは、完全に破滅的とまではいかなくても危険である。株の空売りをするときには常に極端に慎重でなくてはならず、もしあなたが新たな弱気相場の始まりを認識するのが遅く、弱気市場が明白になったときに単に大衆に従っているだけの場合には特にそうである。言い換えれば、株式市場がずっとひどい状態で、一定期間すでに下降トレンドにあり、今や株を空売りして儲ける時期だと判断してこの本を買ったのならば――気を付けるべきだ！

第2部

空売りの構造

THE ANATOMY OF A SHORT SALE

さて、空売りの基本要素をカバーしたので、今度は実際の例を分析する。空売りを決めるときに正確に何を見ればよいのかという実践的な理解を深め、第１部に書いた基本要素を総合的にとらえてみよう。

まず、63ページの**ダイアグラム１**で始めるが、これはヘッド・アンド・ショルダーズの空売りの構造の「ひな形」として使えるものである。

すべての良い空売りのアイデアは最高の買いアイデアとして始まる。株式市場には米国経済の鏡という面があるので、米国経済で観察される創造と破壊の好循環は、株式市場においても存在するはずだ。

これを示しているのが、**強気サイクルにおける偉大な上昇銘柄が、それに続く弱気サイクルでは非常に高い割合で最高の空売り銘柄になるということである。**ほとんどの偉大な上昇銘柄には、まず最初は強気サイクルの過程において、そして次には弱気サイクルの過程で展開する「ライフサイクル」があると考えることができる。

強気サイクルの間には、勝ち銘柄はおそらく、新たな成長サイクル開始の原動力となる新製品・新経営陣や新たな業界環境に恵まれた、新しい企業や既存の企業である。ミューチュアルファンドや年金基金のような機関投資家がこの会社に気付き、その株式の保有ポジションを積み上げ、成長の最盛期の間、この銘柄を買い続け、株価を高く高く押し上げる。この段階では、上昇の過程でこの銘柄には何回かの保ち合いやベースの形成がある。そして、株価が新たなベースからブレイクアウトするたびに、より多くの投資家の注目が集まる。

株価が上昇トレンドの過程で３回から４回以上のベースを形成した時点で、この銘柄は今度は投資家全員にとっての明白な買い銘柄になり始める。これこそが勝ち銘柄の動きにおける後期ステージであり、ウォール街のアナリストたちがおそらく目標株価の引き上げを行うことになるだろう。この銘柄は放送や活字メディアで何回も特集されるかもしれないし、ほかの人々がこの株について大きな声で話すのを聞くかもしれない。今やこの株は投資家全員にとって明白な買い銘柄であり、みんなが大騒ぎして、この株がどんなに素晴らしいかを吹聴することになる。そこが、天井である。

完全な弱気相場が株の空売りには最も良いが、ときには強気相場の合間の調整局面において、空売りで儲けることができる場合もある。大半の強気相場では、まず最初の急激な上昇が起こったあとに調整局面があり、そして2回目のそれほど急激ではない上昇があって天井を付ける。調整の深さによっては、強気相場の最初の上昇局面でのリーダー銘柄は調整局面において空売り候補になりうる。

例えば、1995年から1997年の強気市場の最初の上昇局面は1995年から1996年の初めにかけて起こったが、この最初の上昇局面をリードしたのが、たとえばCキューブ・マイクロシステムズなどの半導体銘柄だった。Cキューブ・マイクロシステムズは1995年の終わりから1996年の初めにかけて天井を付けたが、素晴らしい空売りの機会が何度かあった。2004年においても同様に、中国のインターネット関連銘柄や中国ビジネス関連銘柄、米国の教育関連銘柄やオムニビジョン・テクノロジーズのようなハイテク銘柄の一部には素晴らしい空売りの機会があった。

さて、ここで基本的な空売りシナリオを検討してみよう。**ダイアグラム1**のポイント①で示したように、最初の天井はそれまでの最高値か、それに近いポイントから、大きな出来高を伴って押し上げられたものである。この銘柄の動き全体を通じて最高か、最高に近い出来高を伴っての株価が急落した場合は、大きなディストリビューションが起きているシグナルである。通常これが起こるのは、株価が後期ステージの不完全なベースからブレイクアウトしようとして失敗し、ピボットポイントを超えて下落するか、あるいはまだ形成中であった後期ステージのベースの底を割って下落するときである。

いずれにせよ、株価は1週間から5週間以上の間に大きな出来高を

ダイアグラム1
空売りの構造

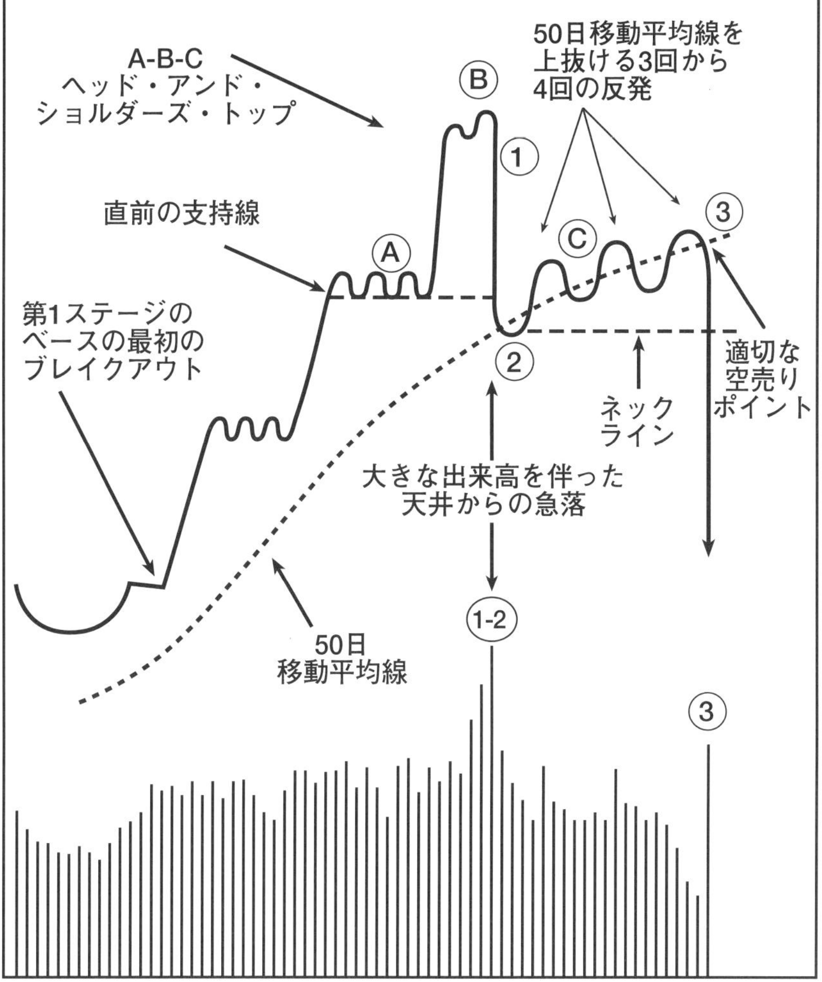
A-B-C
ヘッド・アンド・
ショルダーズ・トップ
B
50日移動平均線を
上抜ける3回から
4回の反発
1
直前の支持線
A
C
3
第1ステージの
ベースの最初の
ブレイクアウト
2
適切な
空売り
ポイント
ネック
ライン
大きな出来高を伴った
天井からの急落
1-2
50日
移動平均線
3

伴って急落し、以前の保ち合いやベースの領域を割り込んで下落する。このチャート上のポイント②で、株価が主要な「支持線」を割り込んだのを見た空売り方が参入する。しかし、株式市場では大多数の人にとって分かり切ったことがうまくいった試しは少ない。株価は突然上昇に転じ、急激な反発を開始し、50日移動平均線を試し、通常はそれを上抜けて上昇する。

この時点において、この銘柄を要注意リストに入れ、空売り候補として観察し始めなければならない。この銘柄が絶対的な天井を付けてから５カ月から７カ月、またはそれ以上の間に、株価が50日移動平均線を上抜けて２回から４回反発したあと、空売りに絶好なタイミングと株価水準がポイント③で現れることになる。50日移動平均線を上抜けての最初の何回かの反発が起こったあと、最後の反発が来る。この反発は通常その前の反発に比較すると出来高が少なく、しかも株価が上昇するほど出来高が細るようにみえる。ストーリング（失速）が伴う場合もある。

このことは、この銘柄に対する需要がとうとう衰えてきたことを示すものであり、このあとに続く最初の大きな出来高を伴った株価の下落が空売りのポイントである。もしあなたが機敏で、しかも市場全体が（おそらくはフォロースルーに失敗して）同時に下落に転じている場合は、株価が下落する直前の、薄商いでの反発の時点で空売りができる場合がある。これには用心が必要で、大きな出来高を伴った下落まで待つのに比べて少し危険であるが、わずかながら先んじたスタートを切れる可能性がある。

ただし、いくつかの例外はある。まれな例だが、株価は50日移動平均線を上抜けて１回しか反発しない場合もある。何度も50日移動平均線まで反発するが、実際には50日移動平均線を抜けない場合もある。どの反発が最後の反発なのか、どうやったらそれが分かるのかと聞かれるかもしれないが、正直なところ、それを確実に見分ける方法はない。**大事なことは、50日移動平均線を上抜ける反発の１つ１つを、市場全体の状況とその反発のテクニカルな「質」の両方の観点から分析することである。**

例えば、その反発は激しいストーリング（失速）を示しているか、あるいは上方に「ウエッジ」するにしたがって出来高が細ってきているか、そしてこれらのテクニカルな動きによって、今回の反発はそれ以前の50日移動平均線を上抜ける反発とは異なったものになっているか？　市場全体は過去数日間オーバーヘッドの抵抗線まで反発していて、この銘柄の今回の反発が弱まるにつれ市場全体も同時に下落に向かっているか？　こういうことが、ある反発の失敗が空売りの絶好な時期かどうかのヒントになる。

反発が１回しか起こらないパターンを解読するのは、３回から４回の反発がある場合に比べてはるかに難しい。株価が最初に50日移動平均線を上抜けて反発したあとで、50日移動平均線を割って下落するときに空売りを試みれば、時期尚早の空売りになってすぐにストップアウト（損切り水準での手仕舞い）になる可能性がある。勝率は、50日移動平均線を上抜ける反発の回数とともに増加する。当然、50日移動平均線を上抜けて１回か２回しか反発していない銘柄よりも、３回から４回以上反発している銘柄のほうが勝率は高い。選択を厳しくする余裕がある場合は、どんなことがあっても選択を厳しくして、３回から４回以上、反発している空売り候補を見つけることに専念するべきである。

このＡ～Ｂ～Ｃとたどる全体のパターンは、ＡとＣが左と右の肩（ショルダー）で、Ｂが頭（ヘッド）の「ヘッド・アンド・ショルダーズ」型となっている。一般的に、右肩は左肩より低い部分で形成され、また右肩では大きな出来高を伴った何回かのはっきりした下落があるので、全体的なパターンでみると、左から右に移動するにつれて平均の出来高は増加していく。

ヘッド・アンド・ショルダーズ・トップのパターンは5カ月から7カ月、あるいはそれ以上の期間をかけて形成される。このパターンの「サイズ」、つまりパターンの期間の幅は、このパターンの株価と出来高の動きほど重要ではない。もしある銘柄がわずか3カ月の間にヘッド・アンド・ショルダーズ・トップの形を作って、空売りすべきだというすべてのテクニカルなシグナルを出しているならば、空売りするべきである。

ある銘柄が空売り候補となるためには、常に正確なヘッド・アンド・ショルダーズ・トップの形になる必要があるというわけではない。**ダイアグラム2**は、**ダイアグラム1**のひな形の変形だが、ここでは後期ステージでのベース形成に失敗した空売りの構造を取り上げる。

この場合、左肩は形成されないが、通常ヘッド・アンド・ショルダーズ・トップで「頭」となる高値とそれ以降での株価と出来高の動きは**ダイアグラム1**に極めて似たものである。

このタイプの特徴は、株価の最後のトップは後期ステージでのベース形成の失敗で示される。急激な株価下落が大きな出来高を伴って起こるという点で、ヘッド・アンド・ショルダーズのトップと似ている。この急落によって、株価は直前の上昇トレンドにおける支持線を割り込むが、普通は50日移動平均線を上抜けて数回反発する。時には50日移動平均線に達するか、または上抜ける反発が1回か2回しかない場合もある。

このパターンでは、空売りを狙う投資家にとって、潜在的に正しい空売りポイントが2つある。第一は、株価が高値から急落するポイントで、株価がブレイクアウトに失敗して大きな出来高を伴って後期ステージの不完全なベースの底まで達するか、あるいはそのまま大きな出来高を伴ってベースの底を割って下落するポイントである（①のポイント）。第二は、何回かの反発で右「肩」を形成したあとで、株価が出来高の増加を伴って下落するところ（③）がポイントとなる。

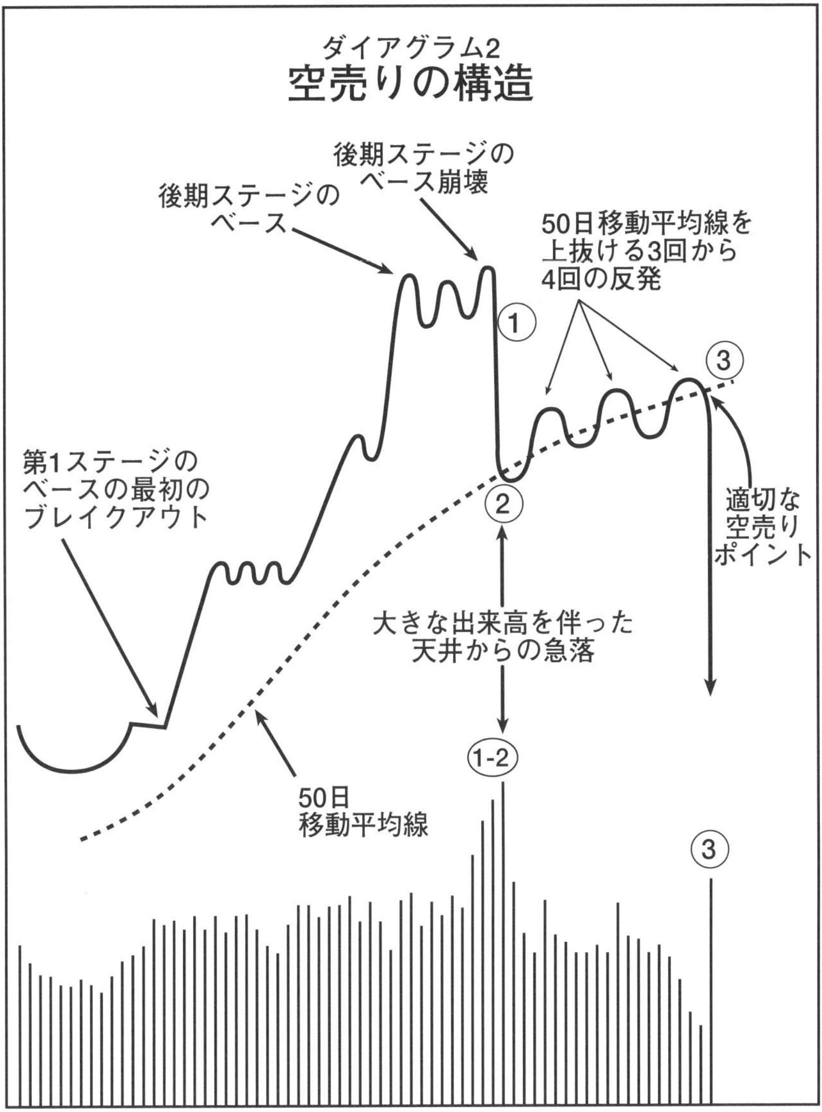
後期ステージの
ベース崩壊
後期ステージの
ベース
50日移動平均線を
上抜ける3回から
4回の反発
①
③
第1ステージの
ベースの最初の
ブレイクアウト
②
適切な
空売り
ポイント
大きな出来高を伴った
天井からの急落
①-②
50日
移動平均線
③

ダイアグラム2
空売りの構造

チャートのなかで株価の下落が間近だということを示す可能性のある、かすかなヒントに注意しなくてはならない。注意すべきテクニカル上の動きのタイプを次にまとめる。

1．ストーリング（失速）――つまり、株価は反発しているが、週足でみると1週間から3週間にわたって、週の終値がその週の取引レンジの真ん中よりも下で引けるという値動き――は、反発が組織的な売りに直面していることを示している場合があり、その売りがまもなく反発を圧倒して、株価は再び下降に向かう可能性がある。特に、ヘッド・アンド・ショルダーズ・トップの右肩部分において、株価が50日移動平均線を上抜ける3回目か4回目の反発をしているときに起こるストーリングは、下方へのブレイクが間近に迫っている強いシグナルである可能性が高い。

2．ウエッジ――つまり、出来高が徐々に細りながらの株価が上昇する――は、その銘柄の買い、つまり需要が不足しているシグナルである。ストーリングと同様、ヘッド・アンド・ショルダーズ・トップの右肩部分において、株価が50日移動平均線を上抜ける3回目か4回目の反発をしているときに起こるウエッジは、株価の下方へのブレイクが近いという重要な兆候である可能性が高い。

3．「線路」は、ある週において株価が急激に上昇し、その次の週に株価がその前の週の取引レンジを完全になぞり、大きな出来高を伴ってその週の高値近辺で引けるときに起こる。これによって、平行に走る2本の線、つまり線路のような線が現れる。この値動きでは、2週間にわたって週の取引レンジの高値や高値近辺で引けているため、この銘柄は大きな出来高で支えられているように見えるかもしれないが、大きな出来高を伴って前週の価格をなぞるというのは、この銘柄にディストリビューションが起こっているということを示している場合がある。

４．「アイランド」トップは、株価が２週間から３週間、あるいはそれ以上上昇を続けたあと、最後にギャップアップし、その週は極めて狭い範囲での取引になるときに起こる。これは週足チャートでは小さい十字の形が孤立して「浮かんでいる」ように見えるため、「アイランドトップ」という名が付いている。これは、その週は値上がり週であるにもかかわらず、ギャップアップが売りに出合い、狭いレンジでチャーニング（前日比でまったく上昇しないか、下げて引ける状態）が起こっている状態で、その株の上昇力が尽きたことを示している可能性が高い。
５．後期ステージのベースから、薄商いでのブレイクアウトに注意する必要がある。もし長期間にわたる株価上昇のあとで、株価レンジの幅が広く、不明瞭で不完全なベースを形成している場合は、ベースからの少ない出来高でのブレイクアウトに気を付けなくてはならない。薄商いでブレクアウトし、その直後に出来高の増加を伴って急落する場合は、早期の空売りポイントとなる場合がある。このような後期ステージの不完全なベースからの薄商いでのブレイクアウトは、しばしばその株がクライマックストップを付けたあとで起こる。クライマックストップのあと、株価が上向いて大きく、幅が広く、不明瞭なベースを形成し、ブレイクアウトをもう一度試みる場合がある。このブレイクアウトが非常に小さい出来高を伴って起こるときは、ダマシである可能性が高く、上昇が完全に終わったというシグナルである場合が多い。

以前の支持線であった株価ゾーンに注意をすること。株価が支持線を割れば多くのテクニカルアナリストが空売りに入るだろうが、株価は支持線を割ったあとで、上昇に転じ、急激に反発し、時期尚早の売り方は踏まされることになる。これが起こる理由のひとつは、テクニカル分析とチャートを用いた値動きの分析に対する信奉があまりに広まっているため、多くの人が同時に同じ情報に基づいて行動するためである。

支持線を割る動きは多くのテクニカル分析で弱気のシグナルであるとされているため、チャートを見ている人ならば全員が空売りし、そのポイントで一時に大量の空売りが出現することになる。全員が空売りしてしまうと、手仕舞いをしなければならないような場合には全員がいまや潜在的な買い方になったということであり、実質的にその株には短期的な底ができたことになる。全員がその株の空売り側に一方的に回った場合は、間違いなく踏み上げが起こる。多くの場合、**空売りポジションを手仕舞いする最も良いポイントは、株価が以前の底値や支持線を割ったところである。株価はしばしばそのポイントから反転上昇し、あなたはもう一度空売りできる機会を注意して待つことができるからだ。**

何よりも重要な点は、空売りの成功には断固とした決断と忍耐が必要だと理解することである。ストップアウトし、損切りを迅速に断固として行わなければならない場合が数多くあるだろう。しかし、ひるむことはない。われわれの空売りのひな型に当てはまっているならば、損切りせざるを得なかった銘柄も引き続き観察しなくてはならない。

なぜならば、最終的には適切な空売りポイントが現れるからであり、それが明らかになったときには機敏にそれをとらえる必要があるからだ。最終的に「スイートスポット」をとらえて、短期間に20～30%の利益を得るまでには、当の銘柄で何度か損切りさせられる場合があるということだ。

第3部

最高の空売りのモデル

MODELS OF GREATEST SHORT SALES

空売りのひな型の用意ができたので、過去の市場における最高の空売りの例をいくつか検討してみよう。最初の例では、いくつかの重要なポイントと各々の空売りの「モデル」の詳細を取り上げる。これは、あとの例において、読者が重要な性質や特徴を見分けるうえで役に立つはずである。読者がこれらの事例を注意深く研究すれば、空売り候補の「モデル」の性質や特徴について強い感覚を身につけることができるはずであり、その知識を実際のトレーディングに生かすことができるだろう。

シスコ・システムズ

シスコ・システムズの株式は1990年に公開され、1990年代の「行け行け」の10年間に起こった３回の強気サイクルすべてにおいて主要なリーダー銘柄だった。シスコ・システムズは1990年10月のピボットポイントから2000年３月の絶対的な天井まで、驚異的な７万5000％の上昇を達成し、「マーケットリーダー」という言葉の意味を定義した。2000年３月に天井を付けたとき、シスコ・システムズは多くの機関投資家のポートフォリオでの人気銘柄であった。

しかし、同社は偉大な上昇銘柄の輝かしい歴史的なモデルを提供したばかりではなく、すべての株には売るべき時があるというより重要な事実を証明した。すべての人がどれほどその銘柄を素晴らしいと思っていようと、その株価の下落の過程でどれだけ多くのウォール街のアナリストがその銘柄を「絶対買い」と思っていたとしてもである。

シスコの1991年から2000年の大天井に至るまでのすべての過程を通して、**リーダー銘柄としての基本的な特徴は、市場全体の調整局面において常に最後に調整に入るということだった。調整局面においてシスコが最後に下落し始めると、これは市場全体の調整局面が終わったか、または終わりに近いということを示していた。**

シスコの週足チャートを詳しく検討すれば、これが真実であることが分かる。市場が調整に入ったときには、シスコは常に市場全体の下落（チャートではＡからＤで示されている）の最初の段階は持ちこたえている。調整局面が進み、市場心理が悪化すると、シスコも不可避的に調整を始めるのだが、それは数日間のことで、底を付けるとすぐに上昇に転じてブレイクアウトし、市場全体が調整局面を抜け出て新たな強気サイクルに入るのを実質的にリードした。

この習性を前提に考えると、市場全体が過去100年間で最悪の状況のひとつに陥り始め、シスコもまた値を下げ始めたとき、極めて興味深いことが起こった。シスコはそれまでのパターンを初めて破ったのである！　同社の株は調整に入ったあとも下げ続け、それまでのように調整に入ってもすぐに脱出し、市場全体が調整局面を脱し、次の上昇局面に入るのをリードするというういつも通りのパターンにはならなかったのである。これはシスコ・システムズを売るべき、いや空売りさえするべきときだという重要なヒントだった。

鋭いチャートの観察者ならば、シスコ・システムズがちょうど2000年３月のピークの辺りで、簡単に見てとることのできるヘッド・アンド・ショルダーズ・トップのパターンを形成しているのに気付くはずだ。しかし、株価が右肩のネックラインを割って下落するときにポジションを建てようとした売り方は、彼らの空売りが時期尚早だったとすぐに気付くことになった。ネックラインを割っての下落は３月のピークのわずか２カ月半後であり、シスコに対する根強い強気心理は「安値拾い」の形をとって現れた。同社の株は50日移動平均線を上抜けて70ドルの抵抗線水準まで急激に反発し、時期尚早の売り方を踏ませることになった。

われわれが検討する多くの空売りの成功例と同様、シスコに対して依然として残っていた強気心理が完全に消え失せて、最終的に株価が崩壊するまでにはこのあとまだ４カ月という期間が必要だった。第１

シスコ・システムズ週足チャート　　2001

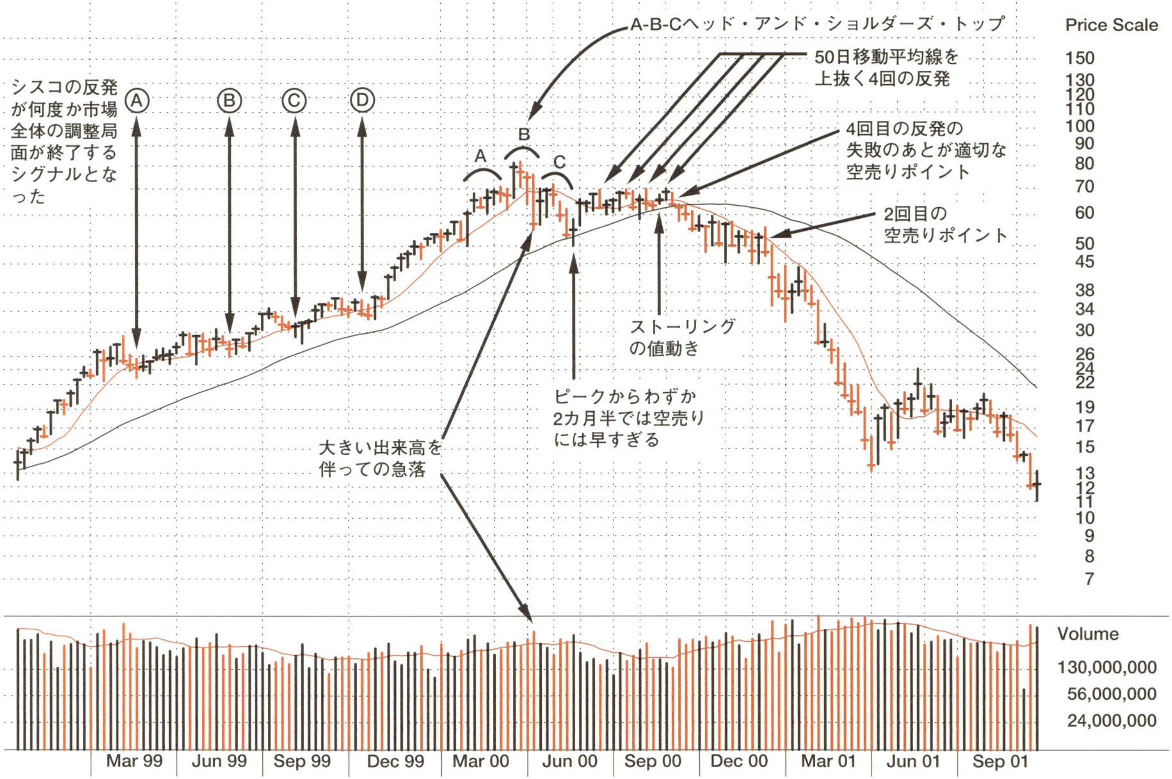
A-B-Cヘッド・アンド・ショルダーズ・トップ
50日移動平均線を
上抜く4回の反発
シスコの反発
が何度か市場
全体の調整局
面が終了する
シグナルとな
った
Ⓐ
Ⓑ
Ⓒ
Ⓓ
A
B
C
4回目の反発の
失敗のあとが適切な
空売りポイント
2回目の
空売りポイント
ストーリング
の値動き
ピークからわずか
2カ月半では空売り
には早すぎる
大きい出来高を
伴っての急落
Price Scale
150
130
120
110
100
90
80
70
60
50
45
38
34
30
26
24
22
19
17
15
13
12
11
10
9
8
7
Volume
130,000,000
56,000,000
24,000,000
Mar 99
Jun 99
Sep 99
Dec 99
Mar 00
Jun 00
Sep 00
Dec 00
Mar 01
Jun 01
Sep 01

シスコ・システムズ日足チャート

2000

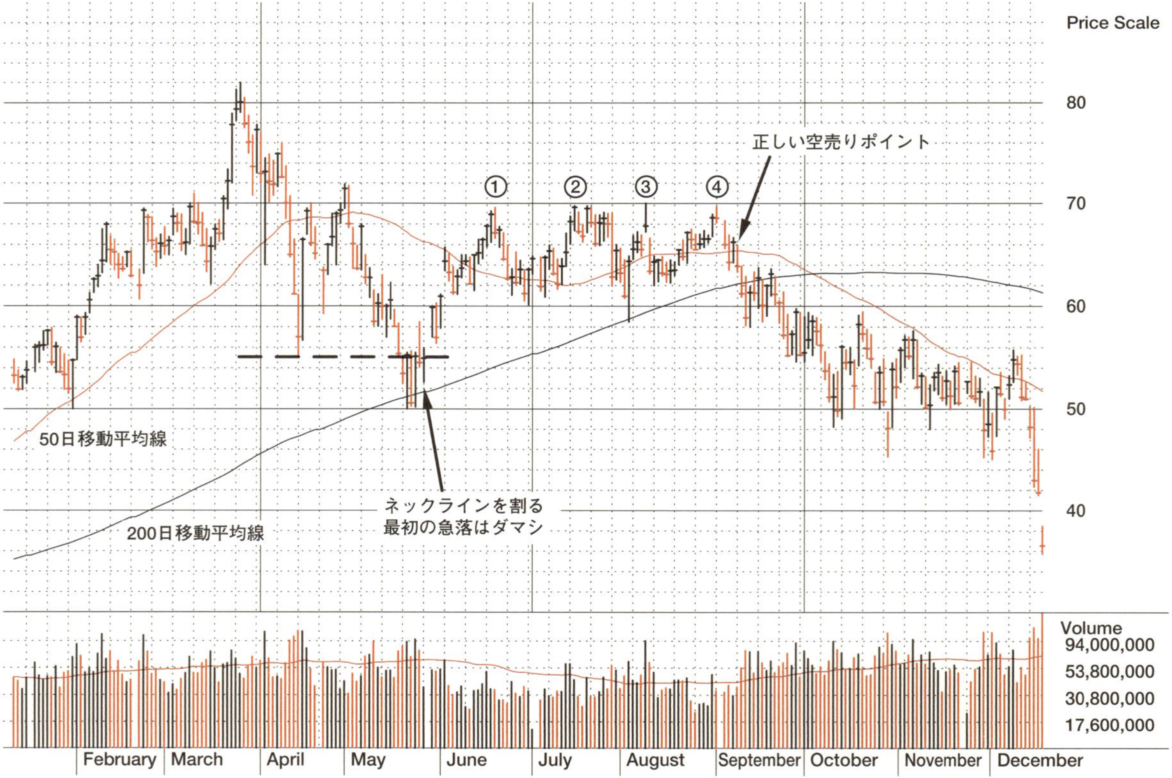
Price Scale
80
70
60
50
40
正しい空売りポイント
①
②
③
④
50日移動平均線
200日移動平均線
ネックラインを割る
最初の急落はダマシ
Volume
94,000,000
53,800,000
30,800,000
17,600,000
February
March
April
May
June
July
August
September
October
November
December

部や第２部で検討したように、かつてのリーダー銘柄に対する空売りポイントは絶対的な天井から何カ月もたってから起こるという原則は、この例でも極めて明白であった。

シスコの日足チャートでは、週足チャートでも見てとれた50日移動平均線を上抜いた４回の反発の試しを詳しく検討することができる。通常、われわれは３回から４回の反発のあと、その銘柄の空売りシグナルに注意を払う。シスコの場合は４回目の反発の失敗が弔鐘となり、株価が大きな出来高を伴って50日移動平均線と200日移動平均線を割って急落したときに空売りの鐘が明瞭に鳴り響いた。50日移動平均線を上抜いた４回目の反発では、出来高の増加を伴ってストーリング（失速）が起こっているが、これは前の３回の反発と４回目の反発とを区別するわずかな違いであり、まもなく株価が下落するという極めて微妙なヒントを出していることに、注意を払う必要がある。

もし最初の空売りポイントを逃した場合は、この株が50日移動平均線を上抜いて２日間反発し、50ドルを少しだけ上回ったところでもう１回の空売りポイントがあった。この反発のあと、シスコ株は大きな出来高を伴って移動平均線を割って下落した。これは明確な第二の空売りポイントである。シスコは最終的には10ドル以下まで下落したのだが、90年代強気相場の「投資適格」の花形銘柄が2000年３月のピークから90％以上の価値を失うなどとても信じることができなかった株式ファンに、相当なショックを与えることになった。

ルーセント・テクノロジーズ

ルーセント・テクノロジーズは1996年４月にAT＆Tから分離独立した企業であり、1990年代の強気市場のもうひとつの「投資適格」の花形銘柄であった。ルーセント・テクノロジーズはAT＆Tの一部門だったころに数々の最先端をいく通信技術の研究開発に関与しており、AT&Tの小会社群のなかでも「最重要資産」とみなされていた。分離独立のあと、ルーセントの株式はAT&T株の保有者に分配され、今や「ただの電話株」の株主がルーセント・テクノロジーズの革新的技術のすべてを別会社の株式の形で得ることのできる、株主に投げ与えられたおいしい骨のようなものであった。ルーセント株はその後、44カ月の間に7ドルから分割調整後のベースで60ドルを少し上回る株価まで急上昇し、株主は実際にその価値を得ることになった。ルーセント・テクノロジーズはこの時点でウォール街の多くのアナリストの推奨銘柄であり、ウォール街のすべての大手証券会社から「注目銘柄」や「投資適格」といった買い推奨を集めていた。

しかし、ルーセントの週足チャートが示しているように、2000年1月7日の週の株価の大幅な急落によってルーセントの終焉の幕が切って落とされた。この株価の急落は、この時点ではまだ形成中であったヘッド・アンド・ショルダーズ・トップのパターンの「頭」になる部分の右側に当たるものであった。

しかし、このときの下げはルーセントの絶対的な高値からわずか4週間後のことであり、この急落に大急ぎで空売りで飛び乗るのは早まった試みであった。売り方は、そのあと起こる50日移動平均線を上抜く4回の反発の1回目の上昇で、すぐに踏まされることになった。シスコの場合と同様、ルーセントは4回目の50日移動平均線を上抜いた反発のあと、大商いで50日移動平均線を割り込む急落を示し、理想的な空売りポイントを提供することになった。

実際、ルーセントの日足チャートを詳細に検討すると、株式の下落に伴い3回の空売りポイントがあったことが分かる。最初のポイントは、株価が200日移動平均線を上抜いて上昇したあと下落したときであり、2回目は株価が50日移動平均線を割り込んで急落したときで、3回目は株価がヘッド・アンド・ショルダーズ・トップのパターンを完成させた右肩部分の「ネックライン」を割り込んだときである。

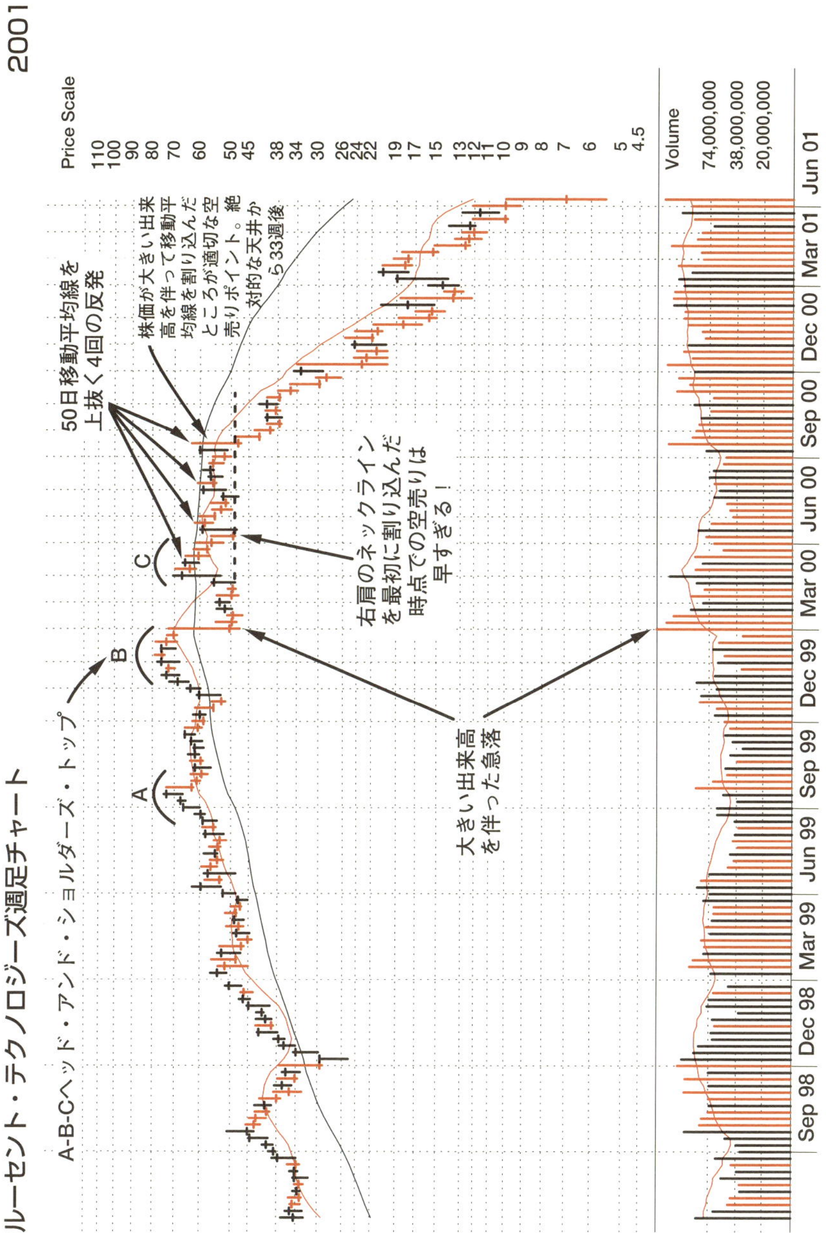
2001
ルーセント・テクノロジーズ週足チャート
A-B-Cヘッド・アンド・ショルダーズ・トップ
A
B
C
50日移動平均線を上抜く4回の反発
株価が大きい出来高を伴って移動平均線を割り込んだところが適切な空売りポイント。絶対的な天井から33週後
右肩のネックラインを最初に割り込んだ時点での空売りは早すぎる！
大きい出来高を伴った急落
Price Scale
110
100
90
80
70
60
50
45
38
34
30
26
24
22
19
17
15
13
12
11
10
9
8
7
6
5
4.5
Volume
74,000,000
38,000,000
20,000,000
Sep 98
Dec 98
Mar 99
Jun 99
Sep 99
Dec 99
Mar 00
Jun 00
Sep 00
Dec 00
Mar 01
Jun 01

ルーセント・テクノロジーズ日足チャート

2000

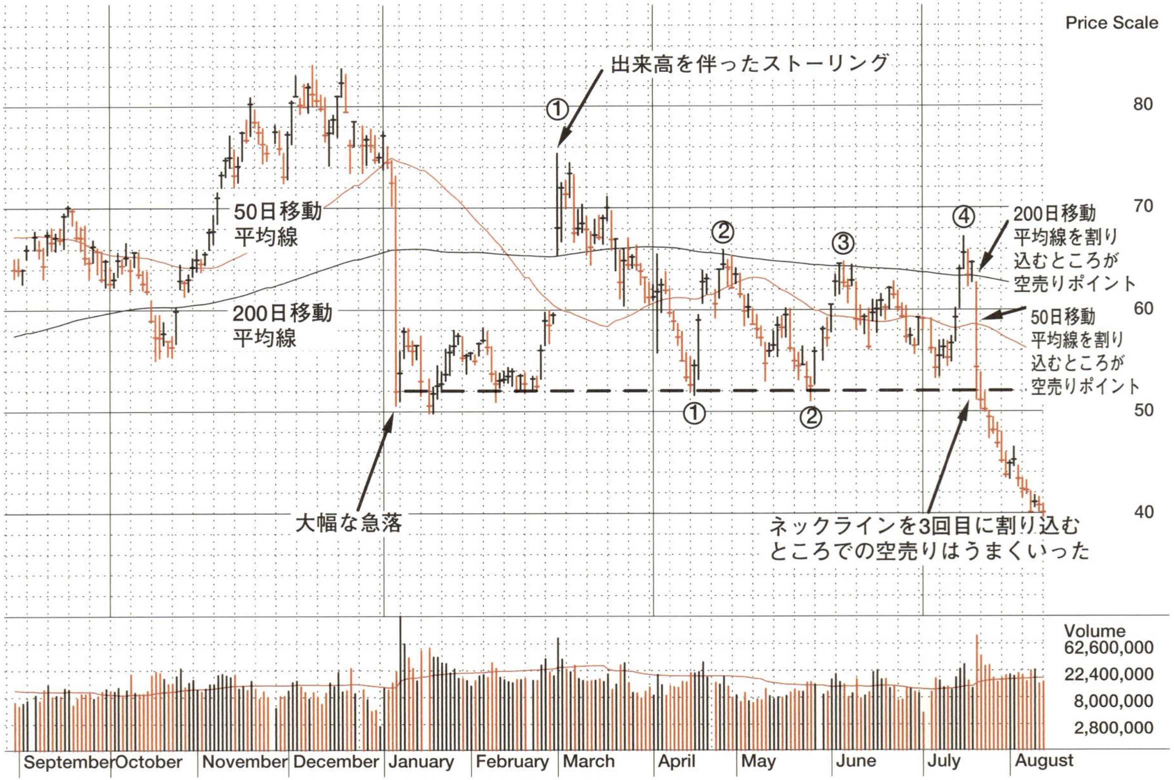

Price Scale
80
70
60
50
40
出来高を伴ったストーリング
①
②
③
④
50日移動
平均線
200日移動
平均線
200日移動
平均線を割り
込むところが
空売りポイント
50日移動
平均線を割り
込むところが
空売りポイント
大幅な急落
①
②
ネックラインを3回目に割り込む
ところでの空売りはうまくいった
Volume
62,600,000
22,400,000
8,000,000
2,800,000
September
October
November
December
January
February
March
April
May
June
July
August

絶対的な株価のピークから見ると、ルーセントの株価が最終的に下放れするまでは33週間かかっているが、この下落が始まると、200日移動平均線、50日移動平均線、ヘッド・アンド・ショルダーズの右肩部分のネックラインをそれぞれ大商いを伴って割り込み、非常に明確な空売りシグナルを出していることに注意が必要である。この例では、ルーセントが1999年終わりに絶対的な高値を付けたあと、空売りを狙う投資家はそのタイミングについて、機敏かつ忍耐強くなければならなかったことがよく分かる。時期尚早の売り方は確実に踏まされ、損切りせざるを得なかったであろう。

カルパイン・コーポレーション

発電事業者のカルパインは、後期ステージにおけるカップ・ウィズ・ハンドル型のベースが崩れて、株価の絶対的なピークから数カ月後に強い空売りの機会を提供した良い例である。カルパインが2001年３月の天井に近づいている時点で、発電事業や切迫した電力エネルギー不足の危機がニュースで報道されていたということは、非常に興味深いことである。カリフォルニア州での輪番停電は一般の注目を集め、当時の危機メンタリティをあおる一因となっていた。カルパインのような銘柄は過去２年半にわたって着実に値を上げていたにもかかわらず、突然すべての人が発電事業は「人気」セクターだと知ったのである。残念なことだが、株式市場においてはすべての人がついに何かを「知った」という場合には、それは終わりなのである。

最初の2.6ドルでのブレイクアウトから58ドル以上になる過程で、カルパインの株価はベースを６回形成しており、そのうち最初の５回はすべて比較的良い形で適切なベースであった。６回目のベースはカルパインの値動きが変化する最初の兆候となった。この最後の後期ステージでのベースは大きく、不明瞭なカップ・ウィズ・ハンドルで３

カルパイン・コーポレーション週足チャート

2002

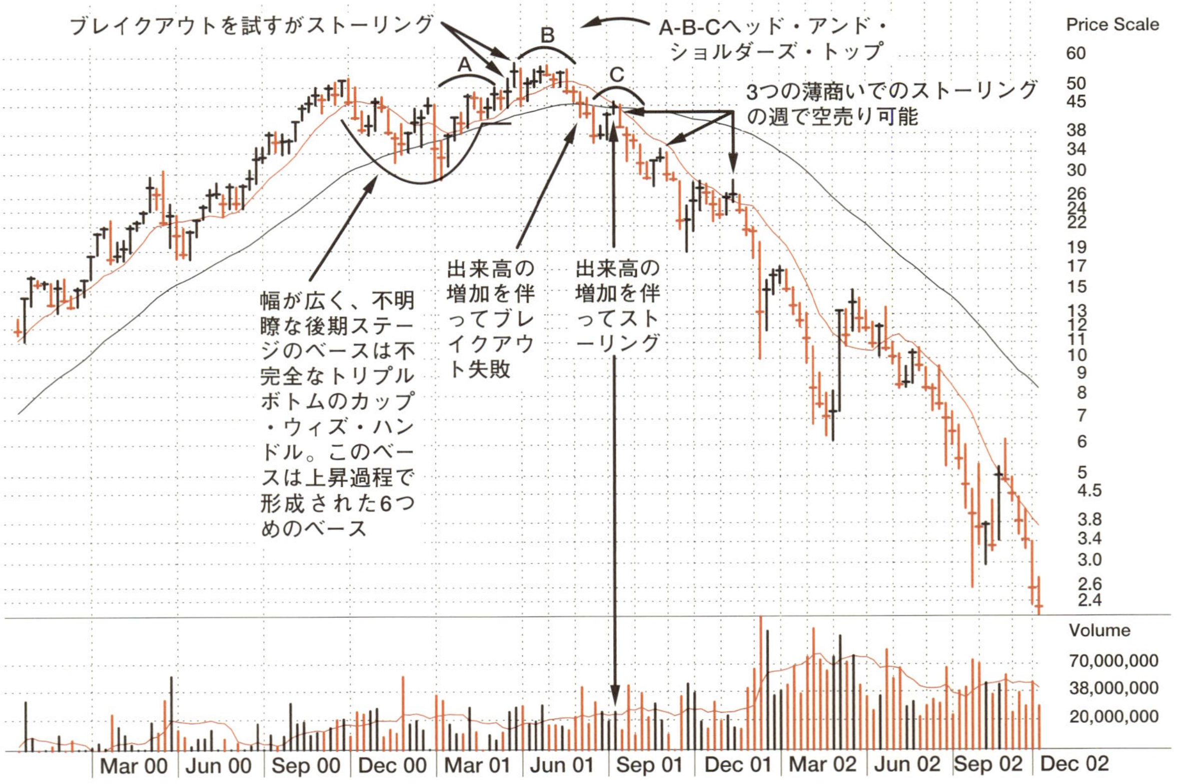
ブレイクアウトを試すがストーリング
A
B
C
A-B-Cヘッド・アンド・ショルダーズ・トップ
3つの薄商いでのストーリングの週で空売り可能
幅が広く、不明瞭な後期ステージのベースは不完全なトリプルボトムのカップ・ウィズ・ハンドル。このベースは上昇過程で形成された6つめのベース
出来高の増加を伴ってブレイクアウト失敗
出来高の増加を伴ってストーリング
Price Scale
60
50
45
38
34
30
26
24
22
19
17
15
13
12
11
10
9
8
7
6
5
4.5
3.8
3.4
3.0
2.6
2.4
Volume
70,000,000
38,000,000
20,000,000
Mar 00
Jun 00
Sep 00
Dec 00
Mar 01
Jun 01
Sep 01
Dec 01
Mar 02
Jun 02
Sep 02
Dec 02

2001

カルパイン・コーポレーション日足チャート

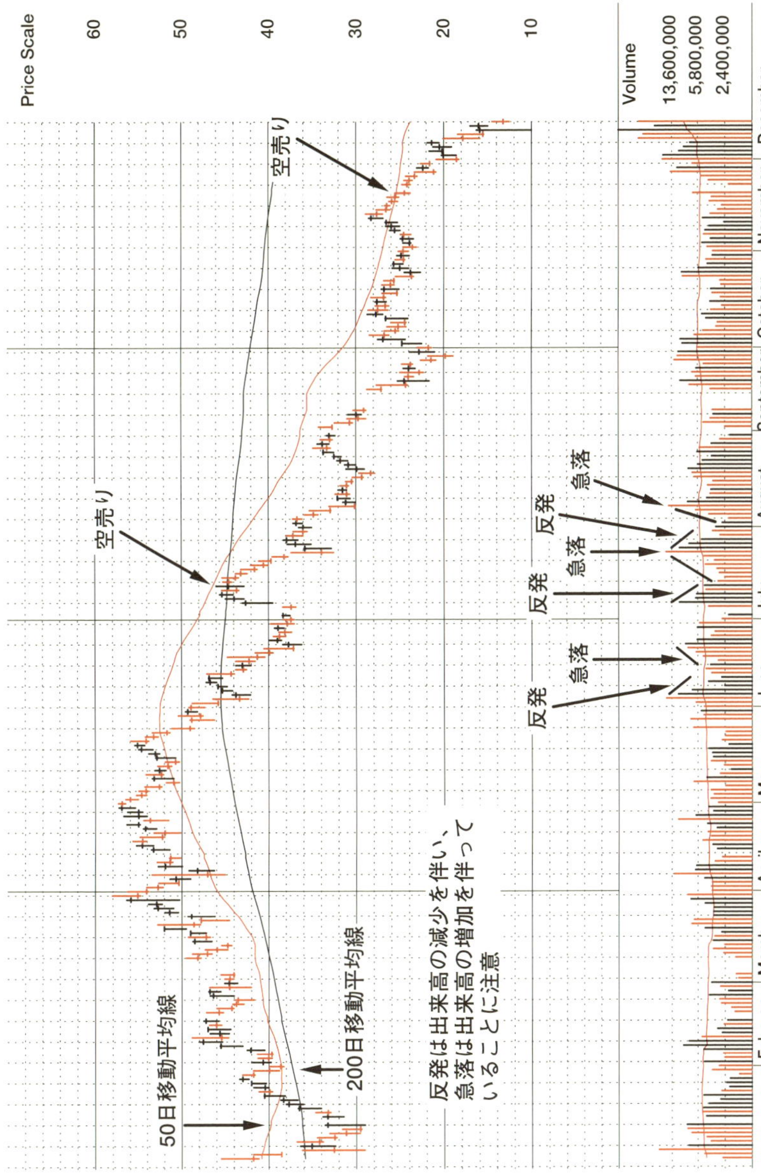

つの別々のボトムを持ったものであった。株価はこのベースからのブレイクアウトを試したが、最初の2週間は出来高の増加を伴ってストーリングの動きを見せている。8週間後、ブレイクアウトは失敗し、株価は50日移動平均線を割り込んで急落した。

そこから弱含みとなり、下落する株に起こる典型的な現象のひとつが日足チャートで観察できる。50ドル台半ばから20ドルの水準までの下降トレンドを特徴づけているのが、株価が上昇するにつれて出来高が減少するという小規模で短期間の反発であり（ウエッジを形成）、これらの反発のあとは株価が下がるほど出来高が増加するようになっている。この種のテクニカルな動きは下降トレンドの状況でよく見られ、このような動きを見せている銘柄はしばしば、出来高の減少やウエッジを伴う反発が50日移動平均線や200日移動平均線の抵抗線に当たるポイントで空売りできる。

株価が下落し始めたあと、最適な空売りポイントはこの銘柄が絶対的な高値を付けた時点からほぼ8カ月後に現れている。薄商いでの反発によって株価は50日移動平均線を上回る反発を見せるが、このときの週足ではストーリングの動きを示している。そのあと株価は出来高の増加を伴って50日移動平均線を割り込み、3週間のうちに26ドルから10ドル以下に急落した。

ヤフー

ヤフーは1998年から1999年の強気相場でインターネット関連株の巨大な勝ち銘柄だったが、最後には典型的な崩壊を示すことになった。この銘柄の最後の上昇は新高値の250ドルまで株価水準を上げる大幅なものだった。しかし、ヤフーの上昇の最後の2週間は、この銘柄の動き全体で見ても最低水準の出来高になっていることに注意しなくてはならない。このあとには250.06ドルの高値から大商いを伴った反落の週があり、さらにもう１週、大商いを伴った値下がり週が続いた。それから株価は３カ月間、薄商いのなかを上がったり下がったりし、その後今度は200日移動平均線を割り込んで下落した。７週間後、50日移動平均線が200日移動平均線を下方にクロスした。ここから株価は50日移動平均線を上抜いて４回反発する。４回目の反発のあと、株価は出来高の大きな増加を伴ってギャップダウンし、50日移動平均線を割り込んだ。この時点が最適な空売りポイントである。

ヤフーは最終的に8.02ドルで底を付けるが、これは天井の250.06ドルからなんと96.8％の下落だった！

ブロードコム

高速のブロードバンド通信は1998年から1999年の強気相場で大人気銘柄となった。ブロードコムはこの波に乗って1998年11月の最初のピボットポイントから71週間で994％上昇した。

ブロードコムが最初に何かおかしいという兆候を示したのは、株価が253ドルの水準に上昇した2000年３月だった。株価がこの高値水準に上昇する過程で、ブロードコムの終焉の最初の兆候となる２つのことが起こった。ひとつは、株価が新高値に上昇したとき、天井での２週間の出来高は極めて少ないものだったということ。もうひとつは、同時に株価は前の週の動きを完全になぞる「線路」をチャート上で形成したことである。

そこから株価は大幅に下落し、わずか２週間の間に半値まで急落した。これは反発を引き起こし、株は非常に幅の広い不明瞭なカップ・ウィズ・ハンドルを形成し、その後、株価はここからブレイクアウトを試した。しかし、このベースは極めて不完全で、株価は260ドルのゾーンに向かって３回の反発を試すが、失敗する。３回目の反発が失敗したあと、株価は出来高の大きな増加を伴って下落し、最終的には

ヤフー週足チャート

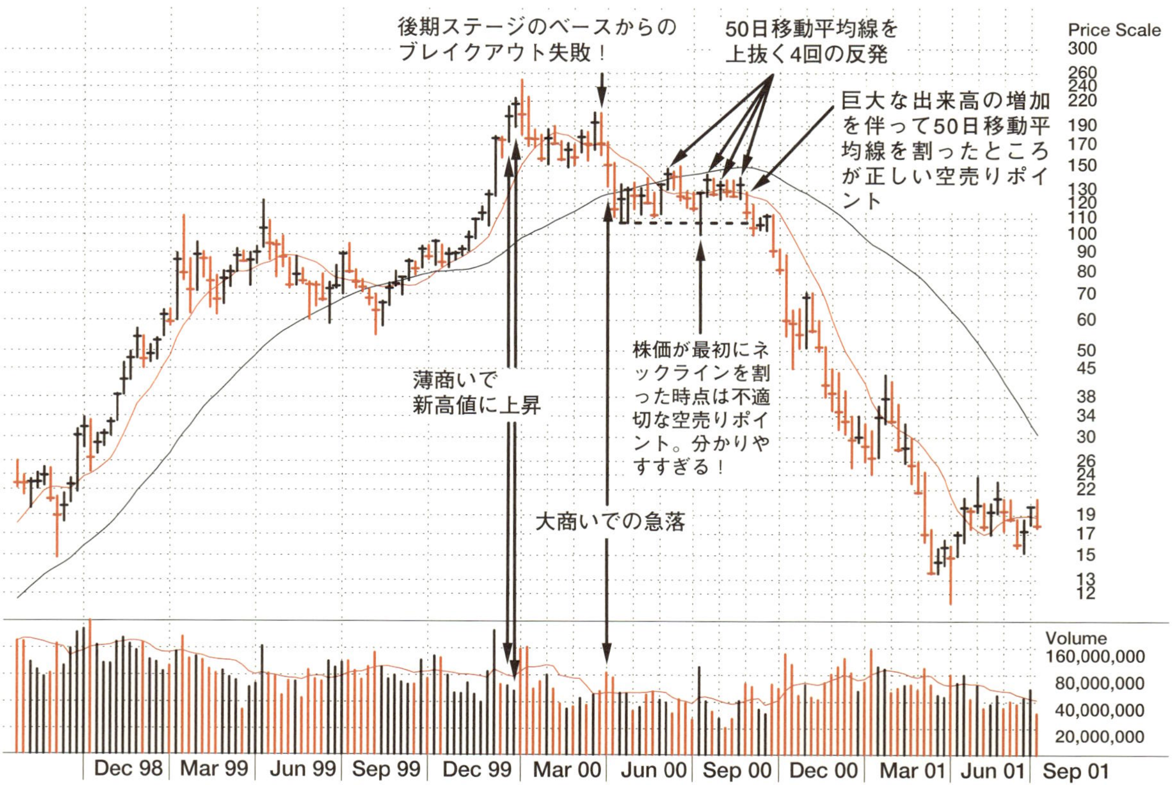
2001
後期ステージのベースからのブレイクアウト失敗！
50日移動平均線を上抜く4回の反発
巨大な出来高の増加を伴って50日移動平均線を割ったところが正しい空売りポイント
株価が最初にネックラインを割った時点は不適切な空売りポイント。分かりやすすぎる！
薄商いで新高値に上昇
大商いでの急落
Price Scale
300
260
240
220
190
170
150
130
120
110
100
90
80
70
60
50
45
38
34
30
26
24
22
19
17
15
13
12
Volume
160,000,000
80,000,000
40,000,000
20,000,000
Dec 98
Mar 99
Jun 99
Sep 99
Dec 99
Mar 00
Jun 00
Sep 00
Dec 00
Mar 01
Jun 01
Sep 01

ブロードコム週足チャート　2001

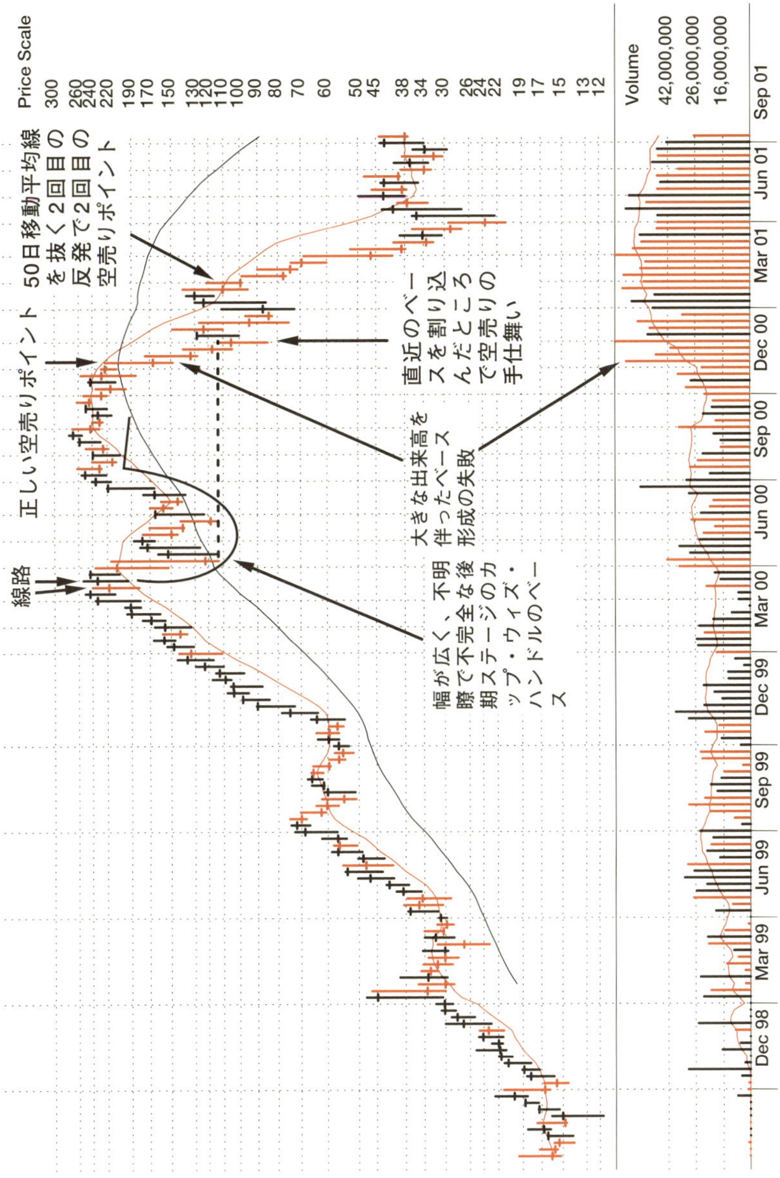
Price Scale
300
260
240
220
190
170
150
130
120
110
100
90
80
70
60
50
45
38
34
30
26
24
22
19
17
15
13
12
Volume
42,000,000
26,000,000
16,000,000
Dec 98
Mar 99
Jun 99
Sep 99
Dec 99
Mar 00
Jun 00
Sep 00
Dec 00
Mar 01
Jun 01
Sep 01
線路
正しい空売りポイント
50日移動平均線を抜く2回目の反発で2回目の空売りポイント
幅が広く、不明瞭で不完全な後期ステージのカップ・ウィズ・ハンドルのベース
大きな出来高を伴ったベース形成の失敗
直近のベースを割り込んだところで空売りの手仕舞い

2002年10月に9.52ドルで底を付けた。

サートゥンティード・プロダクツ

サートゥンティード・プロダクツは1960年から1961年の強気市場で大きく値上がりし、株価は1961年12月から1962年12月までの期間に400％上昇した。実際、サートゥンティードは買い方で私が最初に過ちを犯した銘柄の１つである。私は最初、この銘柄が強固なフラッグパターンから出てきたところを20ドル台の前半で買い、２～３ポイント上がったところで売却したのだが、その後、株価が80ドル台まで上昇するのをただ眺めるはめになったのだった！　私はこの間違いやほかの間違いを研究することによって、その後のCAN SLIMシステムになる原則の多くや、私が市場の指標の全体の方向性を判断するために使用しているゼネラルマーケットシステムを発見した。ゼネラルマーケットシステムは弱気市場からの脱出や、弱気市場での空売りをするうえで役立ち、私を何回も救ってくれたものである。

ゼネラルマーケットシステムを発見したことで、私はサートゥンティードと、コルベ・コーポレーションのような当時の偉大な勝ち銘柄を空売り対象として推奨することにした。当時私は若いブローカーで、今はもう存在していないがそのころは有力だったハイデン・ストーン社に勤めていて、その結果、ニューヨークの本社と問題を起こすことになった。サートゥンティードは空売りだと私が顧客に勧めていたのと同じ時期に、ハイデン・ストーンのアナリストはその銘柄を買い推奨していたのである。

実際に私は当時、同社での儲け頭のひとりだったので、私の地域のほかのハイデン・ストーンの支店に向けて社内放送で話すように頼まれていた。この支店向け放送で、つい前日にハイデン・ストーンのアナリストが買い推奨を出していたのにもかかわらず、私はサートゥン

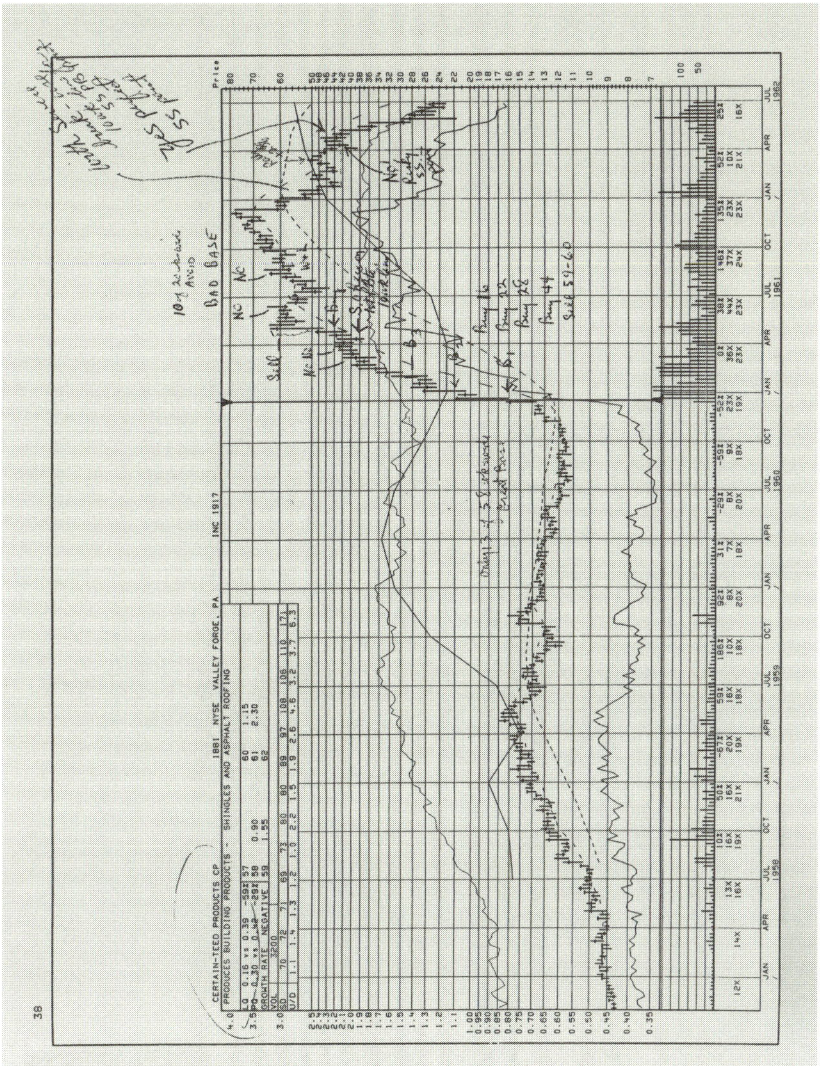

1971 年の『モデル・ブック・オブ・グレイテスト・ストック・マーケット・ウィナーズ』からサートゥンティード・プロダクツの注記入りのチャート

ティードは売りだと言明した。電話口を通して、放送を聞いていたほかのハイデン・ストーンの支社のブローカーが全員息をのむのが分かった。

しかし、市場における事実は事実であり、サートゥンティードは本当に売りだった。私は同銘柄を44～45ドル圏で空売りし、その後5週間の株価急落で素早く25～30％の利益を得た。前ページのサートゥンティードのチャートは昔の『モデル・ブック・オブ・グレイテスト・ストック・マーケット・ウィナーズ（Model Book of Greatest Market Winners)』から抜粋したもので、私がかなり書き込みをしているが、この期間に私がこの銘柄をどう扱ったかが分かる。

チャートからこの銘柄が明らかなヘッド・アンド・ショルダーズ・トップを形成し、ネックラインを割り込むとともに株価が崩壊しているのが簡単にみてとれる。しばしば、株価が最初にヘッド・アンド・ショルダーズ・トップの右肩のネックラインを割り込むとき、株価はすぐにネックラインを上抜いて反発し、あまりにも分かり切った最初の売りのサインで空売りした投資家は踏まされる。ネックラインを2回目に割り込んだときは、おそらく分かり切った売りではなかったのであろう。それに最初のネックラインを割り込んだときに空売りし、損切りさせられた傷をなめていた売り方はおそらく躊躇して同じ銘柄に対してもう一度飛びかからなかったのであろう――そうしていればうまくいったのであるが。もう一度言うが、株式市場で多くの人にとって分かり切ったことは、うまくいった試しがほとんどない。

ロウズ

1960年代、米国の消費者はジェット旅客機による旅の新時代が到来した自由を満喫し始めた。その結果、複数の航空会社の株がこの時期大きく上昇した。いまや消費者は、世界や米国内のはるかに離れた地域に比較的簡単に行くことができ、飛行機による旅は急成長した。この急成長に続いて、新しい旅の時代に不可欠な要素を提供する企業、特にホテル群に「フォローオン（後追い）」の動きが起こった。1960年代に大きく動いたいくつかのホテル銘柄のなかで、ロウズは偉大なリーダー銘柄のひとつだった。

ホテル銘柄の動きは「フォローオン」のコンセプトにとって興味深い教訓である。多くの場合、ある銘柄グループ（この場合は航空会社）の大きな動きは、その動きの原因となった同じビジネストレンドに関連するか、またはそれらから恩恵を受ける業種の銘柄グループにフォローオンの動きを引き起こす。この場合、飛行機による旅行者の増加がホテルでの宿泊需要の増加につながっている。２つの業種の違いは、航空会社株は1962年から1965年の強気サイクルで上昇し、ホテル株はその次の1966年から1969年の強気相場で上昇したことだった。

航空会社銘柄は市場全体とともに1965年終盤に天井を付けたあと、すべての銘柄が地面に引き戻され、最終的に底を付けると、1966年の次の強気局面の開始とともに反発を試みた。残念ながら、これらの航空会社株は機関投資家が過剰保有しており、底値からの反発は結局あえなく失敗した。しかし、米国の消費者による旅行者の増加という広範なコンセプト自体は確固としたもので、鋭い投資家は1967年にはそのコンセプトがホテル銘柄に現れつつあるということに気付いていたはずである。

ロウズは24カ月間で1230％という途方もない上昇を示し、1969年３月にはついに天井を付け、そして株価は出来高の急激な増加を伴いながら、ピークから３週間連続で下落し、その後のヘッド・アンド・ショルダーズ・トップの頭になる部分を形成した。右肩部分では50日移動平均線を上抜ける反発が２回あり、正しい空売りポイントは２回目の反発の直後、株価が下落し、右肩の右側部分を形作りながら、出来高の増加を伴って50日移動平均線を割り込んだ時点であった。

ロウズ週足チャート

1970

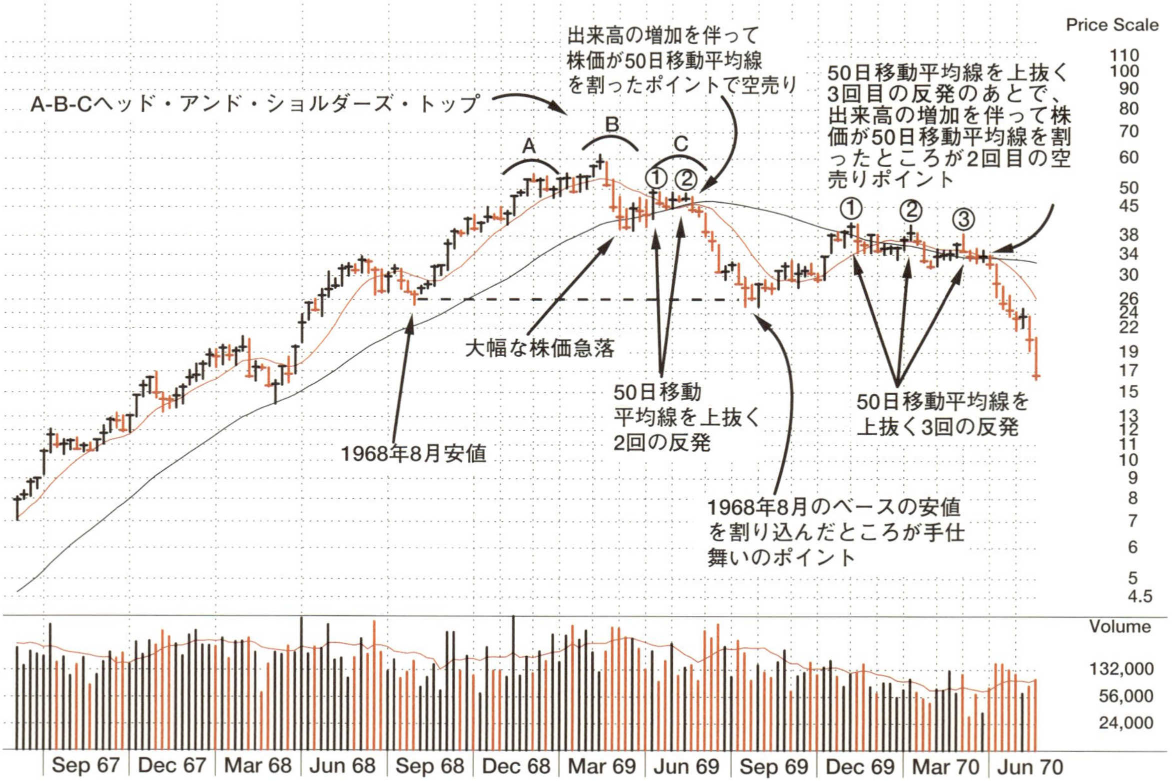
Price Scale
110
100
90
80
70
60
50
45
38
34
30
26
24
22
19
17
15
13
12
11
10
9
8
7
6
5
4.5
Volume
132,000
56,000
24,000
Sep 67
Dec 67
Mar 68
Jun 68
Sep 68
Dec 68
Mar 69
Jun 69
Sep 69
Dec 69
Mar 70
Jun 70
A-B-Cヘッド・アンド・ショルダーズ・トップ
A
B
C
①
②
出来高の増加を伴って
株価が50日移動平均線
を割ったポイントで空売り
大幅な株価急落
1968年8月安値
50日移動
平均線を上抜く
2回の反発
1968年8月のベースの安値
を割り込んだところが手仕
舞いのポイント
50日移動平均線を上抜く
3回目の反発のあとで、
出来高の増加を伴って株
価が50日移動平均線を割
ったところが2回目の空
売りポイント
①
②
③
50日移動平均線を
上抜く3回の反発

株価はそのあと大きく下げ、８週間にわたって下落し、それ以前の1968年の６月から８月に形成されたベースの底値を割り込んだポイントで底を付けた。これは明確な手仕舞いのポイントで、株価はその後上昇に転じ、25ドルから40ドル以上に反発した。この40ドル台への反発は50日移動平均線を上抜ける３回の反発を生み出したが、３回目の反発のあとの２週間、極めて薄商いのなか株価はわずかに上昇し、その次の週、株価は急落し、50日移動平均線と200日移動平均線の両方を割り込んだ。これが２回目の空売りポイントである。株価はその後10ドル台にまで崩れ、ロウズ自体もホテル中心の事業から、たばこ、保険、石油・ガス生産などを含む多角化事業に移行した。

レッドマン・インダストリーズとスカイライン・コーポレーション

トレーラーハウスは最近では投資家の血を興奮で沸き立たせるというようなことはない。しかし、1960年代にはトレーラーハウス業界は大人気で、レッドマン・インダストリーズやスカイライン・コーポレーションといったトレーラーハウス・メーカーもそれに乗って大いに人気を博した。

この２銘柄のなかでは、スカイラインが最初のベースから先に、そしてより大きく値上がりし、28カ月間で1233％上昇した。レッドマン・インダストリーズは６カ月遅れてブレイクアウトし、17カ月で837％上昇した。レッドマンはスカイラインほどは強くなく、５カ月早く天井を付けている。

スカイラインとレッドマンは同グループの銘柄がどう動くかを示しているため、両社の1966年から1968年の強気相場を研究すると役に立つ。両社ともお互いの動きから数カ月以内にブレイクアウトし、お互いの動きから数カ月内に天井を付けている。レッドマン・インダストリーズが1969年５月に天井を付けると、それはスカイラインの投資家にとってまもなくスカイラインも天井を付けるだろうというヒントになったのである。

チャートから、両銘柄ともブレの少ない上昇トレンドを示しており、上昇過程でいくつかの小さい、締まったベースを形成していることが分かる。両銘柄とも最終的な天井に近づくにつれ、チャート上の値動きの特徴が変わり始めるのも明白である。長期にわたる上昇のあと両銘柄とも調整を始め、絶対的なピークの近くで２つのカップ・ウィズ・ハンドルを形成している。

レッドマンの場合は、１番目の幅が広く不明瞭な後期ステージのカップ・ウィズ・ハンドルからのブレイクアウト失敗のときに最終的な天井を付けた。スカイラインの場合は２番目の後期ステージのカップ・ウィズ・ハンドルからブレイクアウトに失敗し、それが同社の株価上昇の終わりの始まりとなった。

レッドマンの株価の最終的なピークとそこからの下落は、その後ヘッド・アンド・ショルダーズ・トップとなる形の頭の右側部分を形成している。株価が頭の右側を滑り落ちるときに１番目の後期ステージのカップ・ウィズ・ハンドルのベースの底値を割り込み、その後50日移動平均線を上抜く反発を始めている。レッドマンのチャートの１番目のカップ・ウィズ・ハンドルのベースの底値で示されるような、いわゆる「主要な支持線」を割り込むときは、多くの場合、これを空売りポイントと判断した売り方を誤らせるということを覚えておかなければならない。これはあまりに分かりきったポイントであり、ここで空売りするとまもなく踏まされる。

レッドマンの株価はさらに２回、50日移動平均線を上抜いて反発し、合計で50日移動平均線を上抜く反発は３回となり、ヘッド・アンド・ショルダーズ・トップの右肩部分を完成した。２週間にわたった比較的薄商いでのチャーニングを伴った３回目の反発のあと、株価は出来

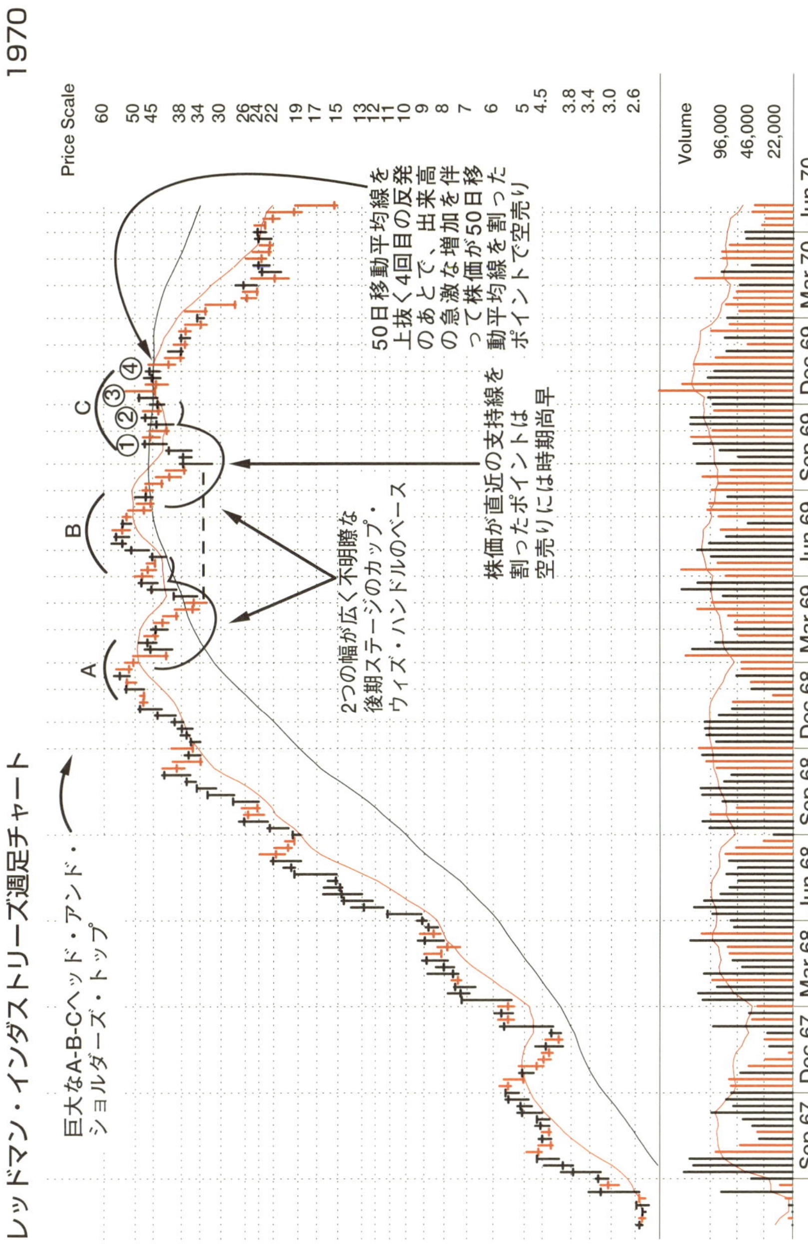

レッドマン・インダストリーズ週足チャート
1970
巨大なA-B-Cヘッド・アンド・ショルダーズ・トップ
A
B
C
①
②
③
④
2つの幅が広く不明瞭な後期ステージのカップ・ウィズ・ハンドルのベース
株価が直近の支持線を割ったポイントは空売りには時期尚早
50日移動平均線を上抜く4回目の反発のあとで、出来高の急激な増加を伴って株価が50日移動平均線を割ったポイントで空売り
Price Scale
60
50
45
38
34
30
26
24
22
19
17
15
13
12
11
10
9
8
7
6
5
4.5
3.8
3.4
3.0
2.6
Volume
96,000
46,000
22,000
Sep 67
Dec 67
Mar 68
Jun 68
Sep 68
Dec 68
Mar 69
Jun 69
Sep 69
Dec 69
Mar 70
Jun 70

スカイライン・コーポレーション週足チャート

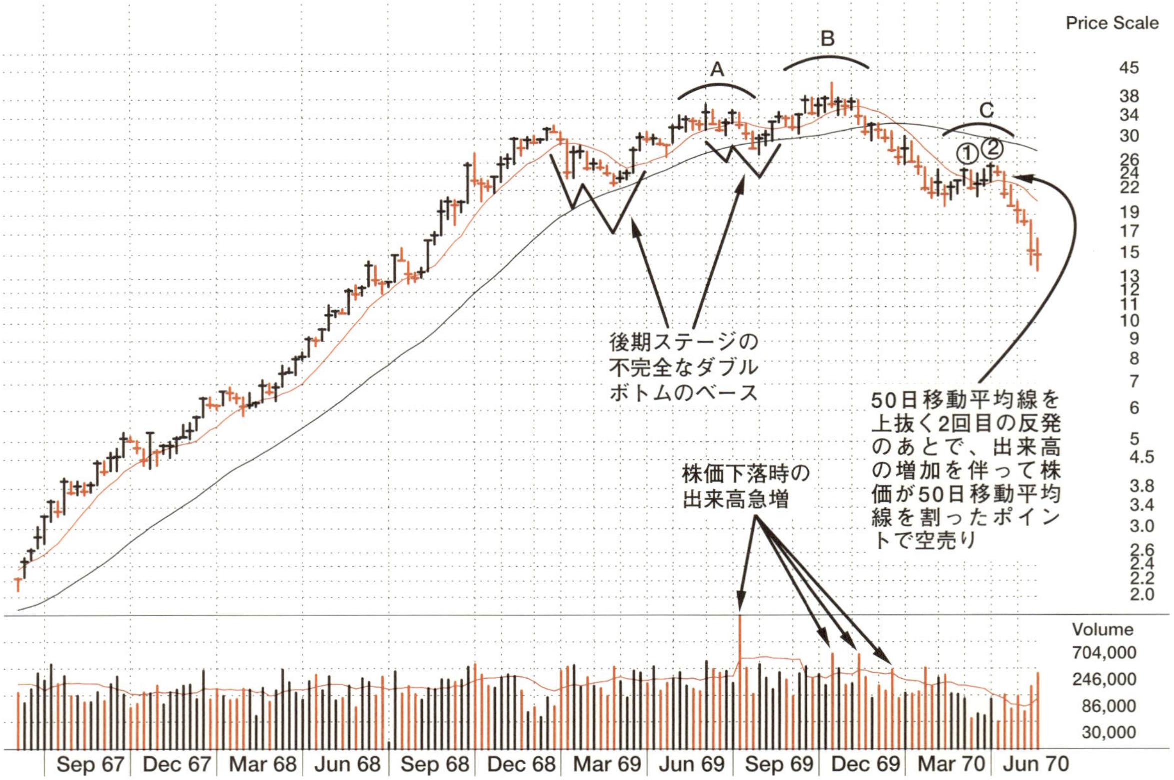
Price Scale
45
38
34
30
26
24
22
19
17
15
13
12
11
10
9
8
7
6
5
4.5
3.8
3.4
3.0
2.6
2.4
2.2
2.0
Volume
704,000
246,000
86,000
30,000
Sep 67
Dec 67
Mar 68
Jun 68
Sep 68
Dec 68
Mar 69
Jun 69
Sep 69
Dec 69
Mar 70
Jun 70
A
B
C
①
②
後期ステージの
不完全なダブル
ボトムのベース
株価下落時の
出来高急増
50日移動平均線を
上抜く2回目の反発
のあとで、出来高
の増加を伴って株
価が50日移動平均
線を割ったポイン
トで空売り

高の増加を伴って50日移動平均線を最終的に割り込み、その後数カ月の間に10ドル台まで下落した。

一方、スカイライン・コーポレーションが天井を付けたのは1969年10月になってからで、これは一見したところ後期ステージのカップ・ウィズ・ハンドルだが、実際には後期ステージの不完全なダブルボトム・ウィズ・ハンドルからのブレイクアウトの失敗のときに付けたものである。ちなみに１回目のカップ・ウィズ・ハンドルも実際には後期ステージの不完全なダブルボトム・ウィズ・ハンドルである。両方のベースを詳しくみてみると、両方とも実際には不完全なダブルボトム・ウィズ・ハンドルだということが分かる。１回目のパターンに関しては、最初の３週間の下げが１番目のボトムを形成しており、２番目のパターンに関しては最初の２週間の下げが１番目のボトムを形成している。

両者とも不完全なのは、正常なダブルボトムでは、最初のボトムに至るベースの左側はほとんどの場合２週間や３週間ではなく、４週間から６週間かけて形成されるからである。この理由は、一般的にベースでは、特に後期ステージのベースでは、ボトムの左側を株価が下落するとき、弱腰の投資家を振り落とすためにより多くの時間を要するからである。わずか２週間から３週間の下げでは、弱腰の投資家をすべて振るい落とすには不十分であり、崩れやすい不完全なベース形成となる。

スカイラインが1969年10月に最終的な高値を付けたあとの３カ月間、株価は大幅に下げるが、最終的に株価は50日移動平均線を上抜く反発を２回みせる。２回目の反発は３週間にわたる平均以下の出来高からなり、そのうち最初の２週では厳しいストーリング（失速）の値動きとなっている。２回目の反発から２週間後、株価は出来高の増加を伴って50日移動平均線を割って急落し、そのあとの２週もさらに急激な下げとなった。

この２銘柄を比較すると、スカイラインのほうが上昇を始めたブレイクアウトの時期が早く、最終的な天井を付けた時点までの上昇率が大きく、レッドマンよりもあとに天井を付けている。このことから、スカイラインのほうが強い銘柄であると分かる。両銘柄の右肩（ショルダー）の右側部分で、株価が50日移動平均線を割り込んだ時点で識別できる正しい空売りポイントから見ると、レッドマン・インダストリーズのほうが実際には良い空売り銘柄なのである！

この例での教訓は、同じリーダーグループ内でいくつかの銘柄が強気相場で大きな上昇をみせて、それらの銘柄が最終的に天井を付けたとき、第一の空売り候補としてはその銘柄のなかで最も弱い銘柄を選ぶべきだということである。一般的に言って、これは上昇の最初の値動きでブレイクアウトが最も遅いか、最終的に天井を付けるのが最も早い銘柄であり、あなたの空売りの勝率を高めてくれるだろう。

Cキューブ・マイクロシステムズ

1995年から1997年の強気相場では、インターネット銘柄が離陸しつつあったが、その理由のひとつにMPEG（ムービング・ピクチャー・エクスパート・グループの略）として知られる新たなタイプのマルチメディアフォーマットによって、ビデオをインターネット上で伝送したり、鑑賞したりできる技術があった。MPEG技術によって、ビデオやオーディオファイルをネット上で容易に転送できるように圧縮することが可能になった。

この分野での主要プレーヤーのひとつがＣキューブ・マイクロシステムズであった。同社は家電やコンピューターのための単一チップのMPEGデコーダー、通信用途の単一チップのデコーダー、単一チップのビデオエンコーダーを世界で初めて開発した会社である。同社の革新的な技術によって、１時間のビデオ番組を１枚のCD-ROMに収め

Cキューブ・マイクロシステムズ週足チャート　1996

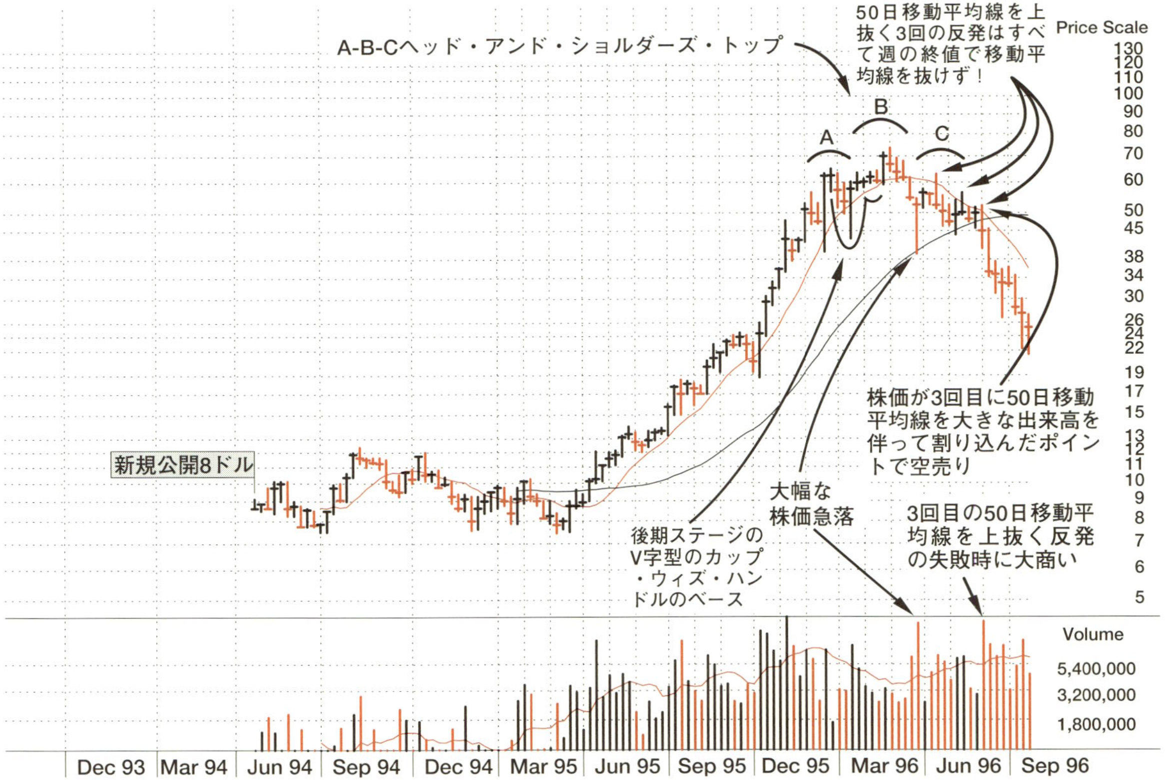
A-B-Cヘッド・アンド・ショルダーズ・トップ
50日移動平均線を上抜く3回の反発はすべて週の終値で移動平均線を抜けず！
A
B
C
新規公開8ドル
後期ステージのV字型のカップ・ウィズ・ハンドルのベース
大幅な株価急落
株価が3回目に50日移動平均線を大きな出来高を伴って割り込んだポイントで空売り
3回目の50日移動平均線を上抜く反発の失敗時に大商い
Price Scale
130
120
110
100
90
80
70
60
50
45
38
34
30
26
24
22
19
17
15
13
12
11
10
9
8
7
6
5
Volume
5,400,000
3,200,000
1,800,000
Dec 93
Mar 94
Jun 94
Sep 94
Dec 94
Mar 95
Jun 95
Sep 95
Dec 95
Mar 96
Jun 96
Sep 96

ることが可能になった。もし圧縮されていなければ、このようなビデオ番組を収めるには、CD-ROM100枚を必要とする。

これらの新製品は力強い利益成長につながり、Cキューブ・マイクロシステムズの株式は、1995年の最初のピボットポイントからその41週間後に天井を付けるまでに494%上昇した。最終的な天井を付ける直前、Cキューブは幅が広く、不明瞭なV字型のカップ・ウィズ・ハンドル型のベースを形成し、株価はここからブレイクアウトを試し、失敗した。

このブレイクアウト失敗のあと5週間で、株価はほとんど半値まで急激に下落した。5週目の下落では以前のV字型のカップ・ウィズ・ハンドルのベースの底値を割ったため、強い支持に遭い、その週は大きな出来高を伴って取引レンジの高値近くで引けている。Cキューブのこの例は、われわれが見たほかのいくつかの例とは少し違い、株価はそのあと50日移動平均線を上抜いて取引される反発を3回みせるが、各反発はだんだん弱くなっており、しかも週足では終値がすべて50日移動平均線よりも下で引けている。

3回目の反発ではその前の2回の反発と比較しても50日移動平均線を超えてそれほど上がっておらず、もともと弱かった反発の上昇力が失われていることを示している。3回目の反発の失敗で株価は出来高の急増を伴って50日移動平均線を割り込み、その後7週間で20ドル台前半まで下落した。

この例の主な教訓は、天井からの最初の下落はいろいろな形をとる可能性があるが、主なアイデアはその後、株価は1回、2回、3回、あるいはそれ以上、50日移動平均線を上抜いて反発し、時期尚早の売り方を踏ませ、かつての人気銘柄が「割安」になったとみた「安値拾い」の買い方を引き込むということである。すべての時期尚早の売り方が踏まされ、すべての安値拾いの買い方が誘い込まれたあとで、通常はこれらの反発は勢いを失う。反発は週足で50日移動平均線を上回って引ける場合もあれば、一時50日移動平均線を上抜けるが週足では50日移動平均線よりも下で引ける場合もある。単に50日移動平均線のところで抵抗に遭うかもしれない。

反発がどのような形になるにせよ、鋭い空売り手はどれがその銘柄の最後の反発になるかを見極め、株が反発に失敗し、出来高の増加を伴って下落する正しい地点で断固とした行動に出ることができなくてはならない。

その他の最高の空売りモデル

株の空売りは単に株を買うよりは相当難しく高いレベルのスキルを必要とする。そのスキルは注意深い研究と実践によってのみ達成できるものである。このあとに示した例は、読者にとって本書の本文で述べた空売りの考え方を補足し、説明するための十分な研究材料になるはずである。過去に起きた実際の空売り事例の詳細な特徴を検討・研究すれば、理想的な空売り候補はどのようなものかについて、あなたは確固とした理解を得ることができるだろう。

ボーイング週足チャート　1966

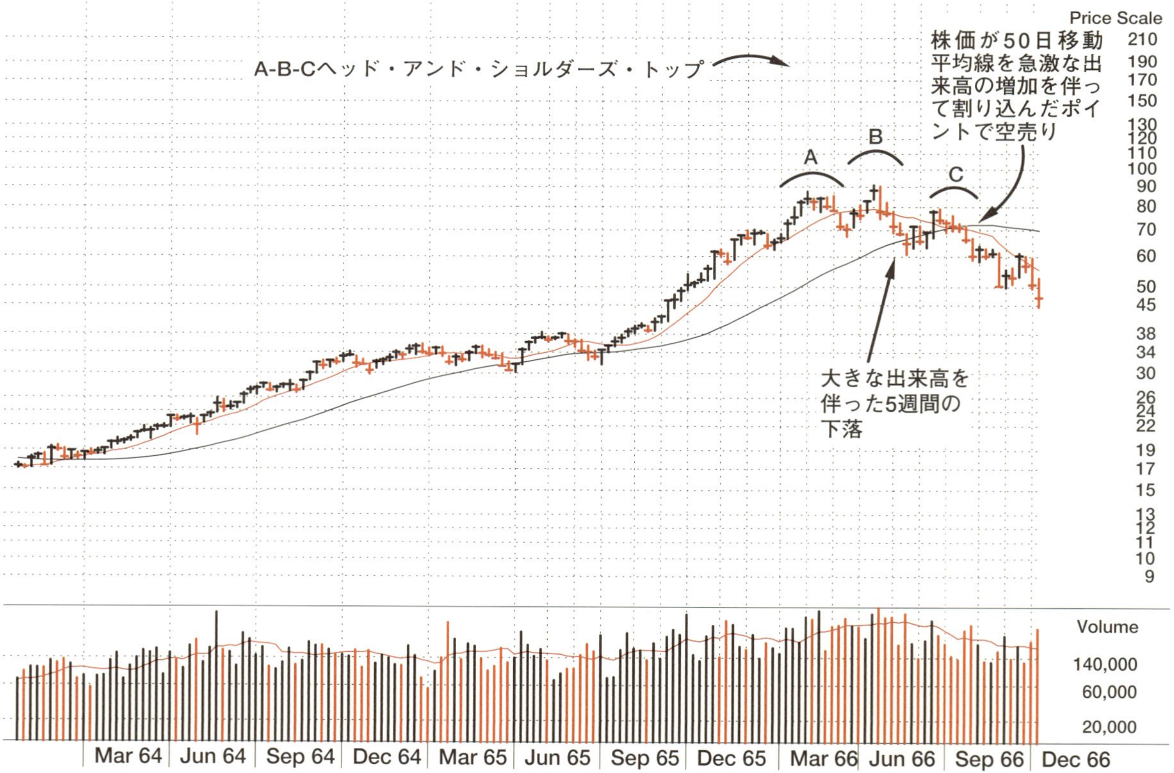
A-B-Cヘッド・アンド・ショルダーズ・トップ
A
B
C
株価が50日移動平均線を急激な出来高の増加を伴って割り込んだポイントで空売り
大きな出来高を伴った5週間の下落
Price Scale
210
190
170
150
130
120
110
100
90
80
70
60
50
45
38
34
30
26
24
22
19
17
15
13
12
11
10
9
Volume
140,000
60,000
20,000
Mar 64
Jun 64
Sep 64
Dec 64
Mar 65
Jun 65
Sep 65
Dec 65
Mar 66
Jun 66
Sep 66
Dec 66

モトローラ週足チャート

1966

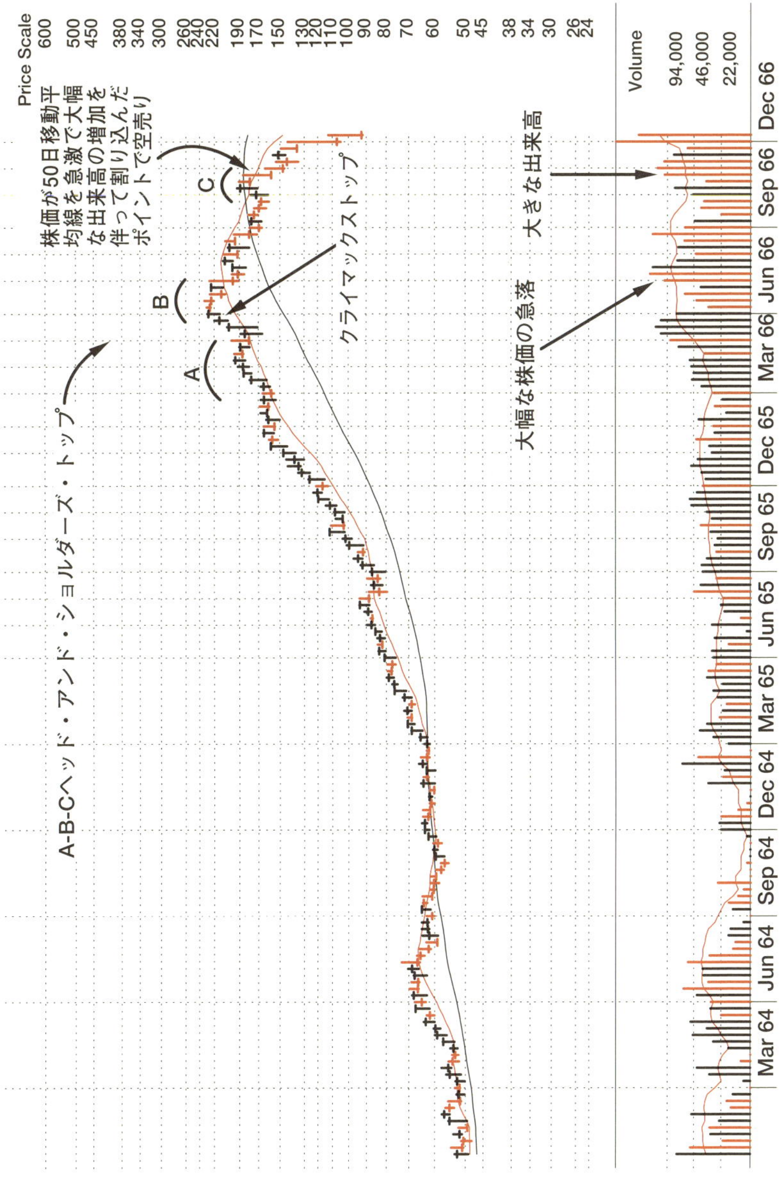
A-B-Cヘッド・アンド・ショルダーズ・トップ
株価が50日移動平均線を急激で大幅な出来高の増加を伴って割り込んだポイントで空売り
A
B
C
クライマックストップ
大幅な株価の急落
大きな出来高
Price Scale
600
500
450
380
340
300
260
240
220
190
170
150
130
120
110
100
90
80
70
60
50
45
38
34
30
26
24
Volume
94,000
46,000
22,000
Mar 64
Jun 64
Sep 64
Dec 64
Mar 65
Jun 65
Sep 65
Dec 65
Mar 66
Jun 66
Sep 66
Dec 66

ソリトロン・デバイシズ週足チャート　1966

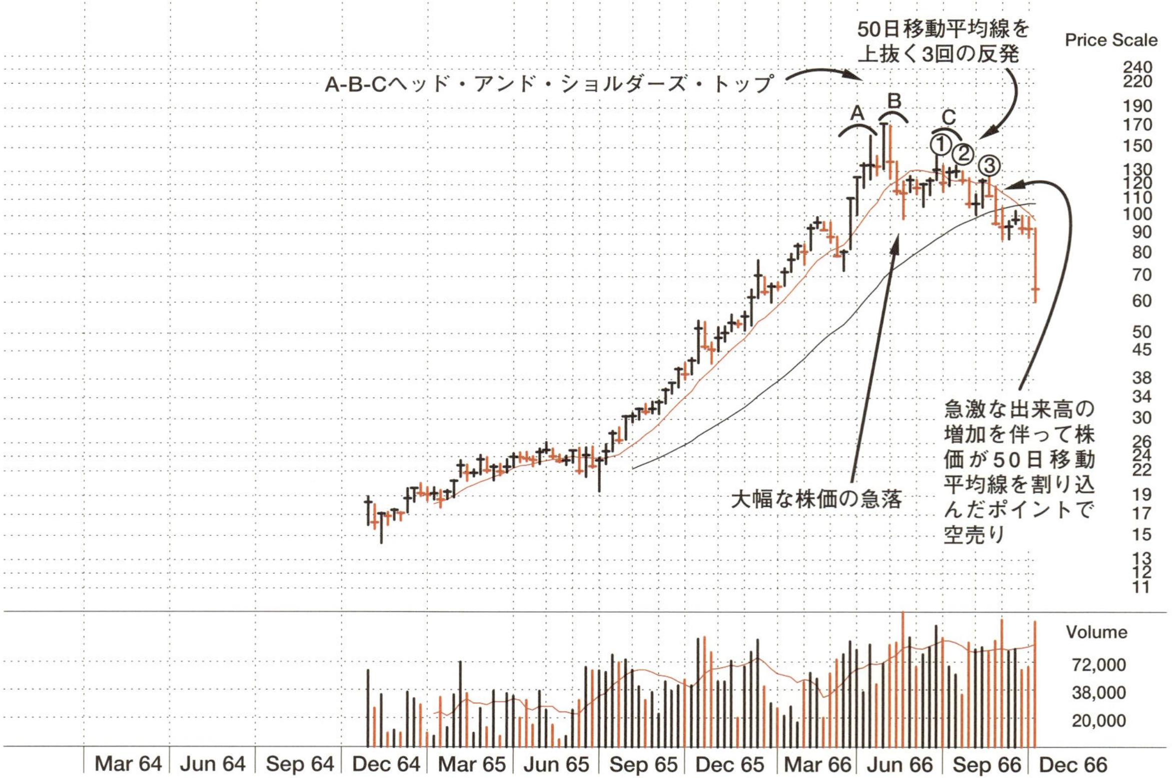
50日移動平均線を
上抜く3回の反発
A-B-Cヘッド・アンド・ショルダーズ・トップ
A
B
C
①
②
③
大幅な株価の急落
急激な出来高の
増加を伴って株
価が50日移動
平均線を割り込
んだポイントで
空売り
Price Scale
240
220
190
170
150
130
120
110
100
90
80
70
60
50
45
38
34
30
26
24
22
19
17
15
13
12
11
Volume
72,000
38,000
20,000
Mar 64
Jun 64
Sep 64
Dec 64
Mar 65
Jun 65
Sep 65
Dec 65
Mar 66
Jun 66
Sep 66
Dec 66

ウィリアムズ週足チャート　1966

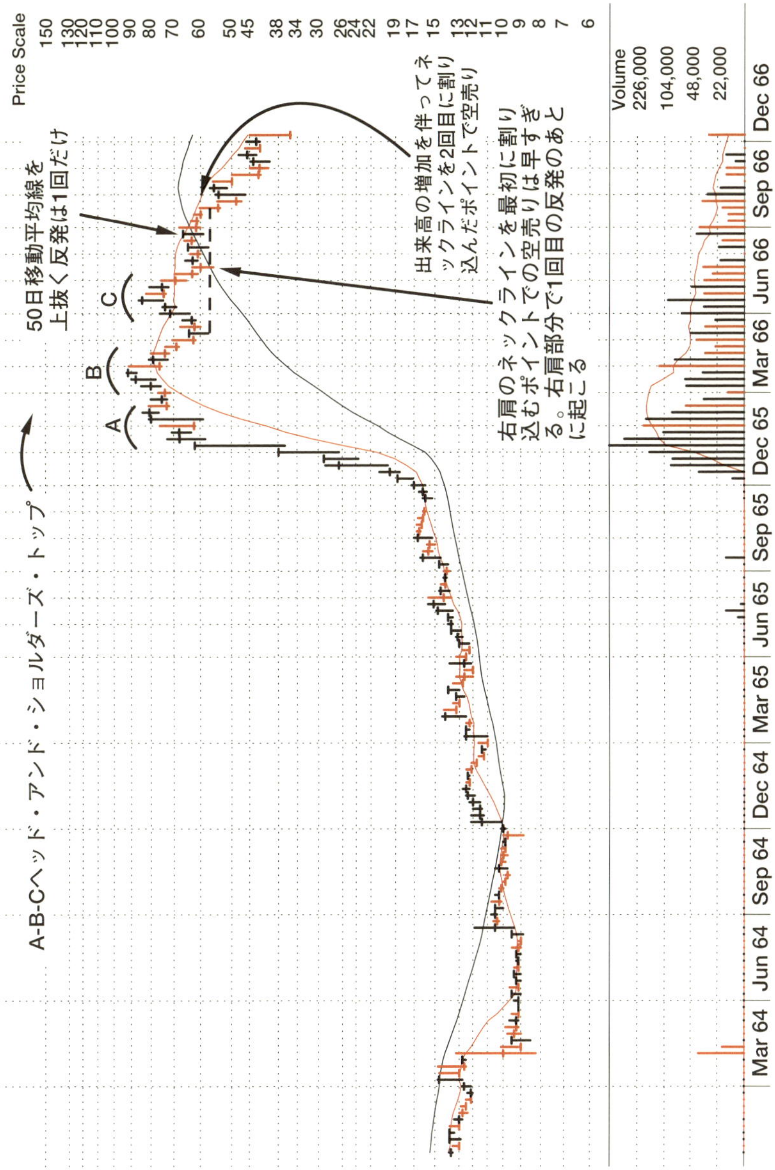
A-B-Cヘッド・アンド・ショルダーズ・トップ
50日移動平均線を上抜く反発は1回だけ
A
B
C
出来高の増加を伴ってネックラインを2回目に割り込んだポイントで空売り
右肩のネックラインを最初に割り込むポイントでの空売りは早すぎる。右肩部分で1回目の反発のあとに起こる
Price Scale
150
130
120
110
100
90
80
70
60
50
45
38
34
30
26
24
22
19
17
15
13
12
11
10
9
8
7
6
Volume
226,000
104,000
48,000
22,000
Mar 64
Jun 64
Sep 64
Dec 64
Mar 65
Jun 65
Sep 65
Dec 65
Mar 66
Jun 66
Sep 66
Dec 66

アライド・プロダクツ週足チャート

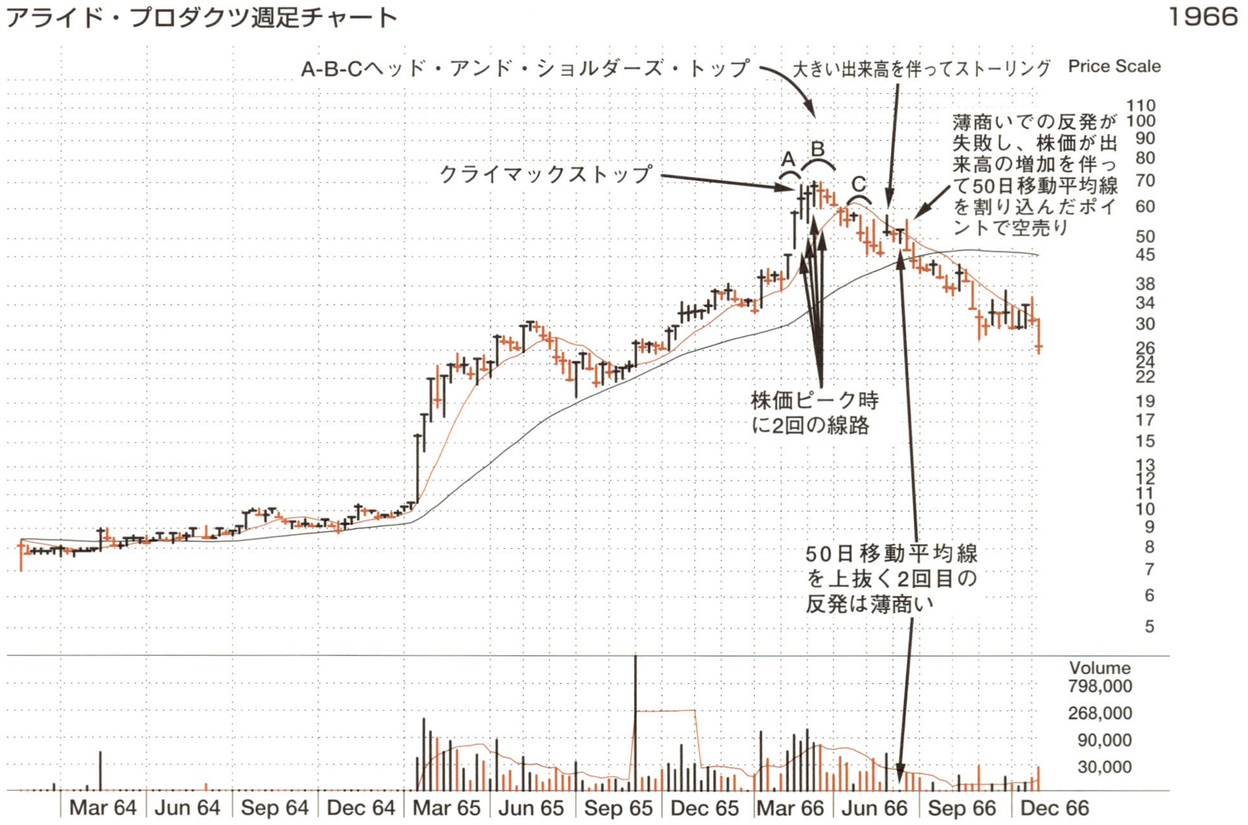
1966
A-B-Cヘッド・アンド・ショルダーズ・トップ
大きい出来高を伴ってストーリング
Price Scale
クライマックストップ
A
B
C
薄商いでの反発が失敗し、株価が出来高の増加を伴って50日移動平均線を割り込んだポイントで空売り
株価ピーク時に2回の線路
50日移動平均線を上抜く2回目の反発は薄商い
110
100
90
80
70
60
50
45
38
34
30
26
24
22
19
17
15
13
12
11
10
9
8
7
6
5
Volume
798,000
268,000
90,000
30,000
Mar 64
Jun 64
Sep 64
Dec 64
Mar 65
Jun 65
Sep 65
Dec 65
Mar 66
Jun 66
Sep 66
Dec 66

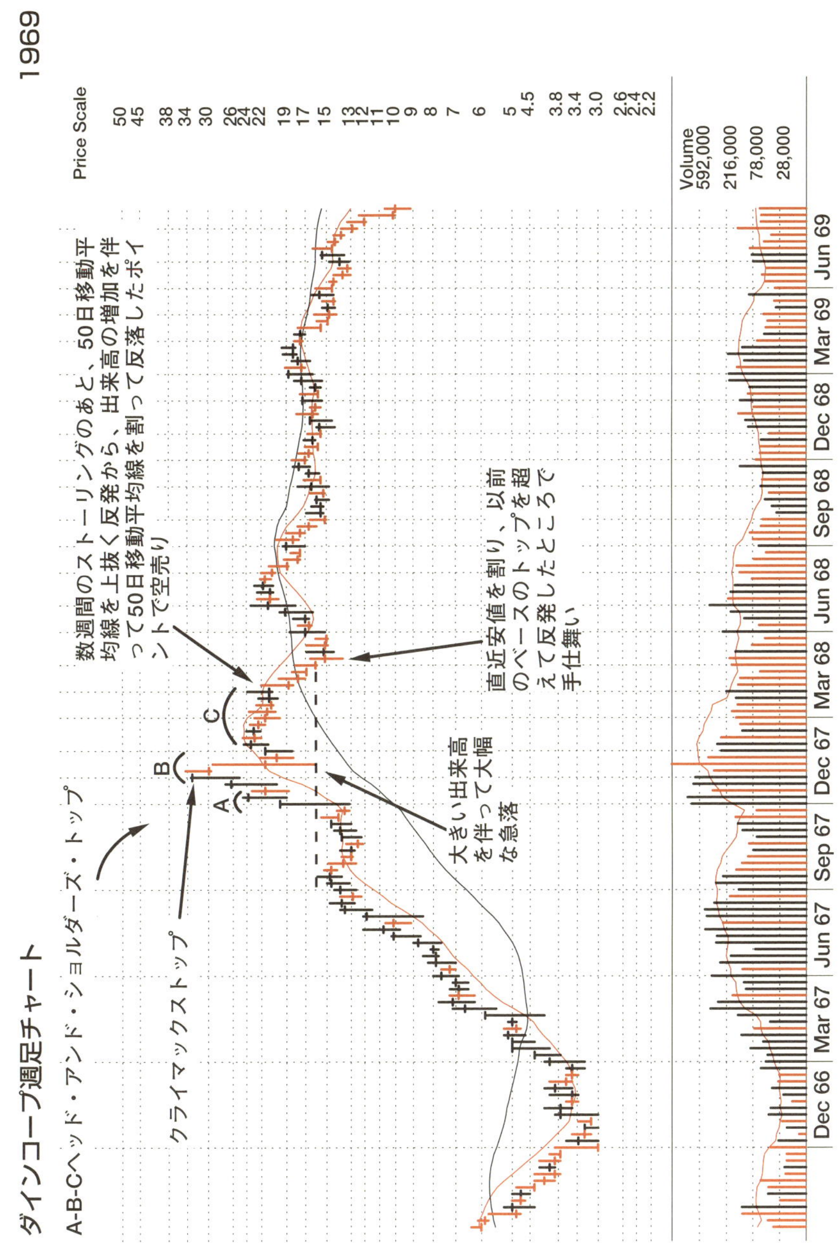
ダインコープ週足チャート
A-B-Cヘッド・アンド・ショルダーズ・トップ
1969
Price Scale
50
45
38
34
30
26
24
22
19
17
15
13
12
11
10
9
8
7
6
5
4.5
3.8
3.4
3.0
2.6
2.4
2.2
Volume
592,000
216,000
78,000
28,000
数週間のストーリングのあと、50日移動平均線を上抜く反発から、出来高の増加を伴って50日移動平均線を割って反落したポイントで空売り
A
B
C
クライマックストップ
大きい出来高を伴って大幅な急落
直近安値を割り、以前のベースのトップを超えて反発したところで手仕舞い
Dec 66
Mar 67
Jun 67
Sep 67
Dec 67
Mar 68
Jun 68
Sep 68
Dec 68
Mar 69
Jun 69

モノグラム・インダストリーズ週足チャート

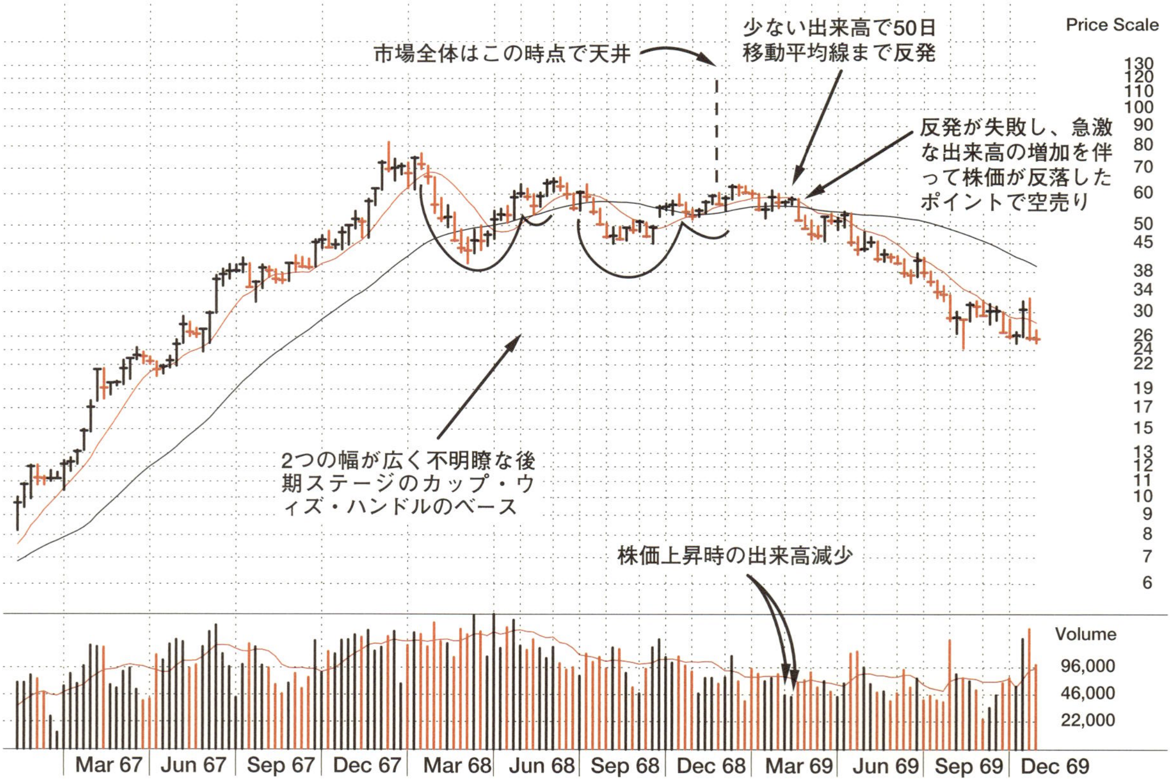
市場全体はこの時点で天井
少ない出来高で50日
移動平均線まで反発
反発が失敗し、急激
な出来高の増加を伴
って株価が反落した
ポイントで空売り
2つの幅が広く不明瞭な後
期ステージのカップ・ウ
ィズ・ハンドルのベース
株価上昇時の出来高減少
Price Scale
130
120
110
100
90
80
70
60
50
45
38
34
30
26
24
22
19
17
15
13
12
11
10
9
8
7
6
Volume
96,000
46,000
22,000
Mar 67
Jun 67
Sep 67
Dec 67
Mar 68
Jun 68
Sep 68
Dec 68
Mar 69
Jun 69
Sep 69
Dec 69

サンストラント週足チャート

1969

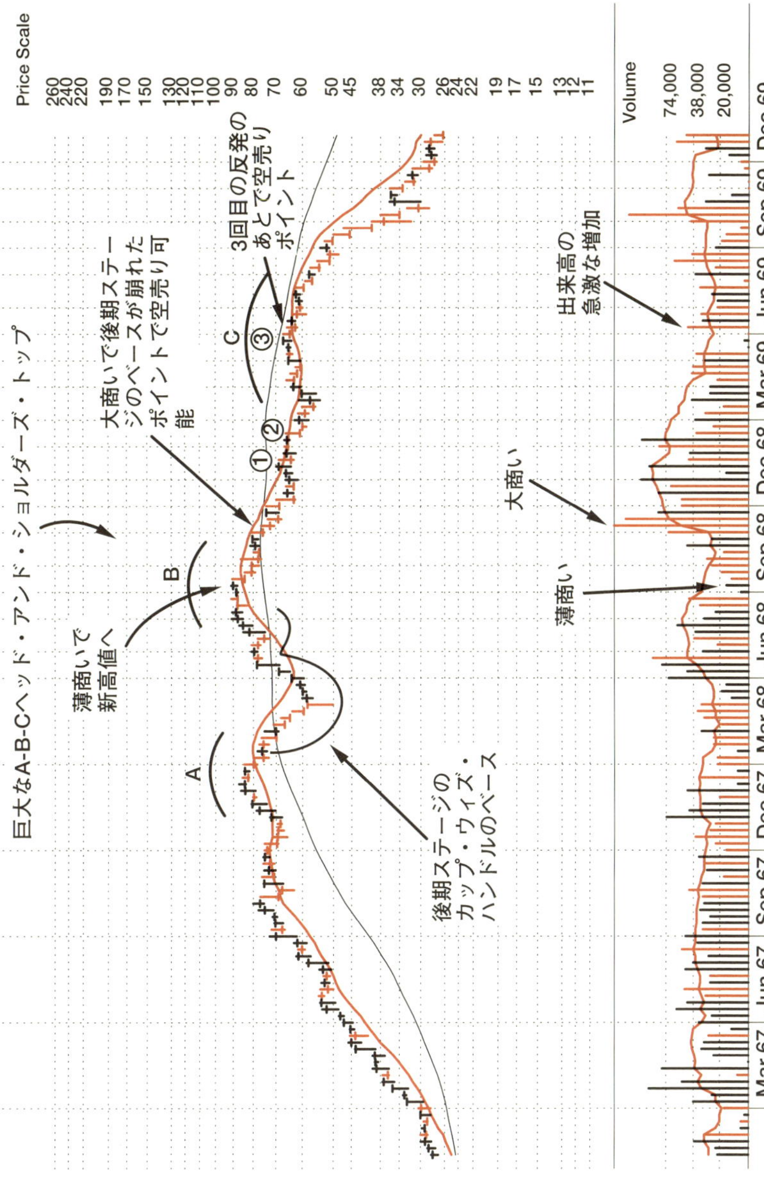
巨大なA-B-Cヘッド・アンド・ショルダーズ・トップ
A
B
C
①
②
③
薄商いで新高値へ
大商いで後期ステージのベースが崩れたポイントで空売り可能
3回目の反発のあとで空売りポイント
後期ステージのカップ・ウィズ・ハンドルのベース
大商い
薄商い
出来高の急激な増加
Price Scale
260
240
220
190
170
150
130
120
110
100
90
80
70
60
50
45
38
34
30
26
24
22
19
17
15
13
12
11
Volume
74,000
38,000
20,000
Mar 67
Jun 67
Sep 67
Dec 67
Mar 68
Jun 68
Sep 68
Dec 68
Mar 69
Jun 69
Sep 69
Dec 69

アイリーン週足チャート

1970

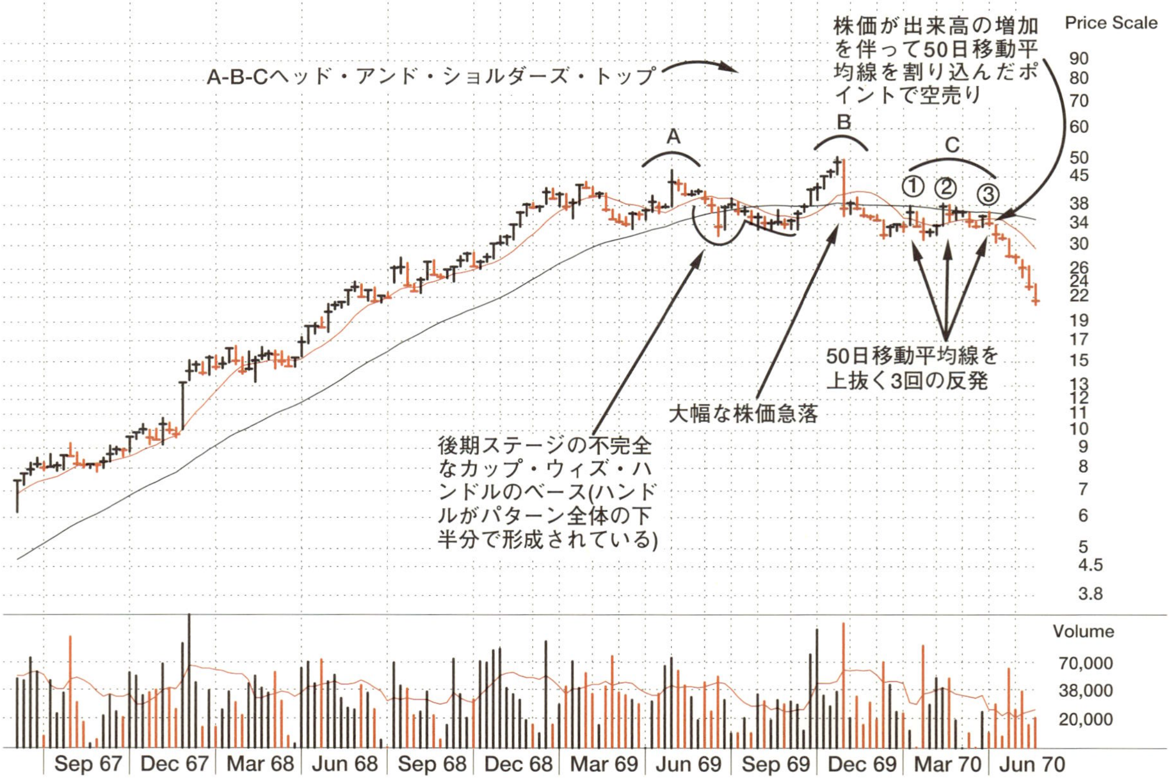
A-B-Cヘッド・アンド・ショルダーズ・トップ
株価が出来高の増加を伴って50日移動平均線を割り込んだポイントで空売り
A
B
C
①
②
③
後期ステージの不完全なカップ・ウィズ・ハンドルのベース(ハンドルがパターン全体の下半分で形成されている)
大幅な株価急落
50日移動平均線を上抜く3回の反発
Price Scale
90
80
70
60
50
45
38
34
30
26
24
22
19
17
15
13
12
11
10
9
8
7
6
5
4.5
3.8
Volume
70,000
38,000
20,000
Sep 67
Dec 67
Mar 68
Jun 68
Sep 68
Dec 68
Mar 69
Jun 69
Sep 69
Dec 69
Mar 70
Jun 70

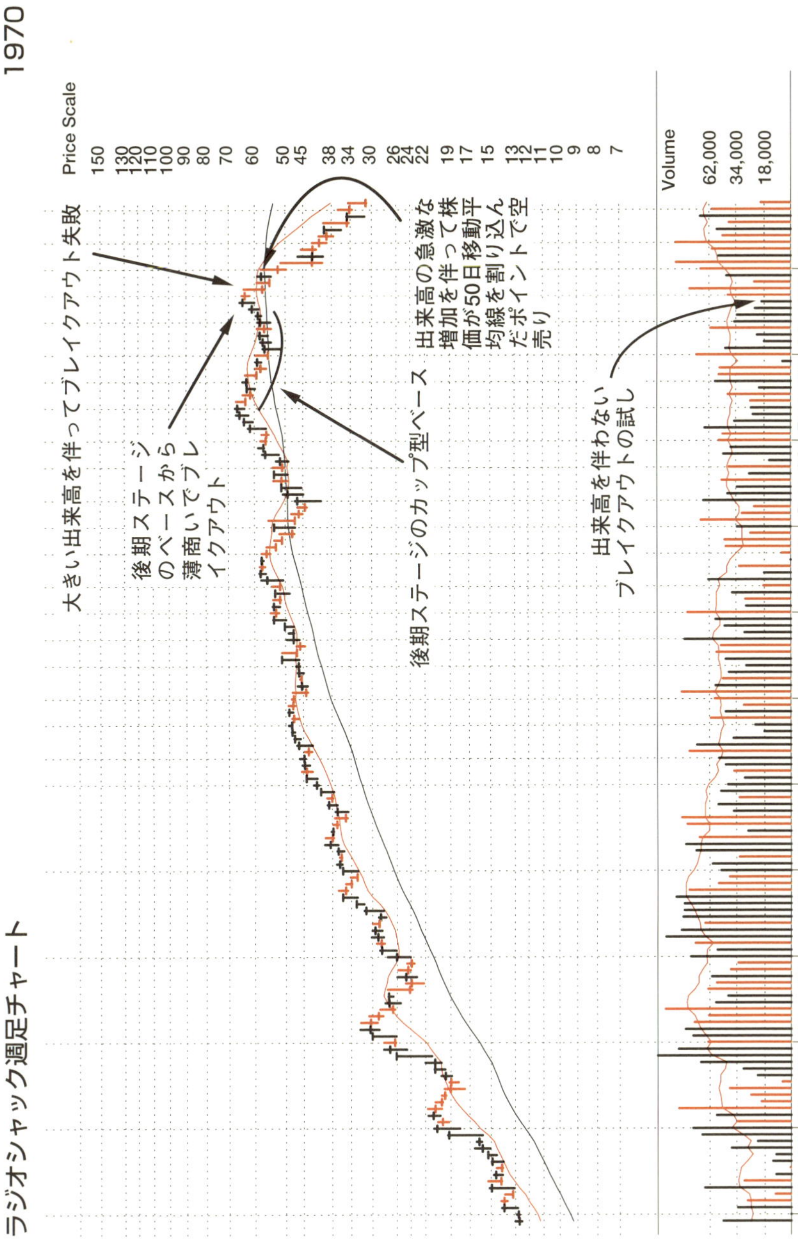
ラジオシャック週足チャート
1970
Price Scale
150 130 120 110 100 90 80 70 60 50 45 38 34 30 26 24 22 19 17 15 13 12 11 10 9 8 7
大きい出来高を伴ってブレイクアウト失敗
後期ステージのベースから薄商いでブレイクアウト
後期ステージのカップ型ベース
出来高の急激な増加を伴って株価が50日移動平均線を割り込んだポイントで空売り
出来高を伴わないブレイクアウトの試し
Volume
62,000
34,000
18,000
Sep 67
Dec 67
Mar 68
Jun 68
Sep 68
Dec 68
Mar 69
Jun 69
Sep 69
Dec 69
Mar 70
Jun 70

ヒルトン・ホテルズ週足チャート

1970

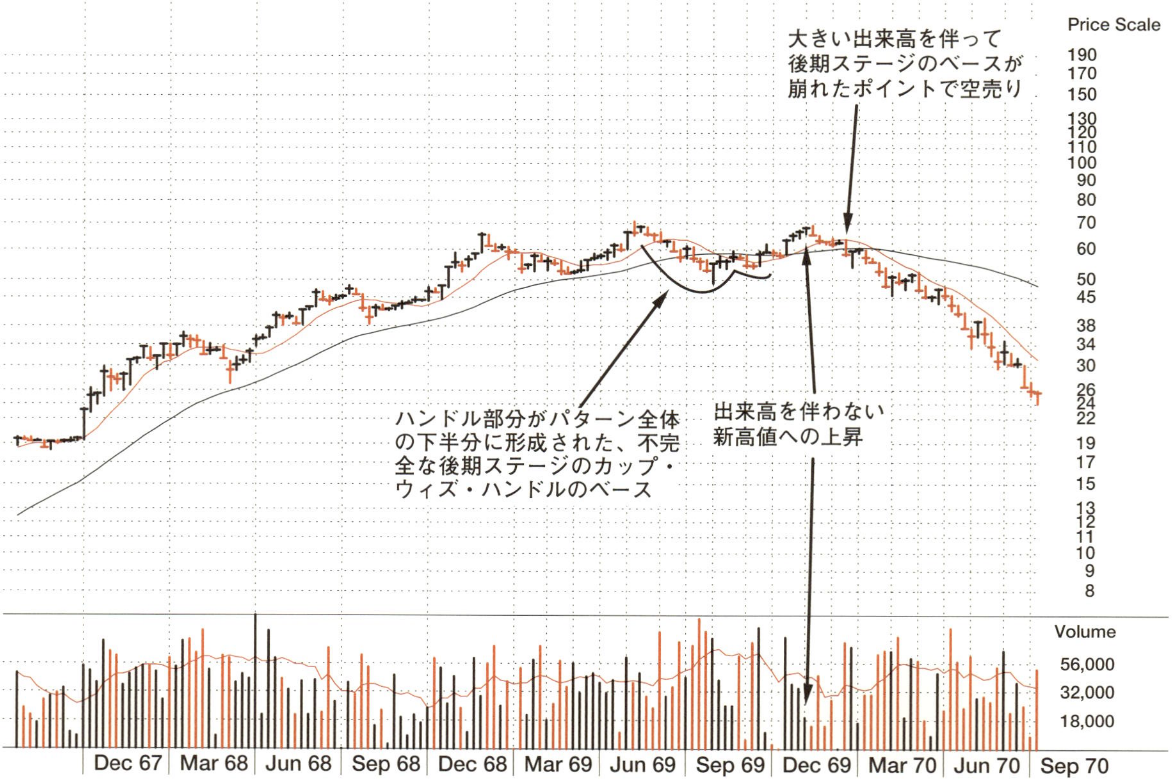
Price Scale
190
170
150
130
120
110
100
90
80
70
60
50
45
38
34
30
26
24
22
19
17
15
13
12
11
10
9
8
大きい出来高を伴って
後期ステージのベースが
崩れたポイントで空売り
ハンドル部分がパターン全体
の下半分に形成された、不完
全な後期ステージのカップ・
ウィズ・ハンドルのベース
出来高を伴わない
新高値への上昇
Volume
56,000
32,000
18,000
Dec 67
Mar 68
Jun 68
Sep 68
Dec 68
Mar 69
Jun 69
Sep 69
Dec 69
Mar 70
Jun 70
Sep 70

コントロール・データ週足チャート　1970

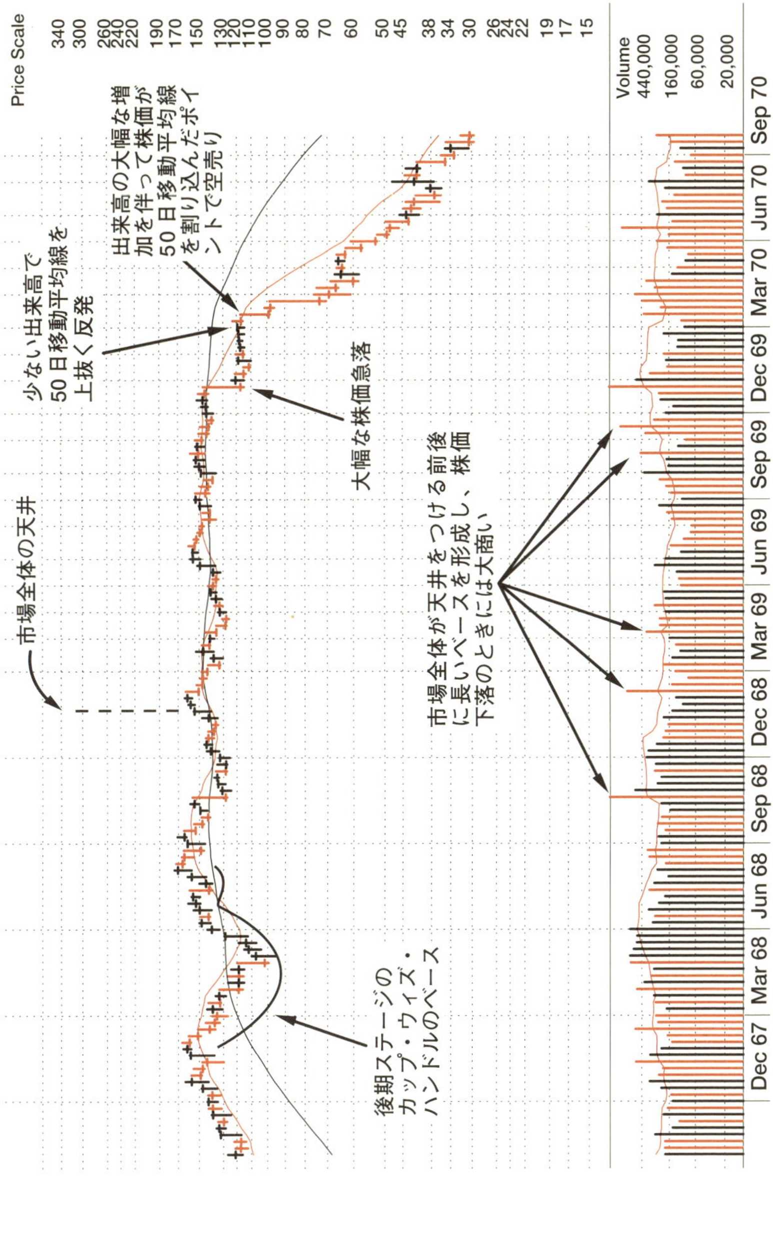

Price Scale
340
300
260
240
220
190
170
150
130
120
110
100
90
80
70
60
50
45
38
34
30
26
24
22
19
17
15
Volume
440,000
160,000
60,000
20,000
後期ステージのカップ・ウィズ・ハンドルのベース
市場全体の天井
少ない出来高で50日移動平均線を上抜く反発
出来高の大幅な増加を伴って株価が50日移動平均線を割り込んだポイントで空売り
大幅な株価急落
市場全体が天井をつける前後に長いベースを形成し、株価下落のときには大商い
Dec 67
Mar 68
Jun 68
Sep 68
Dec 68
Mar 69
Jun 69
Sep 69
Dec 69
Mar 70
Jun 70
Sep 70

ユニシス週足チャート　1970

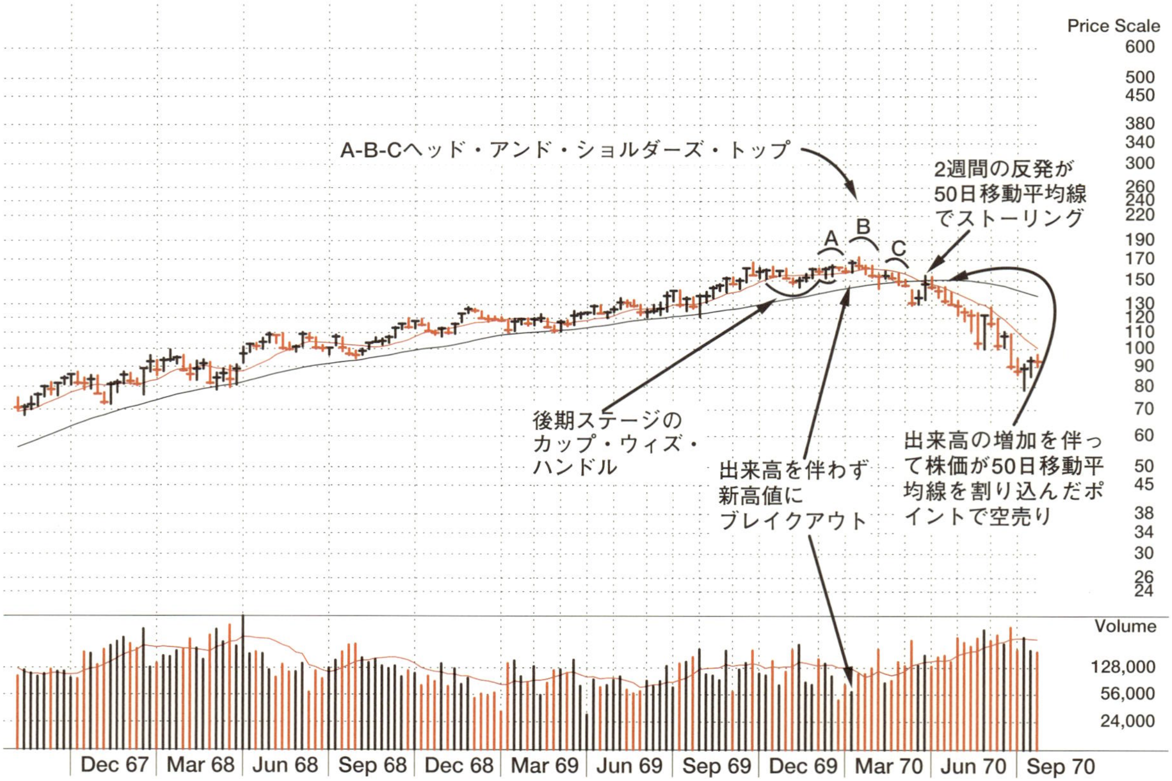
Price Scale
600
500
450
380
340
300
260
240
220
190
170
150
130
120
110
100
90
80
70
60
50
45
38
34
30
26
24
A-B-Cヘッド・アンド・ショルダーズ・トップ
A
B
C
2週間の反発が
50日移動平均線
でストーリング
後期ステージの
カップ・ウィズ・
ハンドル
出来高を伴わず
新高値に
ブレイクアウト
出来高の増加を伴って株価が50日移動平均線を割り込んだポイントで空売り
Volume
128,000
56,000
24,000
Dec 67
Mar 68
Jun 68
Sep 68
Dec 68
Mar 69
Jun 69
Sep 69
Dec 69
Mar 70
Jun 70
Sep 70

コンピューター・サイエンシズ週足チャート

1970

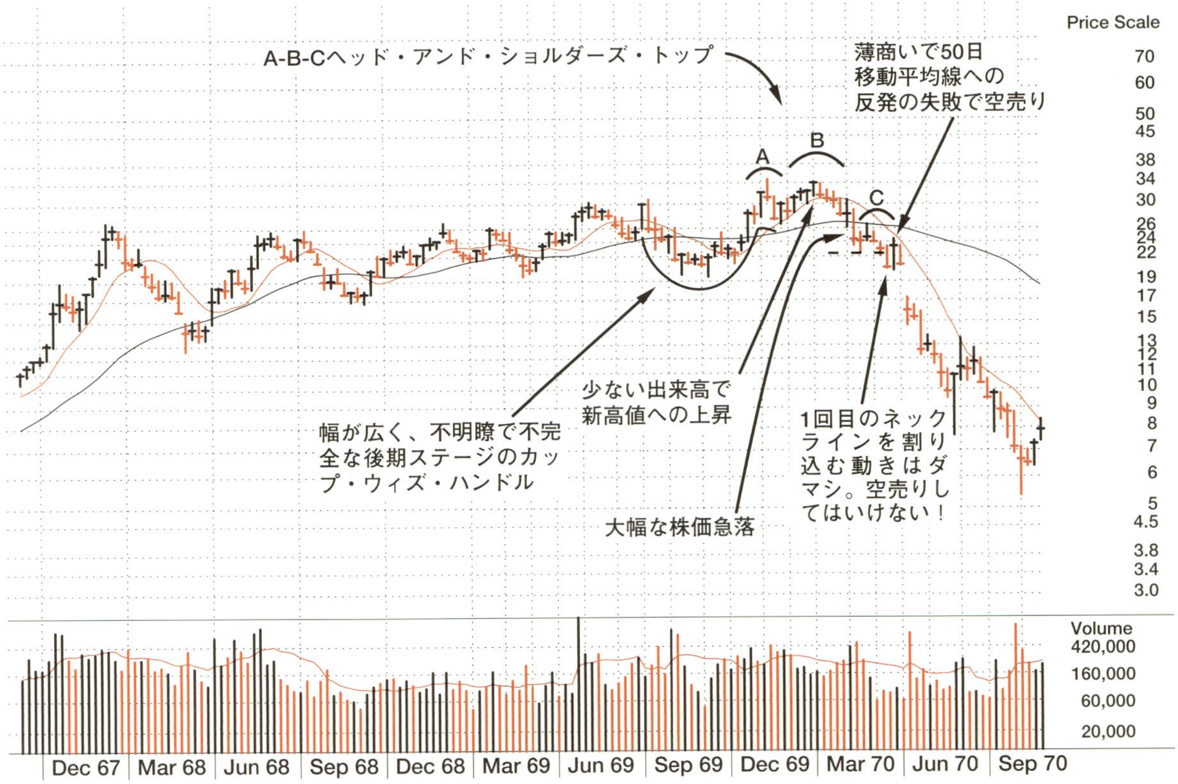
Price Scale
70
60
50
45
38
34
30
26
24
22
19
17
15
13
12
11
10
9
8
7
6
5
4.5
3.8
3.4
3.0
A-B-Cヘッド・アンド・ショルダーズ・トップ
A
B
C
薄商いで50日
移動平均線への
反発の失敗で空売り
幅が広く、不明瞭で不完
全な後期ステージのカッ
プ・ウィズ・ハンドル
少ない出来高で
新高値への上昇
大幅な株価急落
1回目のネック
ラインを割り
込む動きはダ
マシ。空売りし
てはいけない！
Volume
420,000
160,000
60,000
20,000
Dec 67
Mar 68
Jun 68
Sep 68
Dec 68
Mar 69
Jun 69
Sep 69
Dec 69
Mar 70
Jun 70
Sep 70

プラント・インダストリーズ週足チャート

1970

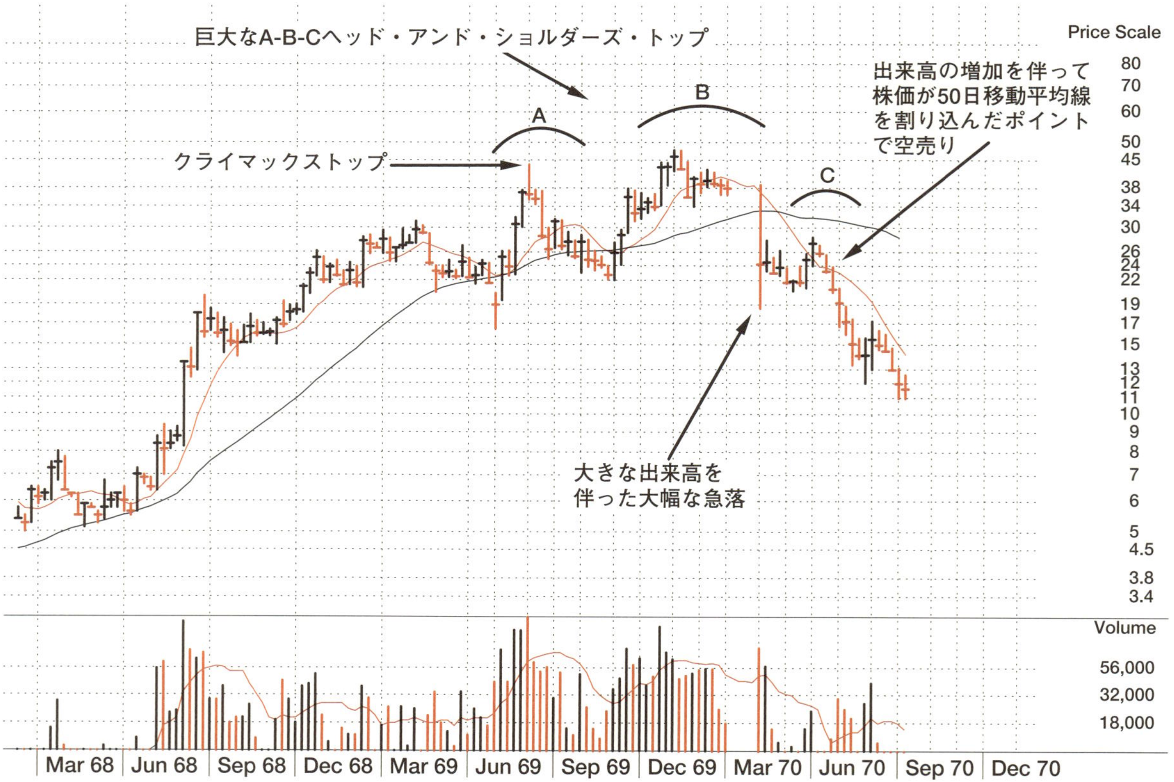

巨大なA-B-Cヘッド・アンド・ショルダーズ・トップ
A
B
C
クライマックストップ
出来高の増加を伴って
株価が50日移動平均線
を割り込んだポイント
で空売り
大きな出来高を
伴った大幅な急落
Price Scale
80
70
60
50
45
38
34
30
26
24
22
19
17
15
13
12
11
10
9
8
7
6
5
4.5
3.8
3.4
Volume
56,000
32,000
18,000
Mar 68
Jun 68
Sep 68
Dec 68
Mar 69
Jun 69
Sep 69
Dec 69
Mar 70
Jun 70
Sep 70
Dec 70

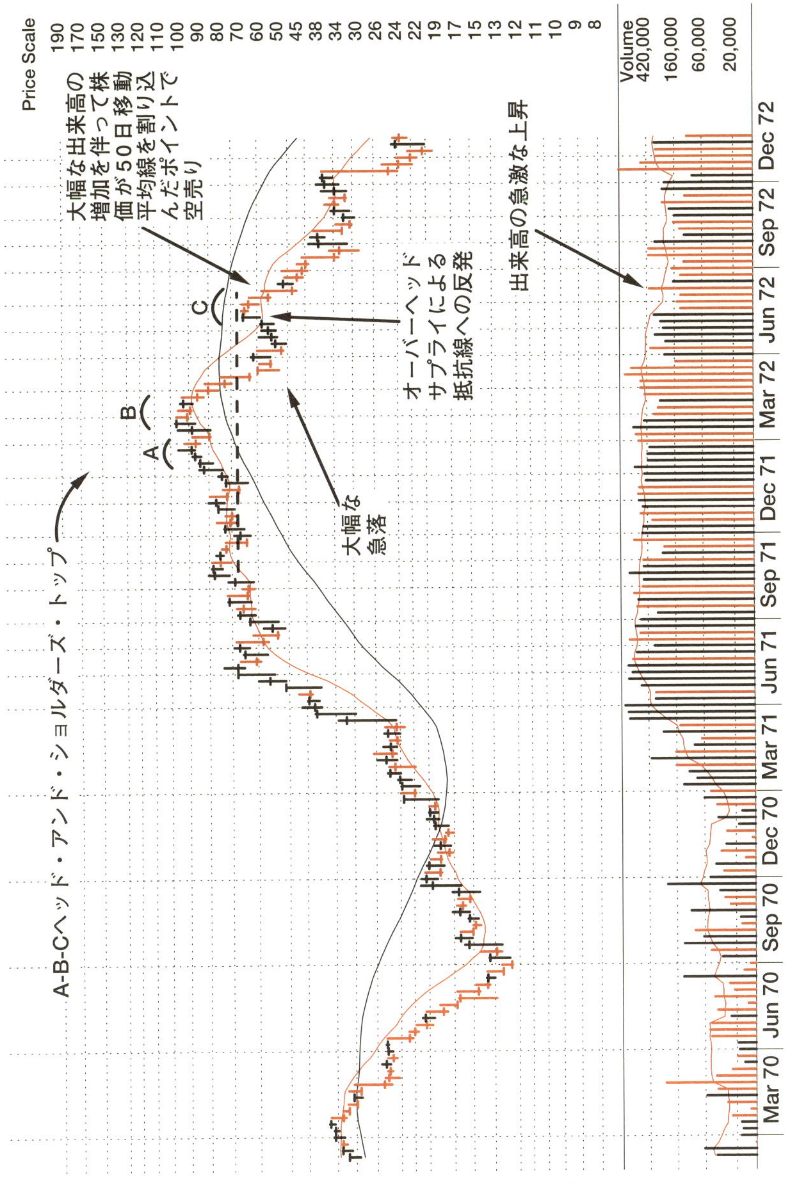
1972
Price Scale
190
170
150
130
120
110
100
90
80
70
60
50
45
38
34
30
26
24
22
19
17
15
13
12
11
10
9
8
Volume
420,000
160,000
60,000
20,000
A-B-Cヘッド・アンド・ショルダーズ・トップ
A
B
C
大幅な出来高の増加を伴って株価が50日移動平均線を割り込んだポイントで空売り
オーバーヘッドサプライによる抵抗線への反発
大幅な急落
出来高の急激な上昇
Mar 70
Jun 70
Sep 70
Dec 70
Mar 71
Jun 71
Sep 71
Dec 71
Mar 72
Jun 72
Sep 72
Dec 72

ボシュロム週足チャート

レビッツ週足チャート　1973

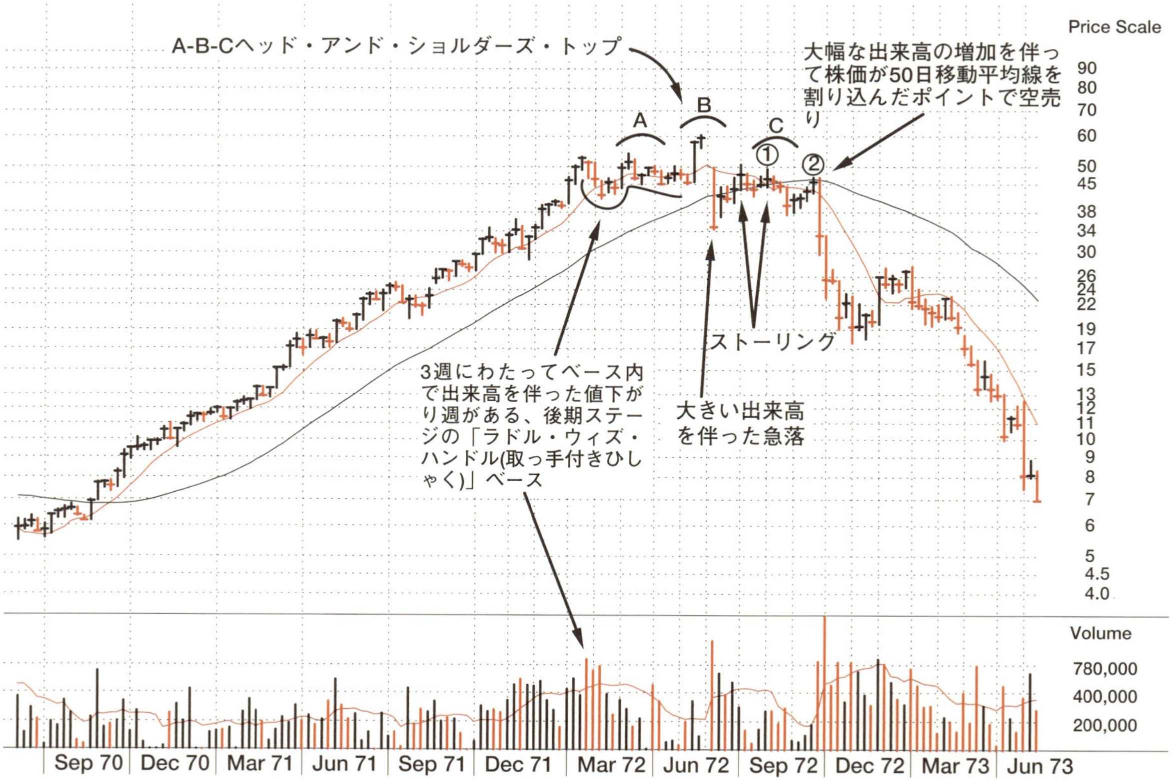

A-B-Cヘッド・アンド・ショルダーズ・トップ
A
B
C
①
②
大幅な出来高の増加を伴って株価が50日移動平均線を割り込んだポイントで空売り
ストーリング
3週にわたってベース内で出来高を伴った値下がり週がある、後期ステージの「ラドル・ウィズ・ハンドル(取っ手付きひしゃく)」ベース
大きい出来高を伴った急落
Price Scale
90
80
70
60
50
45
38
34
30
26
24
22
19
17
15
13
12
11
10
9
8
7
6
5
4.5
4.0
Volume
780,000
400,000
200,000
Sep 70
Dec 70
Mar 71
Jun 71
Sep 71
Dec 71
Mar 72
Jun 72
Sep 72
Dec 72
Mar 73
Jun 73

ウィネベーゴ・インダストリーズ週足チャート　1973

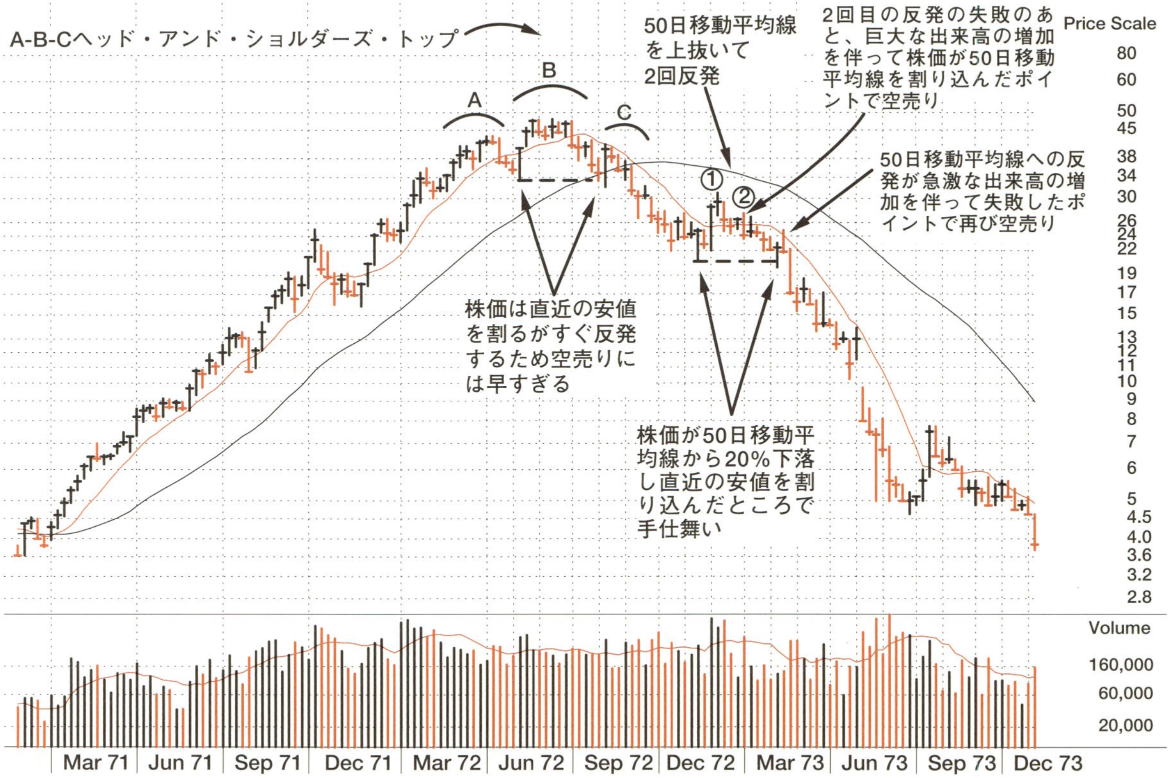
A-B-Cヘッド・アンド・ショルダーズ・トップ
A
B
C
50日移動平均線を上抜いて2回反発
2回目の反発の失敗のあと、巨大な出来高の増加を伴って株価が50日移動平均線を割り込んだポイントで空売り
①
②
50日移動平均線への反発が急激な出来高の増加を伴って失敗したポイントで再び空売り
株価は直近の安値を割るがすぐ反発するため空売りには早すぎる
株価が50日移動平均線から20%下落し直近の安値を割り込んだところで手仕舞い
Price Scale
80
60
50
45
38
34
30
26
24
22
19
17
15
13
12
11
10
9
8
7
6
5
4.5
4.0
3.6
3.2
2.8
Volume
160,000
60,000
20,000
Mar 71
Jun 71
Sep 71
Dec 71
Mar 72
Jun 72
Sep 72
Dec 72
Mar 73
Jun 73
Sep 73
Dec 73

ナイト・リッダー週足チャート

1973

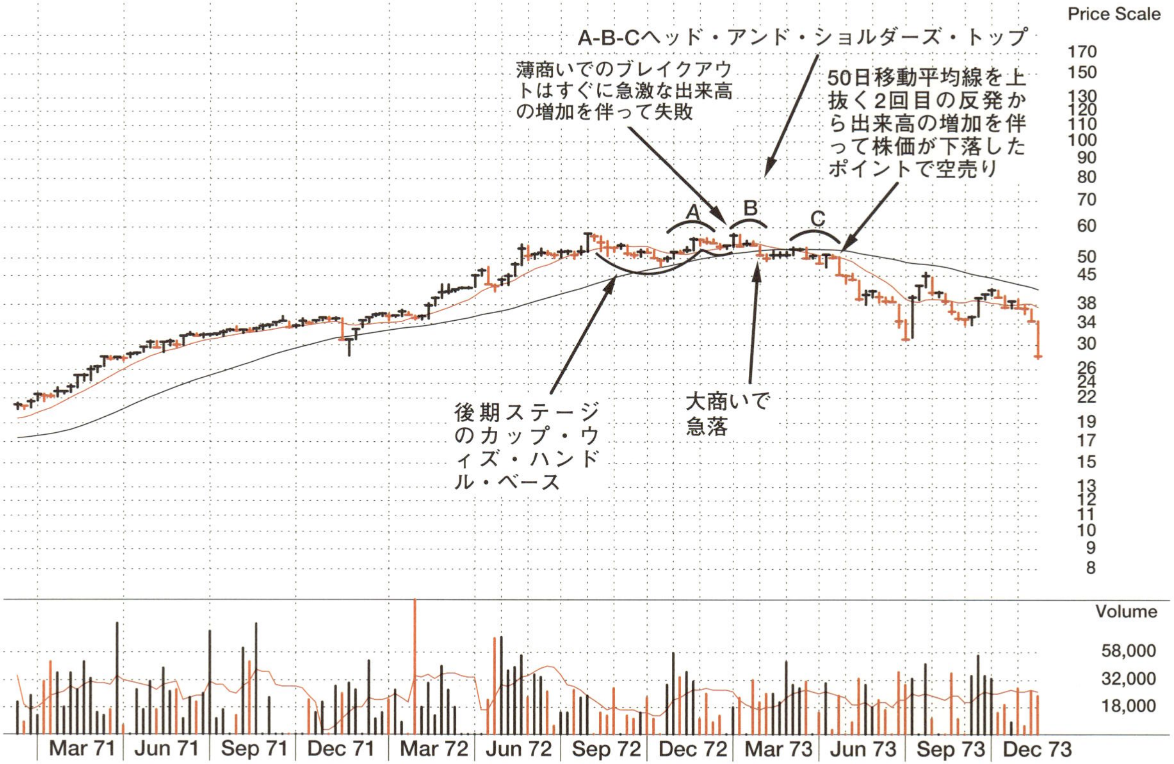
Price Scale
170
150
130
120
110
100
90
80
70
60
50
45
38
34
30
26
24
22
19
17
15
13
12
11
10
9
8
A-B-Cヘッド・アンド・ショルダーズ・トップ
薄商いでのブレイクアウトはすぐに急激な出来高の増加を伴って失敗
50日移動平均線を上抜く2回目の反発から出来高の増加を伴って株価が下落したポイントで空売り
A
B
C
後期ステージのカップ・ウィズ・ハンドル・ベース
大商いで急落
Volume
58,000
32,000
18,000
Mar 71
Jun 71
Sep 71
Dec 71
Mar 72
Jun 72
Sep 72
Dec 72
Mar 73
Jun 73
Sep 73
Dec 73

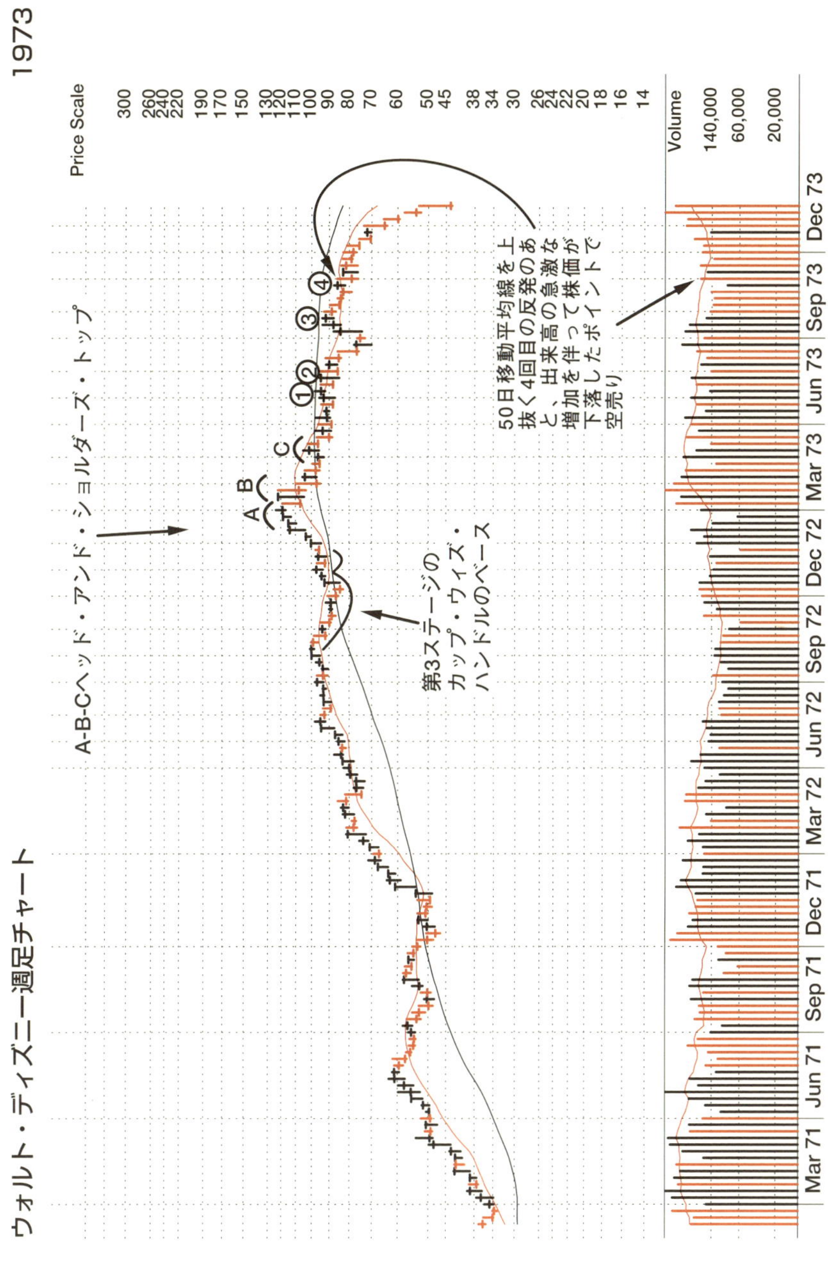
ウォルト・ディズニー週足チャート
1973
Price Scale
300
260
240
220
190
170
150
130
120
110
100
90
80
70
60
50
45
38
34
30
26
24
22
20
18
16
14
Volume
140,000
60,000
20,000
A-B-Cヘッド・アンド・ショルダーズ・トップ
A
B
C
①
②
③
④
第3ステージの
カップ・ウィズ・
ハンドルのベース
50日移動平均線を上
抜く4回目の反発のあ
と、出来高の急激な
増加を伴って株価が
下落したポイントで
空売り
Mar 71
Jun 71
Sep 71
Dec 71
Mar 72
Jun 72
Sep 72
Dec 72
Mar 73
Jun 73
Sep 73
Dec 73

ブランズウィック週足チャート

1973

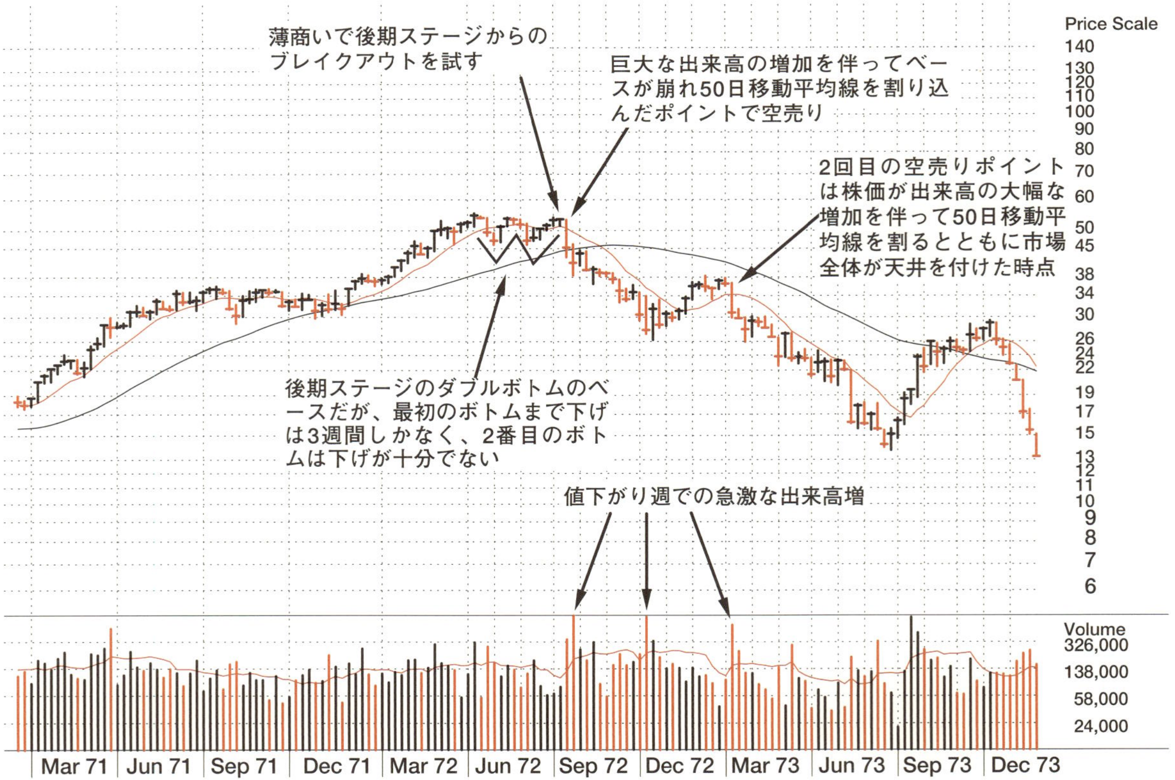
Price Scale
140
130
120
110
100
90
80
70
60
50
45
38
34
30
26
24
22
19
17
15
13
12
11
10
9
8
7
6
Volume
326,000
138,000
58,000
24,000
Mar 71
Jun 71
Sep 71
Dec 71
Mar 72
Jun 72
Sep 72
Dec 72
Mar 73
Jun 73
Sep 73
Dec 73
薄商いで後期ステージからのブレイクアウトを試す
巨大な出来高の増加を伴ってベースが崩れ50日移動平均線を割り込んだポイントで空売り
2回目の空売りポイントは株価が出来高の大幅な増加を伴って50日移動平均線を割るとともに市場全体が天井を付けた時点
後期ステージのダブルボトムのベースだが、最初のボトムまで下げは3週間しかなく、2番目のボトムは下げが十分でない
値下がり週での急激な出来高増

カウフマン・アンド・ブロード週足チャート　　1973

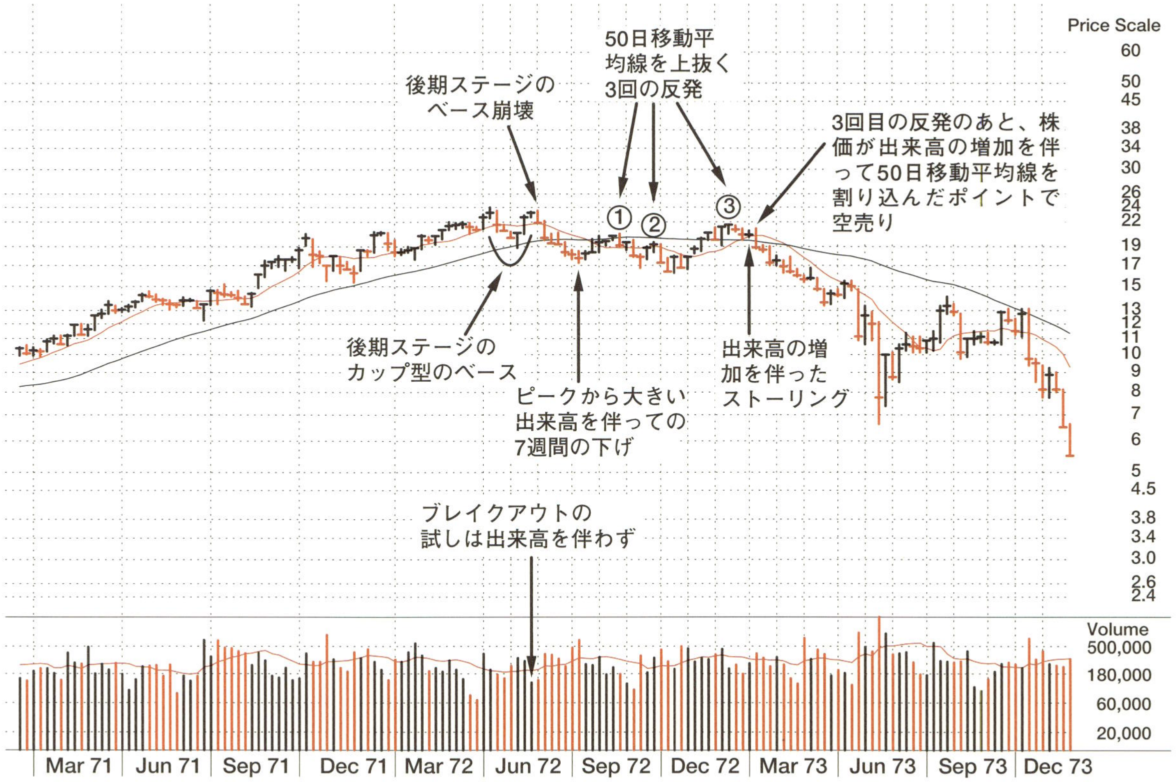
Price Scale
60
50
45
38
34
30
26
24
22
19
17
15
13
12
11
10
9
8
7
6
5
4.5
3.8
3.4
3.0
2.6
2.4
Volume
500,000
180,000
60,000
20,000
Mar 71
Jun 71
Sep 71
Dec 71
Mar 72
Jun 72
Sep 72
Dec 72
Mar 73
Jun 73
Sep 73
Dec 73
後期ステージのベース崩壊
50日移動平均線を上抜く3回の反発
①
②
③
3回目の反発のあと、株価が出来高の増加を伴って50日移動平均線を割り込んだポイントで空売り
後期ステージのカップ型のベース
ピークから大きい出来高を伴っての7週間の下げ
出来高の増加を伴ったストーリング
ブレイクアウトの試しは出来高を伴わず

ライト・エード週足チャート

1974

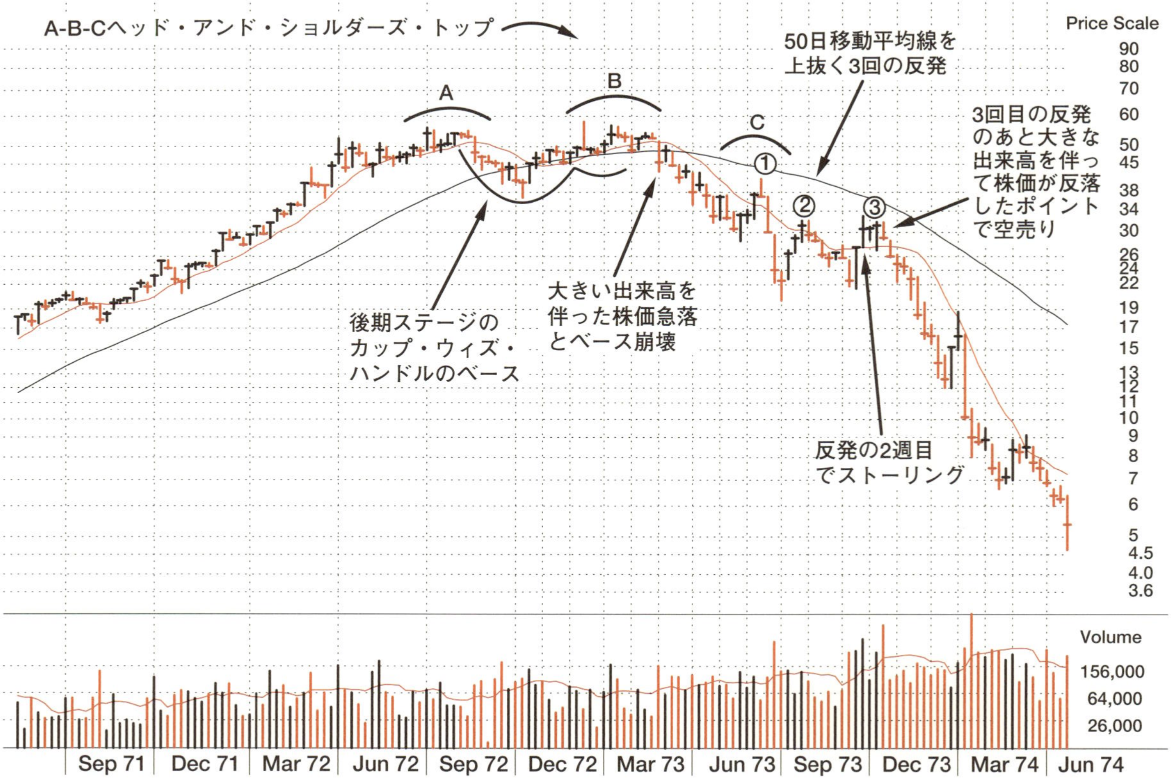
A-B-Cヘッド・アンド・ショルダーズ・トップ
A
B
C
①
②
③
50日移動平均線を
上抜く3回の反発
3回目の反発
のあと大きな
出来高を伴っ
て株価が反落
したポイント
で空売り
後期ステージの
カップ・ウィズ・
ハンドルのベース
大きい出来高を
伴った株価急落
とベース崩壊
反発の2週目
でストーリング
Price Scale
90
80
70
60
50
45
38
34
30
26
24
22
19
17
15
13
12
11
10
9
8
7
6
5
4.5
4.0
3.6
Volume
156,000
64,000
26,000
Sep 71
Dec 71
Mar 72
Jun 72
Sep 72
Dec 72
Mar 73
Jun 73
Sep 73
Dec 73
Mar 74
Jun 74

トランスワールド・エアラインズ週足チャート　1974

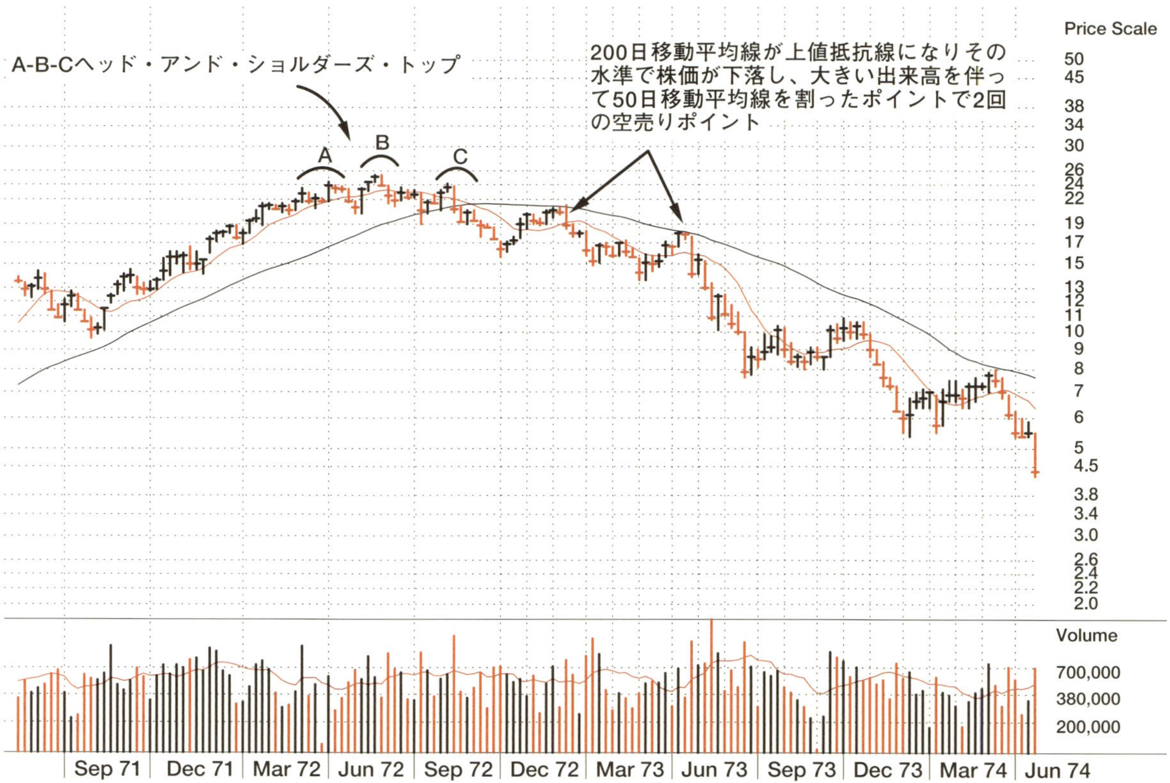
A-B-Cヘッド・アンド・ショルダーズ・トップ
A
B
C
200日移動平均線が上値抵抗線になりその水準で株価が下落し、大きい出来高を伴って50日移動平均線を割ったポイントで2回の空売りポイント
Price Scale
50
45
38
34
30
26
24
22
19
17
15
13
12
11
10
9
8
7
6
5
4.5
3.8
3.4
3.0
2.6
2.4
2.2
2.0
Volume
700,000
380,000
200,000
Sep 71
Dec 71
Mar 72
Jun 72
Sep 72
Dec 72
Mar 73
Jun 73
Sep 73
Dec 73
Mar 74
Jun 74

バンク・オブ・アメリカ週足チャート

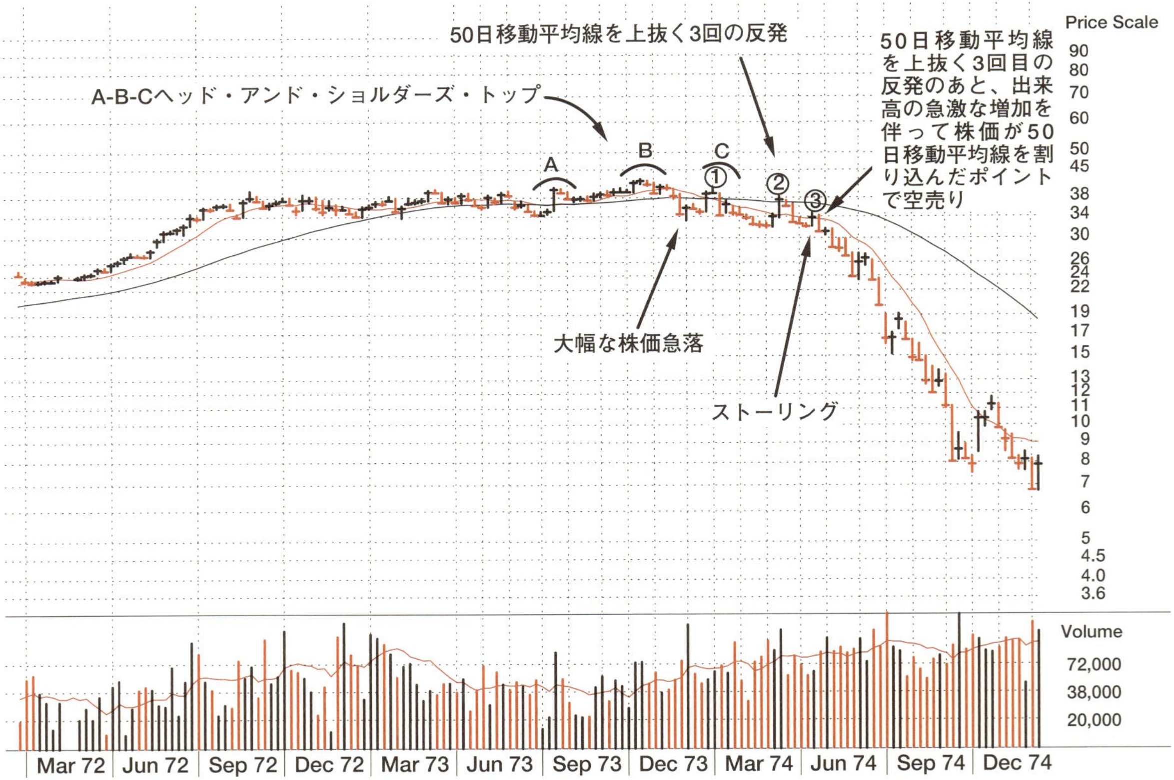

50日移動平均線を上抜く3回の反発
A-B-Cヘッド・アンド・ショルダーズ・トップ
A
B
C
①
②
③
50日移動平均線を上抜く3回目の反発のあと、出来高の急激な増加を伴って株価が50日移動平均線を割り込んだポイントで空売り
大幅な株価急落
ストーリング
Price Scale
90
80
70
60
50
45
38
34
30
26
24
22
19
17
15
13
12
11
10
9
8
7
6
5
4.5
4.0
3.6
Volume
72,000
38,000
20,000
Mar 72
Jun 72
Sep 72
Dec 72
Mar 73
Jun 73
Sep 73
Dec 73
Mar 74
Jun 74
Sep 74
Dec 74

コカ・コーラ週足チャート　1974

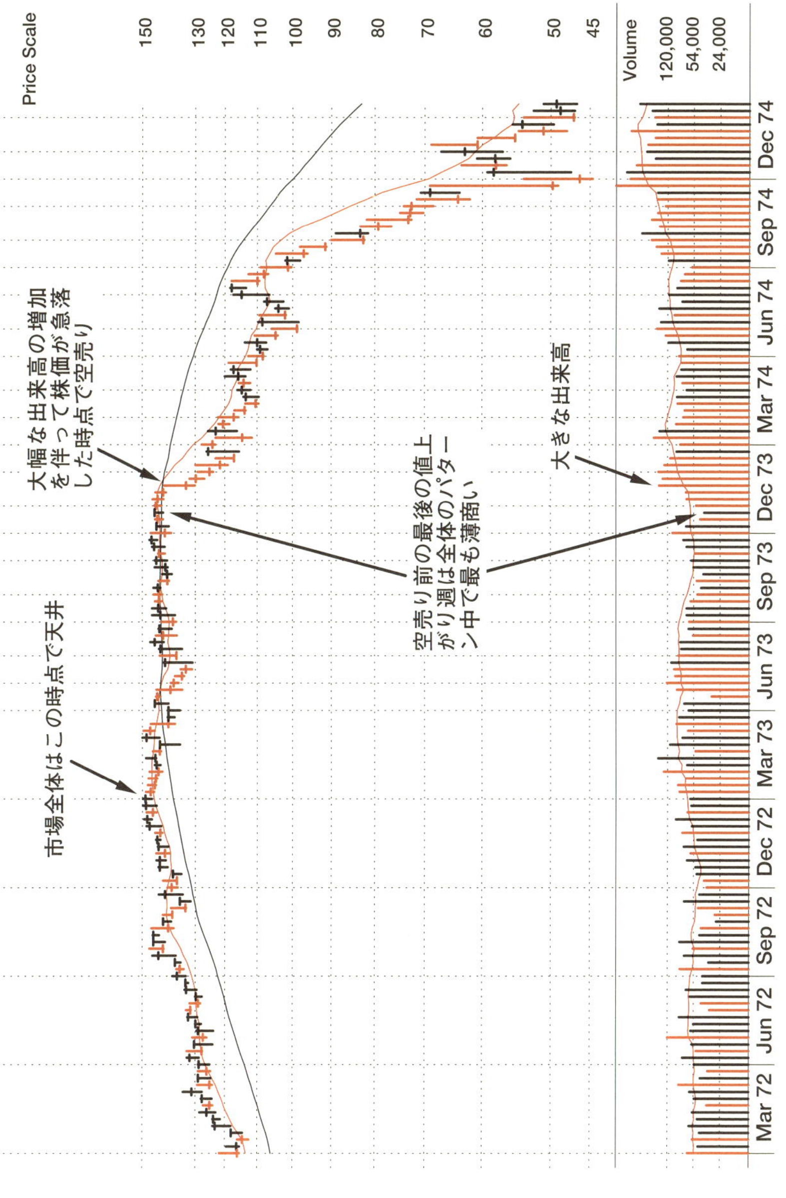
Price Scale
150
130
120
110
100
90
80
70
60
50
45
Volume
120,000
54,000
24,000
Mar 72
Jun 72
Sep 72
Dec 72
Mar 73
Jun 73
Sep 73
Dec 73
Mar 74
Jun 74
Sep 74
Dec 74
市場全体はこの時点で天井
大幅な出来高の増加を伴って株価が急落した時点で空売り
空売り前の最後の値上がり週は全体のパターン中で最も薄商い
大きな出来高

クロロックス週足チャート

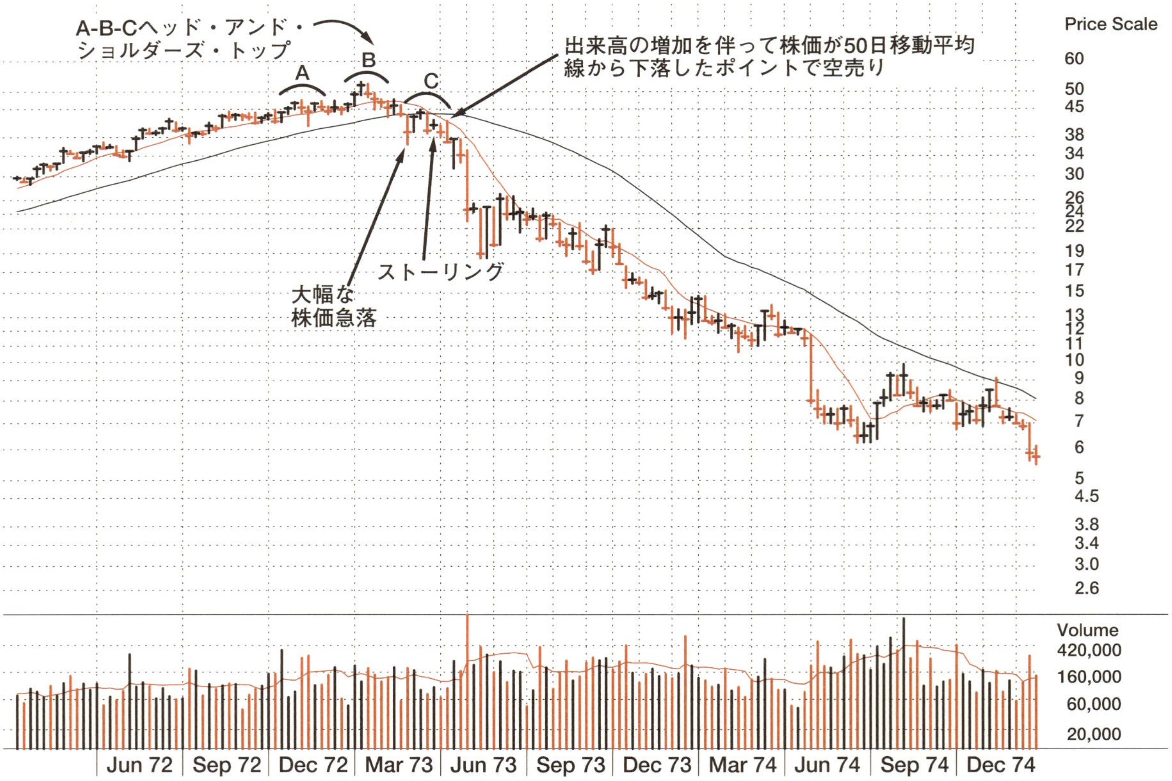
A-B-Cヘッド・アンド・ショルダーズ・トップ
A
B
C
出来高の増加を伴って株価が50日移動平均線から下落したポイントで空売り
ストーリング
大幅な株価急落
Price Scale
60
50
45
38
34
30
26
24
22
19
17
15
13
12
11
10
9
8
7
6
5
4.5
3.8
3.4
3.0
2.6
Volume
420,000
160,000
60,000
20,000
Jun 72
Sep 72
Dec 72
Mar 73
Jun 73
Sep 73
Dec 73
Mar 74
Jun 74
Sep 74
Dec 74

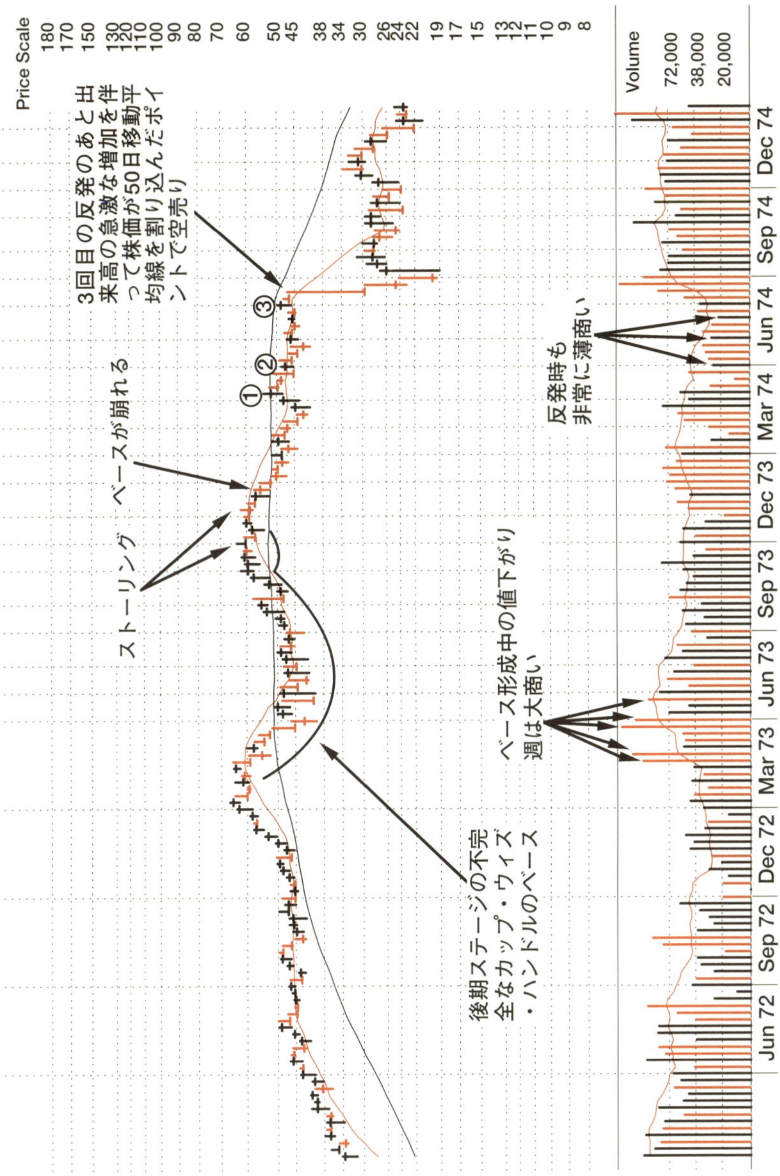
Price Scale
180
170
150
130
120
110
100
90
80
70
60
50
45
38
34
30
26
24
22
19
17
15
13
12
11
10
9
8
3回目の反発のあと出来高の急激な増加を伴って株価が50日移動平均線を割り込んだポイントで空売り
ストーリング
ベースが崩れる
①
②
③
後期ステージの不完全なカップ・ウィズ・ハンドルのベース
ベース形成中の値下がり週は大商い
反発時も非常に薄商い
Volume
72,000
38,000
20,000
Jun 72
Sep 72
Dec 72
Mar 73
Jun 73
Sep 73
Dec 73
Mar 74
Jun 74
Sep 74
Dec 74

メドトロニック週足チャート　1974

ナショナル・セミコンダクター週足チャート

1974

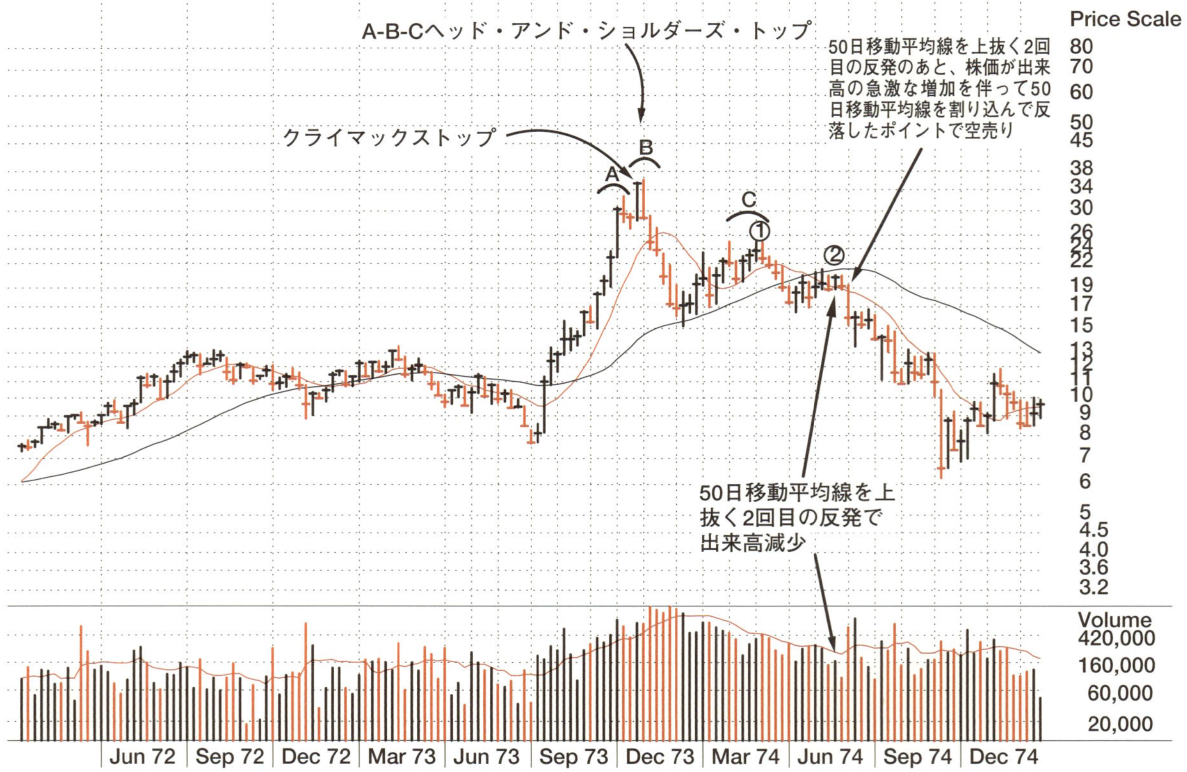
A-B-Cヘッド・アンド・ショルダーズ・トップ
クライマックストップ
A
B
C
①
②
50日移動平均線を上抜く2回目の反発のあと、株価が出来高の急激な増加を伴って50日移動平均線を割り込んで反落したポイントで空売り
50日移動平均線を上抜く2回目の反発で出来高減少
Price Scale
80
70
60
50
45
38
34
30
26
24
22
19
17
15
13
12
11
10
9
8
7
6
5
4.5
4.0
3.6
3.2
Volume
420,000
160,000
60,000
20,000
Jun 72
Sep 72
Dec 72
Mar 73
Jun 73
Sep 73
Dec 73
Mar 74
Jun 74
Sep 74
Dec 74

スナップ・オン週足チャート

1974

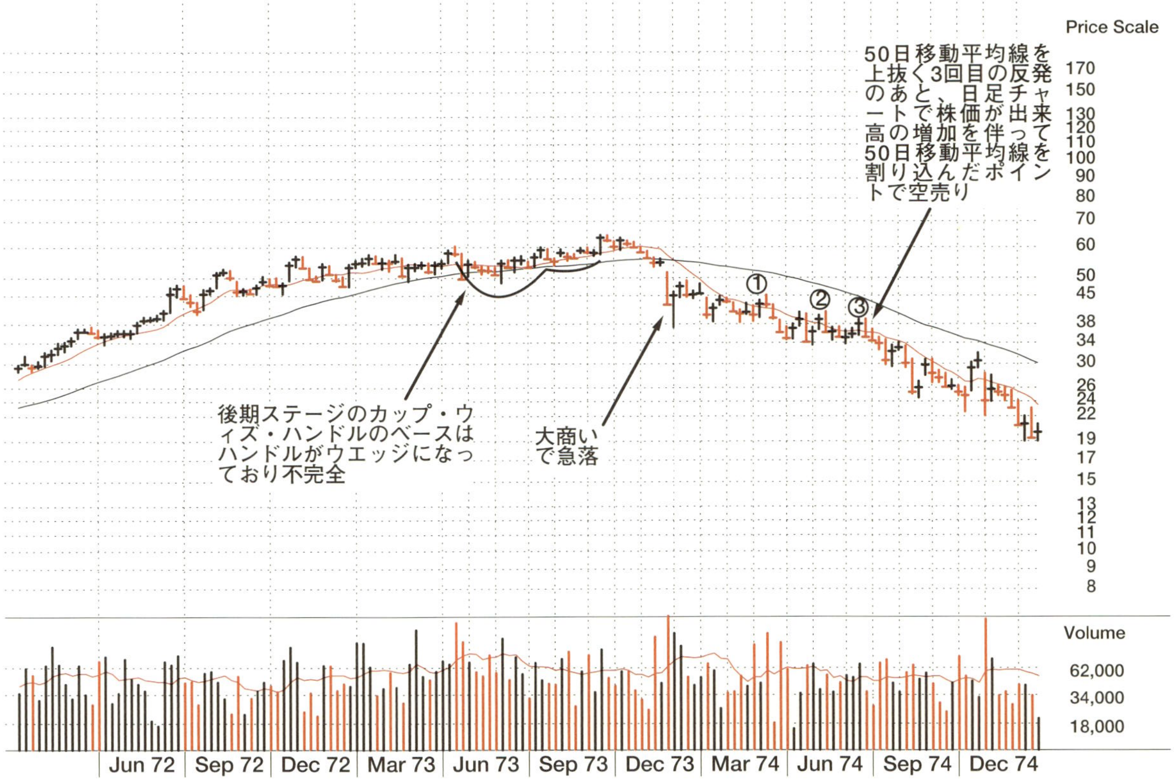
Price Scale
170
150
130
120
110
100
90
80
70
60
50
45
38
34
30
26
24
22
19
17
15
13
12
11
10
9
8
Volume
62,000
34,000
18,000
Jun 72
Sep 72
Dec 72
Mar 73
Jun 73
Sep 73
Dec 73
Mar 74
Jun 74
Sep 74
Dec 74
50日移動平均線を上抜く3回目の反発のあと、日足チャートで株価が出来高の増加を伴って50日移動平均線を割り込んだポイントで空売り
①
②
③
後期ステージのカップ・ウィズ・ハンドルのベースはハンドルがウエッジになっており不完全
大商いで急落

ウェンディーズ・インターナショナル週足チャート

1979

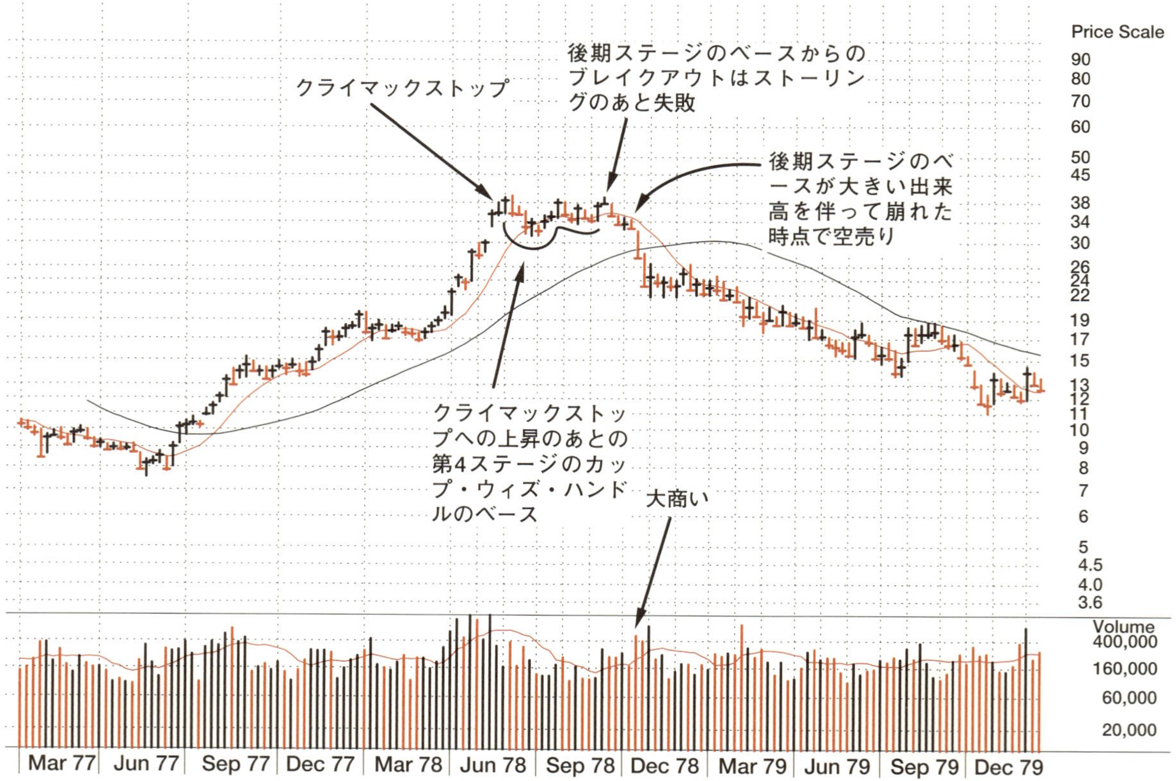
Price Scale
90
80
70
60
50
45
38
34
30
26
24
22
19
17
15
13
12
11
10
9
8
7
6
5
4.5
4.0
3.6
Volume
400,000
160,000
60,000
20,000
Mar 77
Jun 77
Sep 77
Dec 77
Mar 78
Jun 78
Sep 78
Dec 78
Mar 79
Jun 79
Sep 79
Dec 79
クライマックストップ
後期ステージのベースからのブレイクアウトはストーリングのあと失敗
後期ステージのベースが大きい出来高を伴って崩れた時点で空売り
クライマックストップへの上昇のあとの第4ステージのカップ・ウィズ・ハンドルのベース
大商い

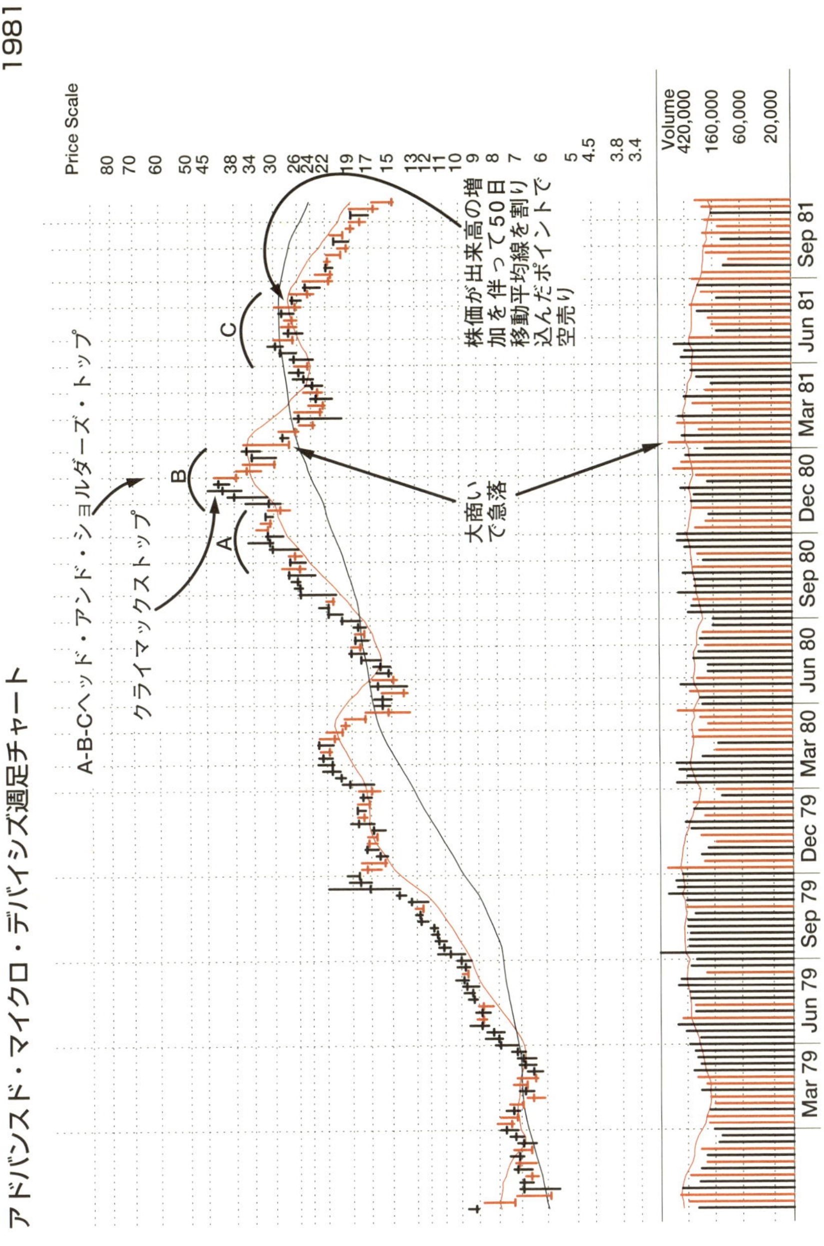
アドバンスド・マイクロ・デバイシズ週足チャート
1981
A-B-Cヘッド・アンド・ショルダーズ・トップ
クライマックストップ
A
B
C
株価が出来高の増加を伴って50日移動平均線を割り込んだポイントで空売り
大商いで急落
Price Scale
80
70
60
50
45
38
34
30
26
24
22
19
17
15
13
12
11
10
9
8
7
6
5
4.5
3.8
3.4
Volume
420,000
160,000
60,000
20,000
Mar 79
Jun 79
Sep 79
Dec 79
Mar 80
Jun 80
Sep 80
Dec 80
Mar 81
Jun 81
Sep 81

ハリス週足チャート　　1982

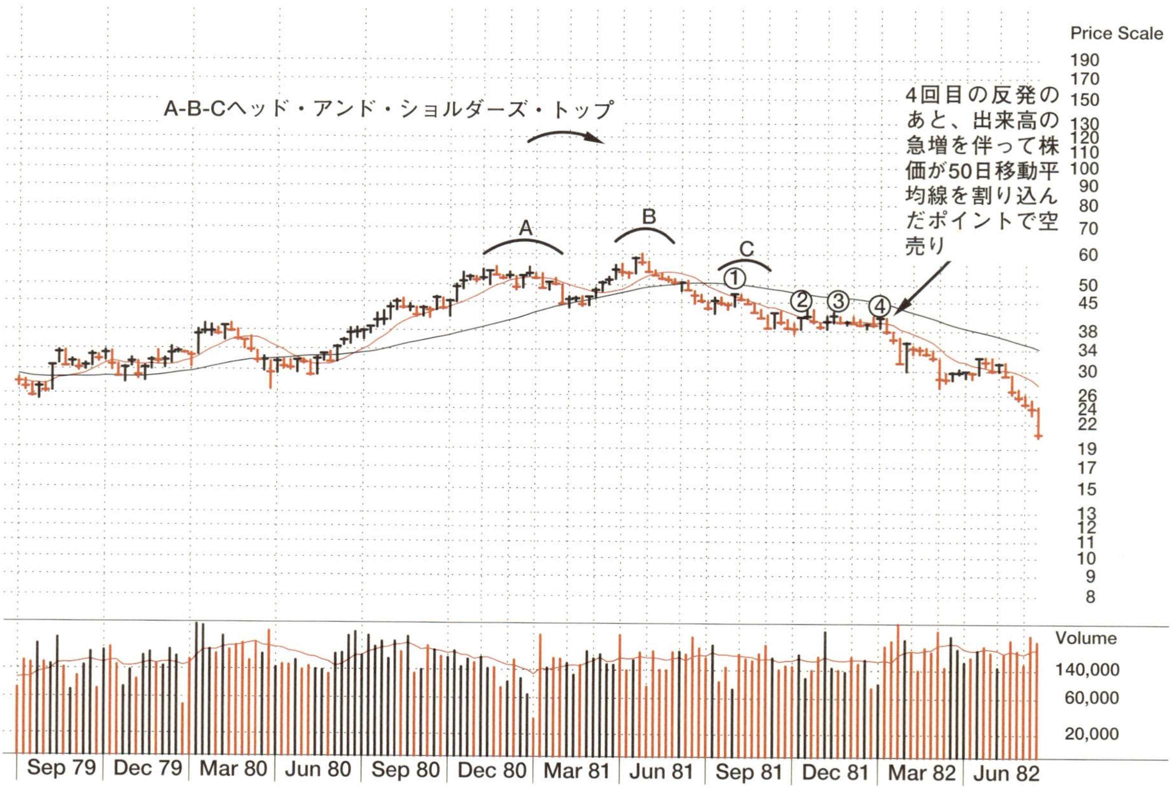
Price Scale
190
170
150
130
120
110
100
90
80
70
60
50
45
38
34
30
26
24
22
19
17
15
13
12
11
10
9
8
A-B-Cヘッド・アンド・ショルダーズ・トップ
A
B
C
①
②
③
④
4回目の反発のあと、出来高の急増を伴って株価が50日移動平均線を割り込んだポイントで空売り
Volume
140,000
60,000
20,000
Sep 79
Dec 79
Mar 80
Jun 80
Sep 80
Dec 80
Mar 81
Jun 81
Sep 81
Dec 81
Mar 82
Jun 82

ヘルマリック・アンド・ペイン週足チャート　1982

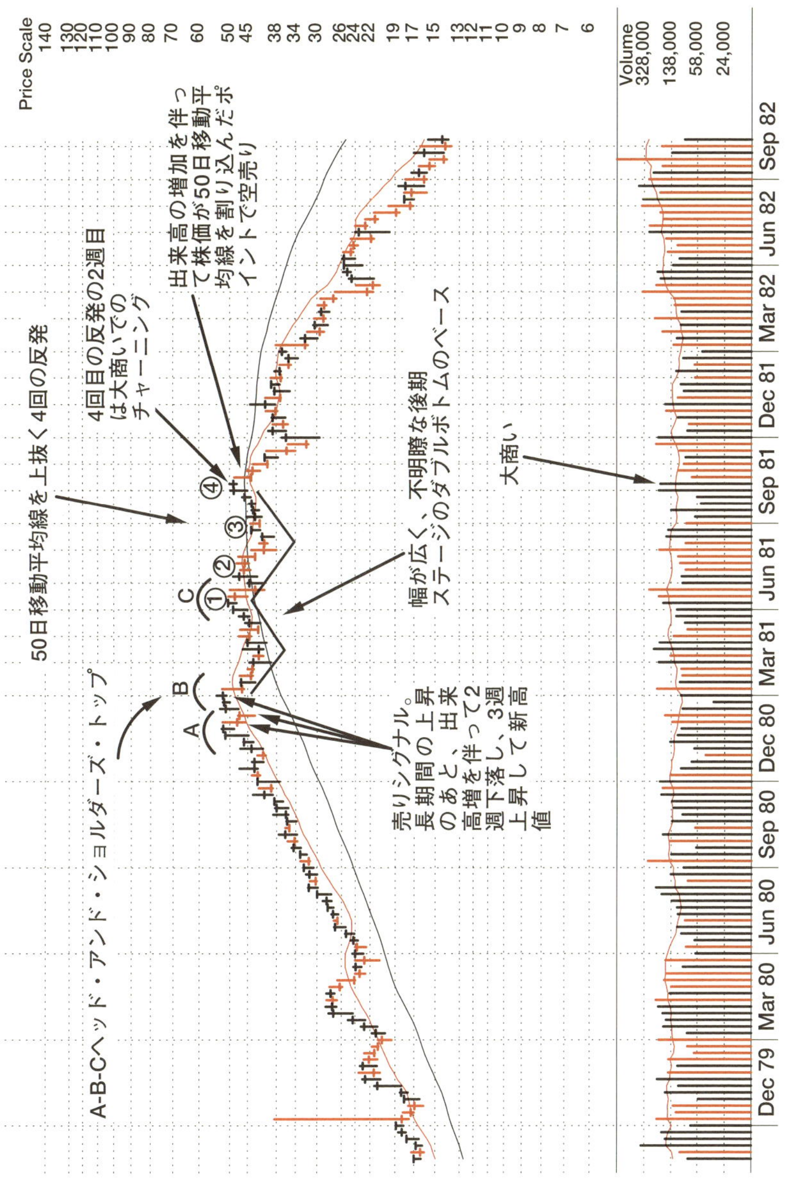

A-B-Cヘッド・アンド・ショルダーズ・トップ
50日移動平均線を上抜く4回の反発
4回目の反発の2週目は大商いでのチャーニング
出来高の増加を伴って株価が50日移動平均線を割り込んだポイントで空売り
幅が広く、不明瞭な後期ステージのダブルボトムのベース
売りシグナル。長期間の上昇のあと、出来高増を伴って2週下落し、3週上昇して新高値
大商い
A
B
C
①
②
③
④
Price Scale
140
130
120
110
100
90
80
70
60
50
45
38
34
30
26
24
22
19
17
15
13
12
11
10
9
8
7
6
Volume
328,000
138,000
58,000
24,000
Dec 79
Mar 80
Jun 80
Sep 80
Dec 80
Mar 81
Jun 81
Sep 81
Dec 81
Mar 82
Jun 82
Sep 82

サイエンティフィック・アトランタ週足チャート　1982

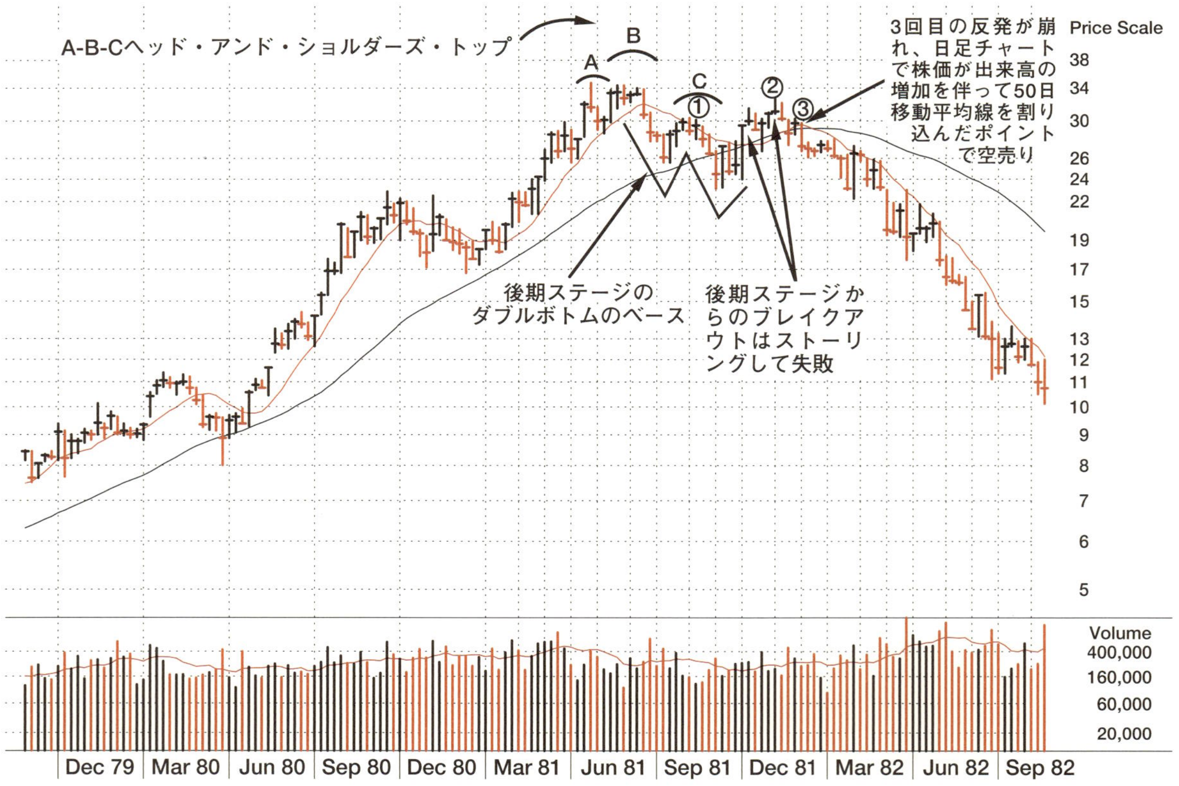
A-B-Cヘッド・アンド・ショルダーズ・トップ
A
B
C
①
②
③
3回目の反発が崩れ、日足チャートで株価が出来高の増加を伴って50日移動平均線を割り込んだポイントで空売り
後期ステージのダブルボトムのベース
後期ステージからのブレイクアウトはストーリングして失敗
Price Scale
38
34
30
26
24
22
19
17
15
13
12
11
10
9
8
7
6
5
Volume
400,000
160,000
60,000
20,000
Dec 79
Mar 80
Jun 80
Sep 80
Dec 80
Mar 81
Jun 81
Sep 81
Dec 81
Mar 82
Jun 82
Sep 82

ホーム・デポ週足チャート　1984

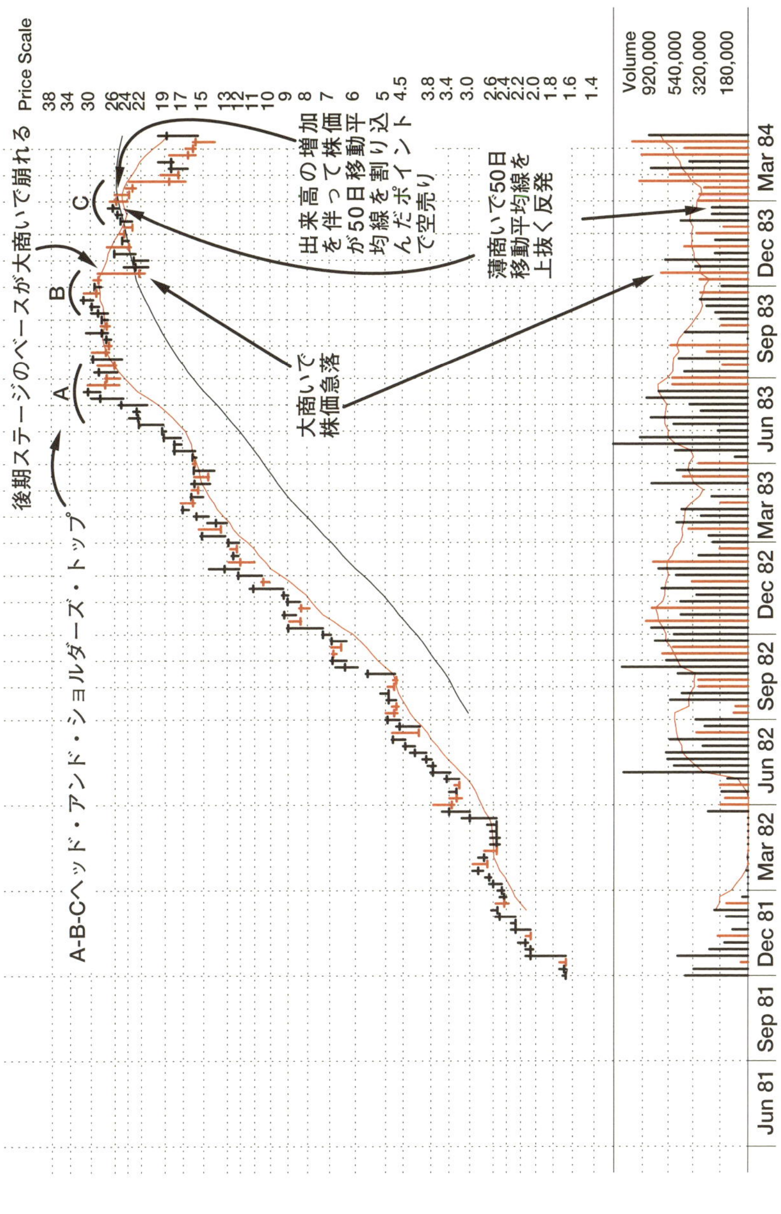
後期ステージのベースが大商いで崩れる
A-B-Cヘッド・アンド・ショルダーズ・トップ
A
B
C
出来高の増加を伴って株価が50日移動平均線を割り込んだポイントで空売り
大商いで株価急落
薄商いで50日移動平均線を上抜く反発
Price Scale
38
34
30
26
24
22
19
17
15
13
12
11
10
9
8
7
6
5
4.5
3.8
3.4
3.0
2.6
2.4
2.2
2.0
1.8
1.6
1.4
Volume
920,000
540,000
320,000
180,000
Jun 81
Sep 81
Dec 81
Mar 82
Jun 82
Sep 82
Dec 82
Mar 83
Jun 83
Sep 83
Dec 83
Mar 84

フリートウッド・エンタープライゼズ週足チャート

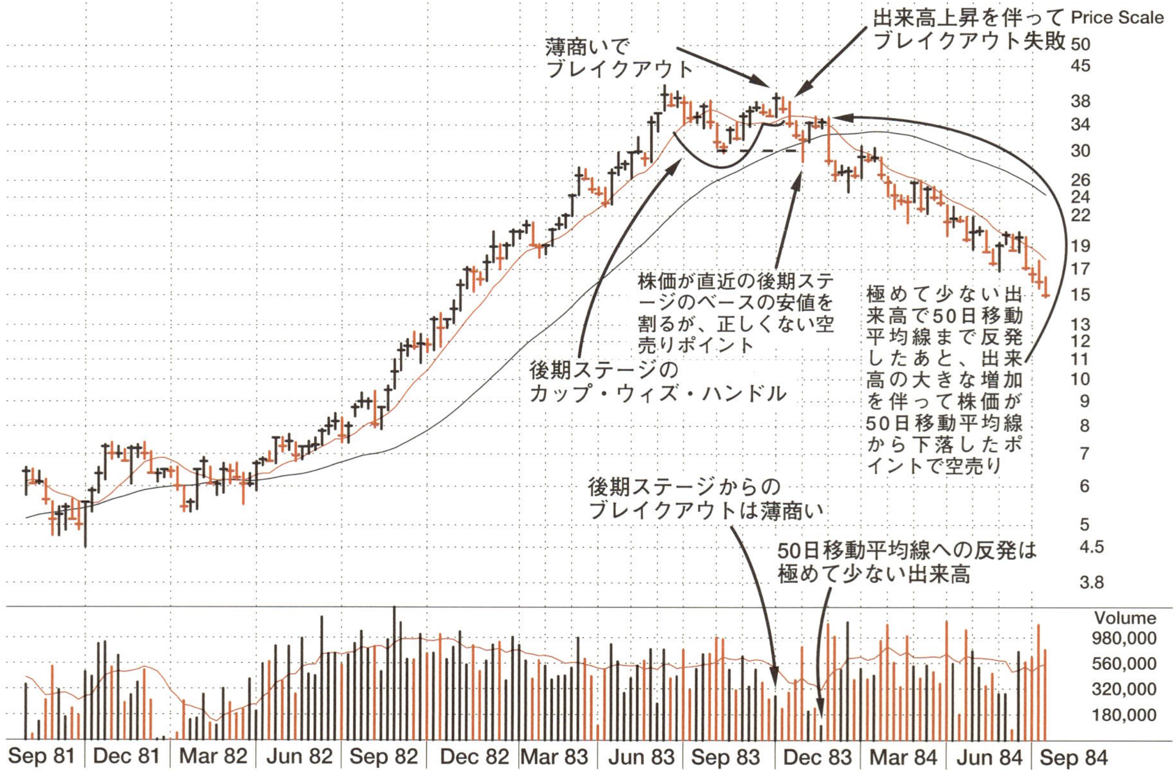

出来高上昇を伴って
ブレイクアウト失敗
Price Scale
50
45
38
34
30
26
24
22
19
17
15
13
12
11
10
9
8
7
6
5
4.5
3.8
薄商いで
ブレイクアウト
株価が直近の後期ステージのベースの安値を割るが、正しくない空売りポイント
後期ステージの
カップ・ウィズ・ハンドル
極めて少ない出来高で50日移動平均線まで反発したあと、出来高の大きな増加を伴って株価が50日移動平均線から下落したポイントで空売り
後期ステージからの
ブレイクアウトは薄商い
50日移動平均線への反発は
極めて少ない出来高
Volume
980,000
560,000
320,000
180,000
Sep 81
Dec 81
Mar 82
Jun 82
Sep 82
Dec 82
Mar 83
Jun 83
Sep 83
Dec 83
Mar 84
Jun 84
Sep 84

パルト・ホームス週足チャート

1984

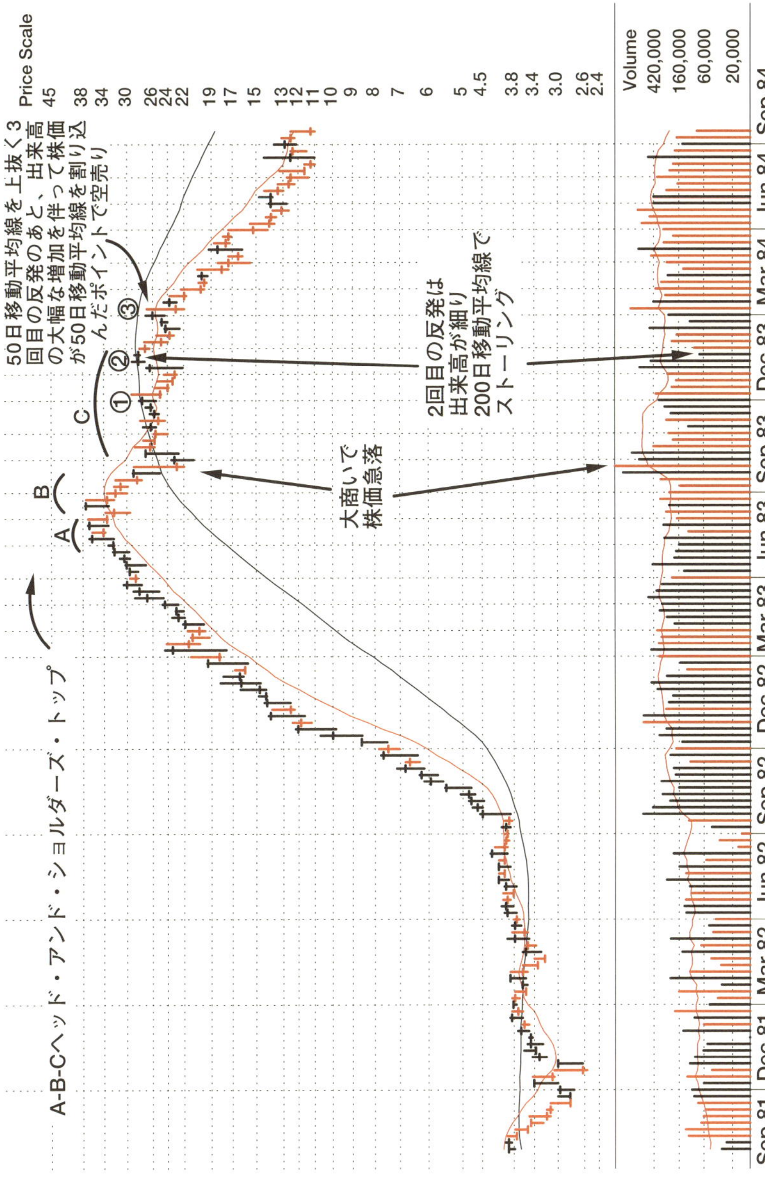
A-B-Cヘッド・アンド・ショルダーズ・トップ
A
B
C
①
②
③
50日移動平均線を上抜く3回目の反発のあと、出来高の大幅な増加を伴って株価が50日移動平均線を割り込んだポイントで空売り
大商いで株価急落
2回目の反発は出来高が細り200日移動平均線でストーリング
Price Scale
45
38
34
30
26
24
22
19
17
15
13
12
11
10
9
8
7
6
5
4.5
3.8
3.4
3.0
2.6
2.4
Volume
420,000
160,000
60,000
20,000
Sep 81
Dec 81
Mar 82
Jun 82
Sep 82
Dec 82
Mar 83
Jun 83
Sep 83
Dec 83
Mar 84
Jun 84
Sep 84

ナイキ週足チャート

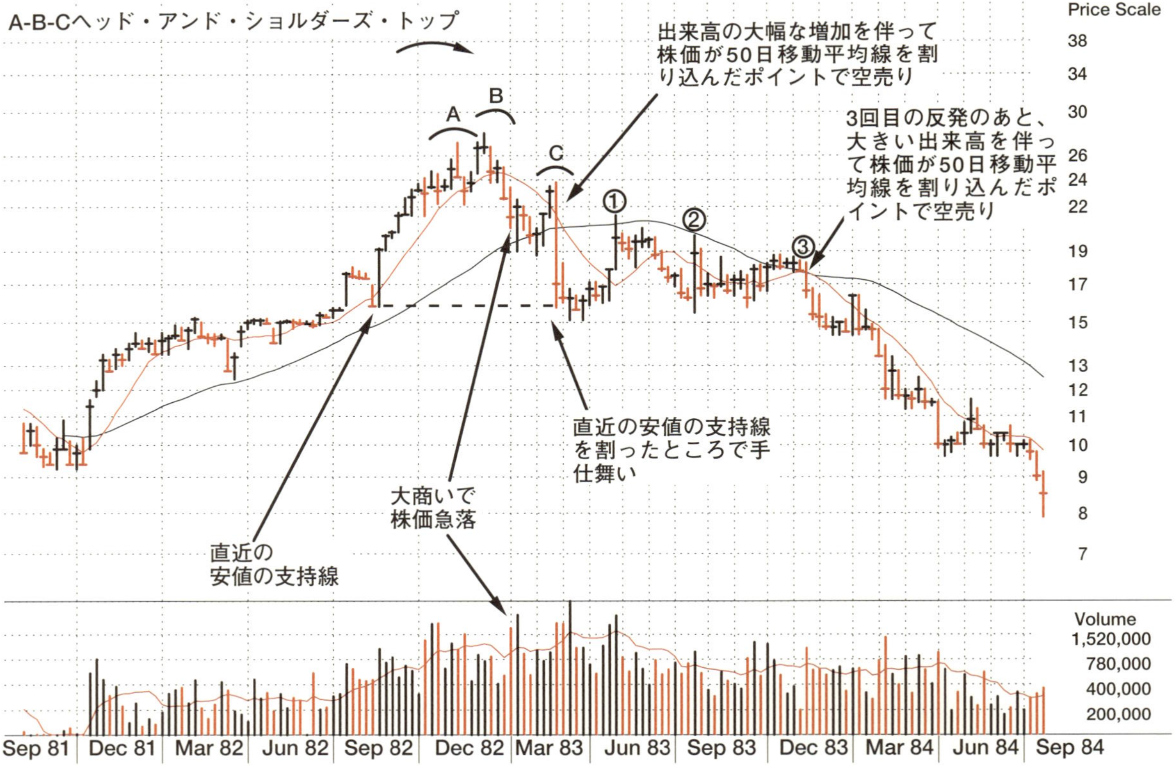
A-B-Cヘッド・アンド・ショルダーズ・トップ
A
B
C
①
②
③
出来高の大幅な増加を伴って株価が50日移動平均線を割り込んだポイントで空売り
3回目の反発のあと、大きい出来高を伴って株価が50日移動平均線を割り込んだポイントで空売り
直近の安値の支持線を割ったところで手仕舞い
大商いで株価急落
直近の安値の支持線
Price Scale
38
34
30
26
24
22
19
17
15
13
12
11
10
9
8
7
Volume
1,520,000
780,000
400,000
200,000
Sep 81
Dec 81
Mar 82
Jun 82
Sep 82
Dec 82
Mar 83
Jun 83
Sep 83
Dec 83
Mar 84
Jun 84
Sep 84

マリー・ケイ・コスメティックス週足チャート　1984

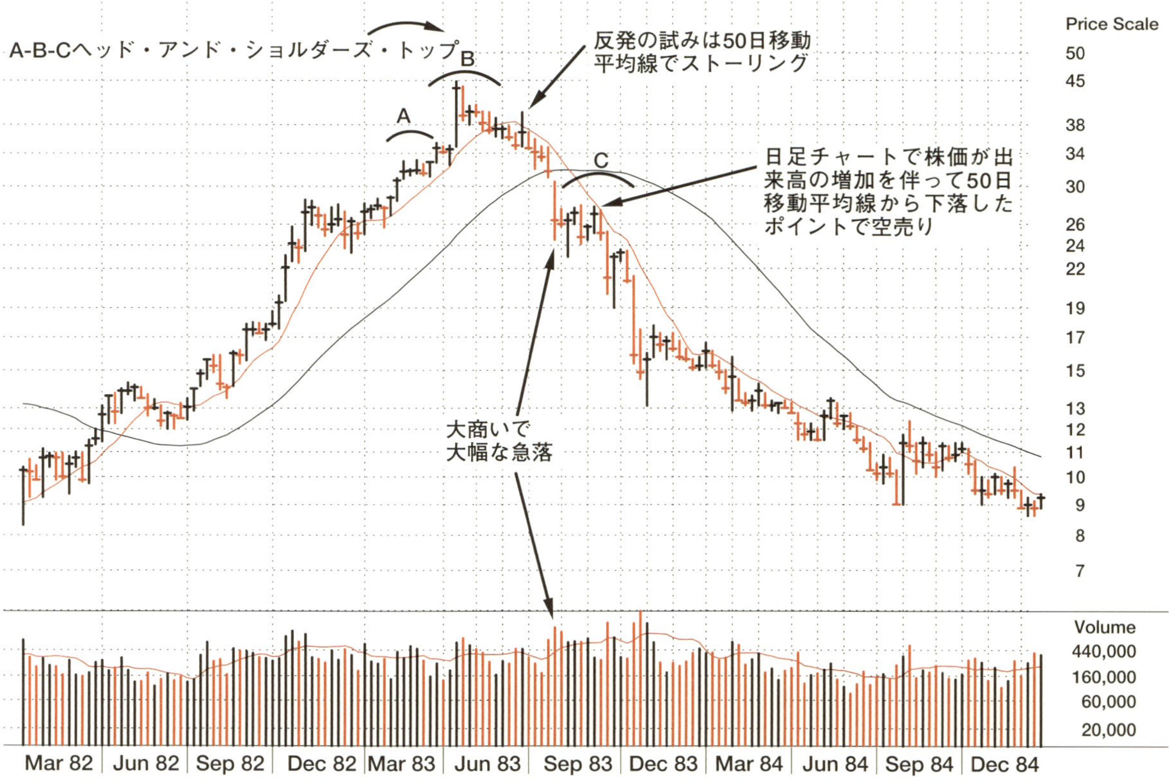
A-B-Cヘッド・アンド・ショルダーズ・トップ
A
B
C
反発の試みは50日移動平均線でストーリング
日足チャートで株価が出来高の増加を伴って50日移動平均線から下落したポイントで空売り
大商いで大幅な急落
Price Scale
50
45
38
34
30
26
24
22
19
17
15
13
12
11
10
9
8
7
Volume
440,000
160,000
60,000
20,000
Mar 82
Jun 82
Sep 82
Dec 82
Mar 83
Jun 83
Sep 83
Dec 83
Mar 84
Jun 84
Sep 84
Dec 84

アドビ・システムズ週足チャート

1987

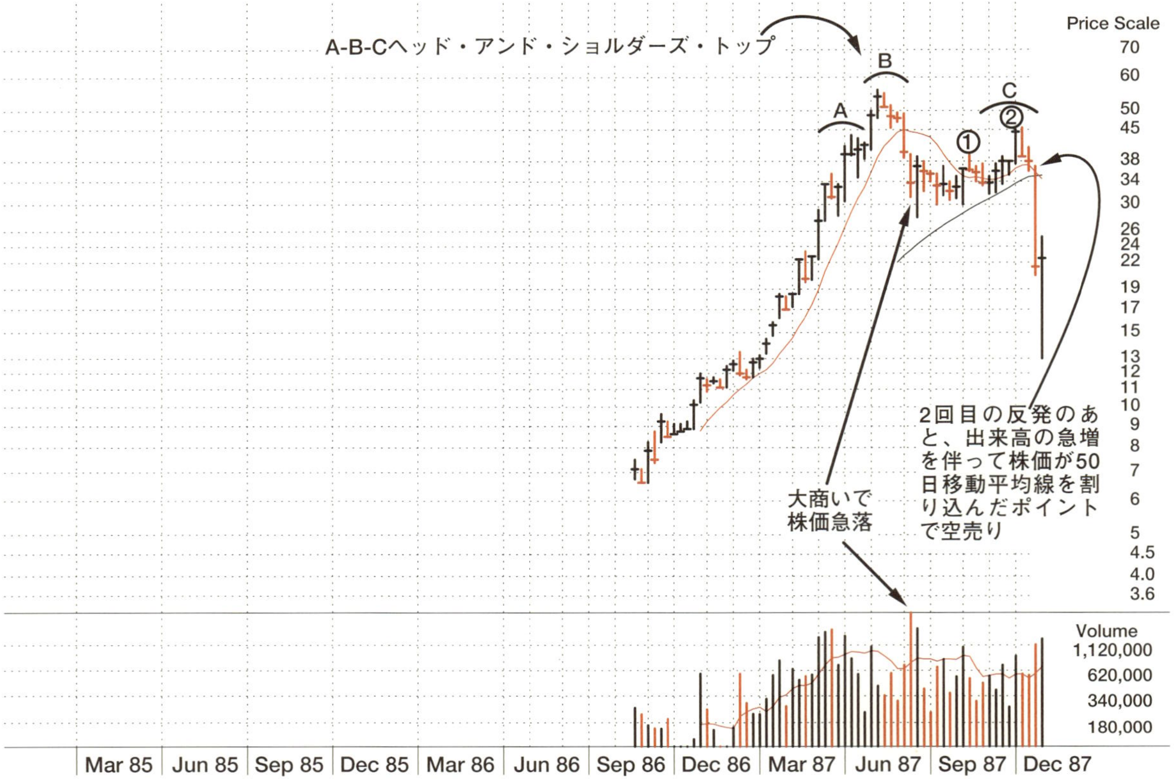
A-B-Cヘッド・アンド・ショルダーズ・トップ
A
B
C
①
②
Price Scale
70
60
50
45
38
34
30
26
24
22
19
17
15
13
12
11
10
9
8
7
6
5
4.5
4.0
3.6
2回目の反発のあと、出来高の急増を伴って株価が50日移動平均線を割り込んだポイントで空売り
大商いで株価急落
Volume
1,120,000
620,000
340,000
180,000
Mar 85
Jun 85
Sep 85
Dec 85
Mar 86
Jun 86
Sep 86
Dec 86
Mar 87
Jun 87
Sep 87
Dec 87

カイロン週足チャート

1987

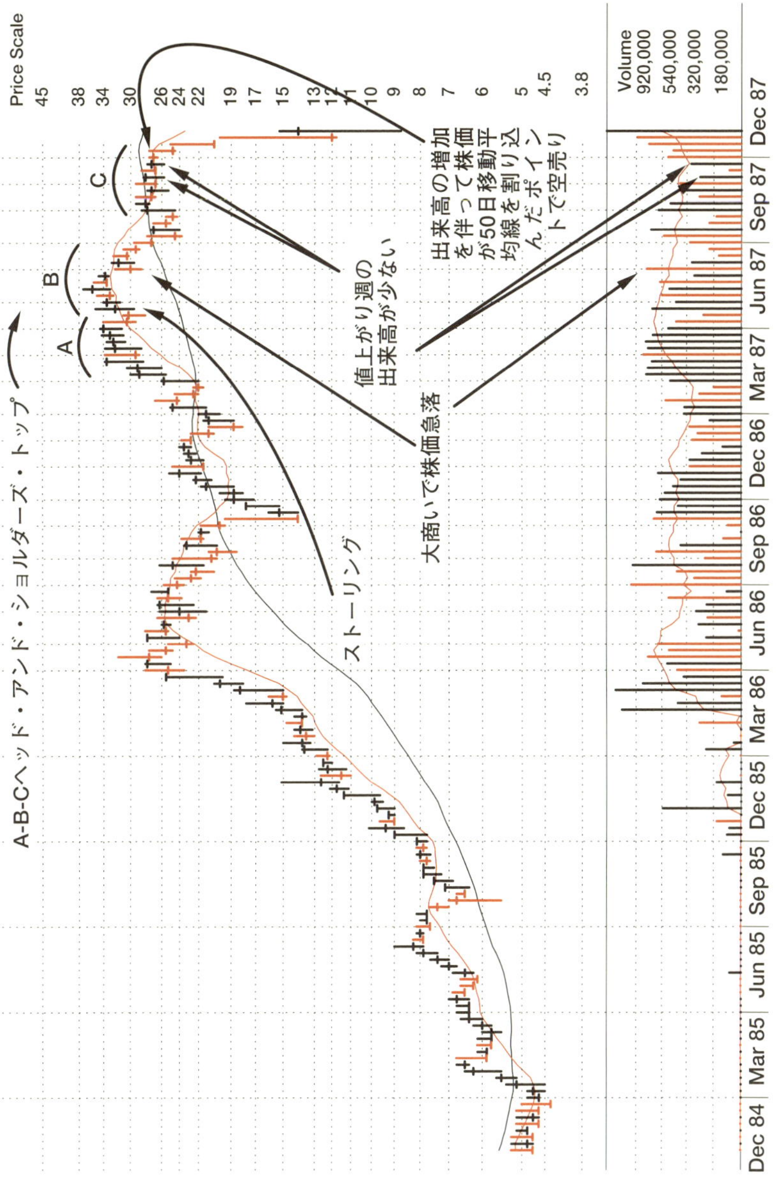
A-B-Cヘッド・アンド・ショルダーズ・トップ
A
B
C
ストーリング
値上がり週の出来高が少ない
大商いで株価急落
出来高の増加を伴って株価が50日移動平均線を割り込んだポイントで空売り
Price Scale
45
38
34
30
26
24
22
19
17
15
13
12
11
10
9
8
7
6
5
4.5
3.8
Volume
920,000
540,000
320,000
180,000
Dec 84
Mar 85
Jun 85
Sep 85
Dec 85
Mar 86
Jun 86
Sep 86
Dec 86
Mar 87
Jun 87
Sep 87
Dec 87

リーボック・インターナショナル週足チャート

1987

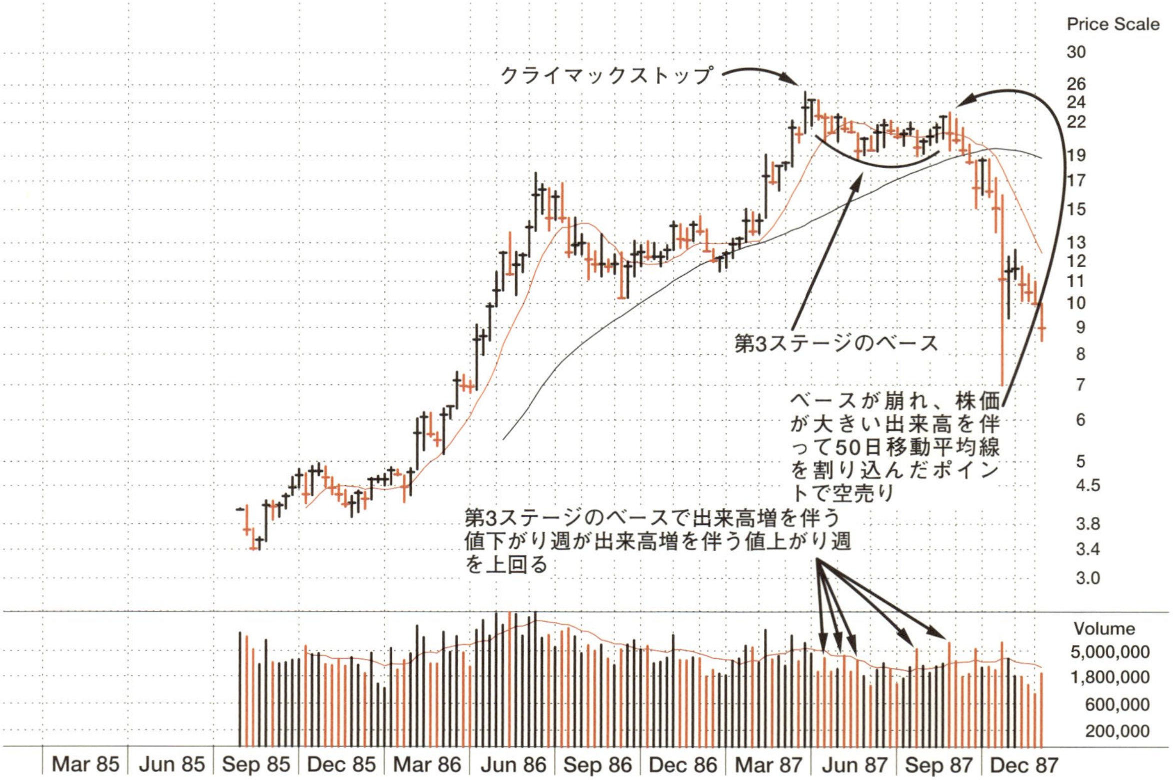
Price Scale
30
26
24
22
19
17
15
13
12
11
10
9
8
7
6
5
4.5
3.8
3.4
3.0
クライマックストップ
第3ステージのベース
ベースが崩れ、株価が大きい出来高を伴って50日移動平均線を割り込んだポイントで空売り
第3ステージのベースで出来高増を伴う値下がり週が出来高増を伴う値上がり週を上回る
Volume
5,000,000
1,800,000
600,000
200,000
Mar 85
Jun 85
Sep 85
Dec 85
Mar 86
Jun 86
Sep 86
Dec 86
Mar 87
Jun 87
Sep 87
Dec 87

1990

ヒルトン・ホテルズ週足チャート

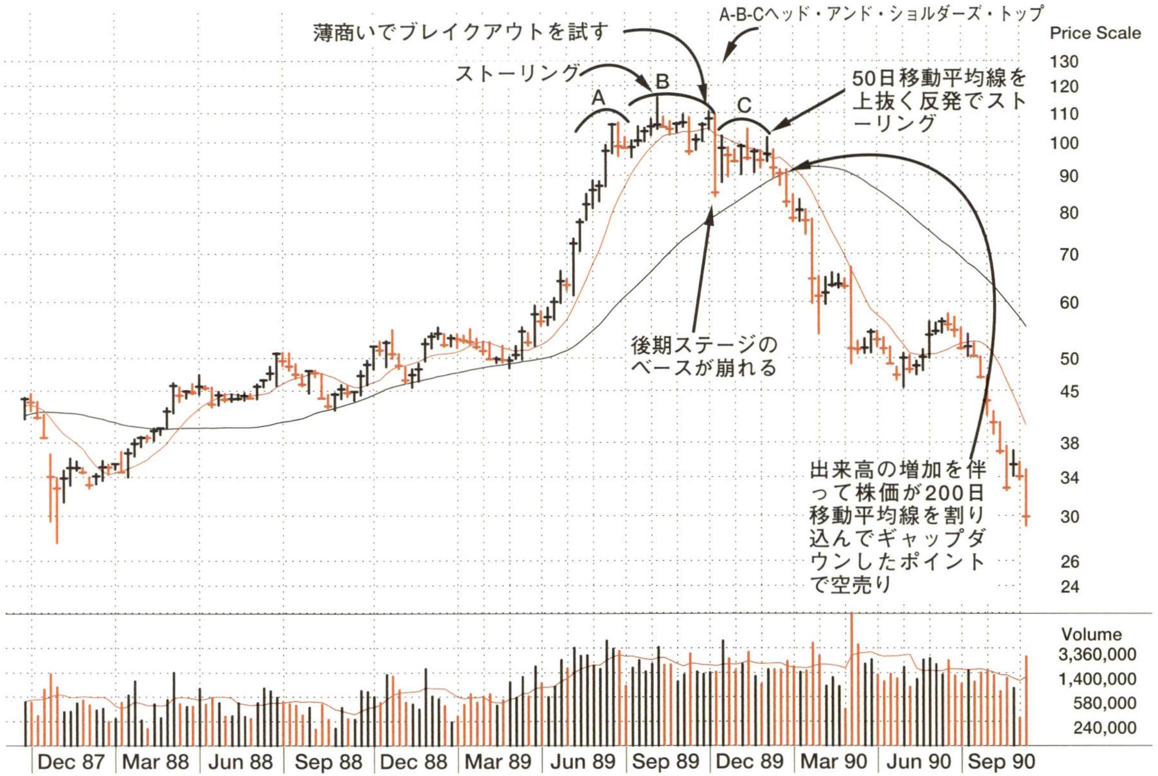

A-B-Cヘッド・アンド・ショルダーズ・トップ
薄商いでブレイクアウトを試す
ストーリング
A
B
C
50日移動平均線を上抜く反発でストーリング
後期ステージのベースが崩れる
出来高の増加を伴って株価が200日移動平均線を割り込んでギャップダウンしたポイントで空売り
Price Scale
130
120
110
100
90
80
70
60
50
45
38
34
30
26
24
Volume
3,360,000
1,400,000
580,000
240,000
Dec 87
Mar 88
Jun 88
Sep 88
Dec 88
Mar 89
Jun 89
Sep 89
Dec 89
Mar 90
Jun 90
Sep 90

コンピューター・アソシエイツ・インターナショナル週足チャート

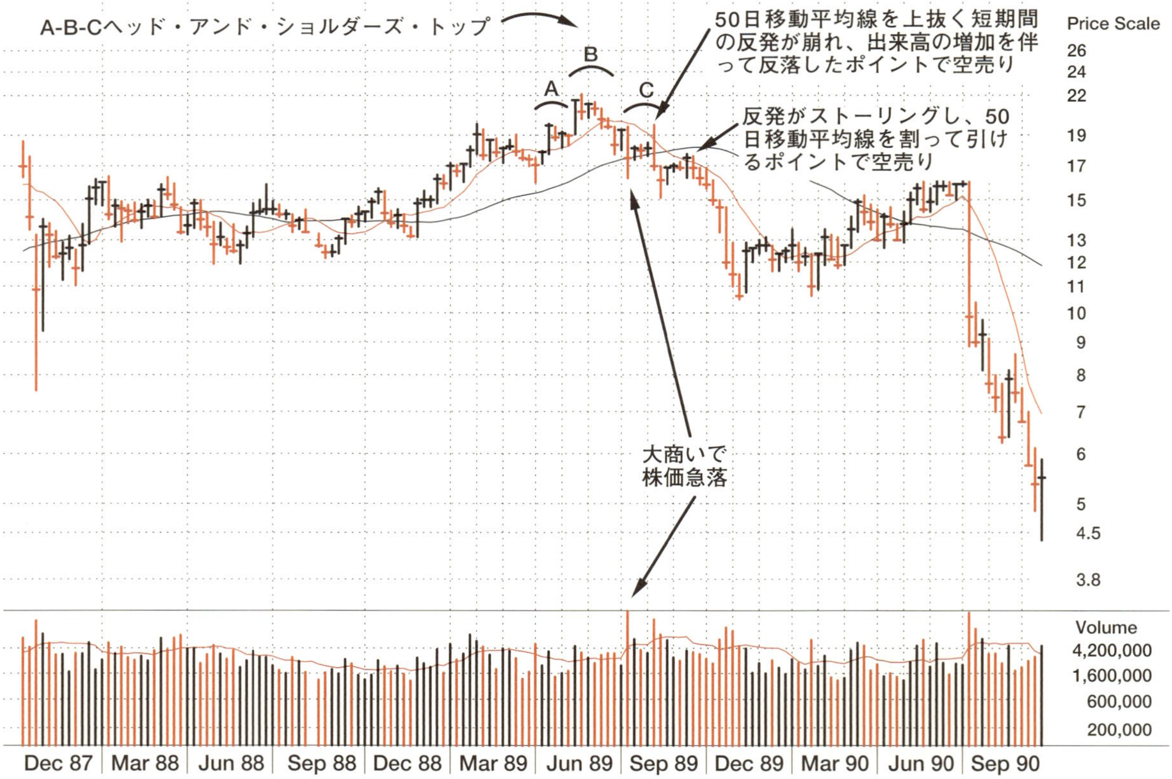
A-B-Cヘッド・アンド・ショルダーズ・トップ
A
B
C
50日移動平均線を上抜く短期間の反発が崩れ、出来高の増加を伴って反落したポイントで空売り
反発がストーリングし、50日移動平均線を割って引けるポイントで空売り
大商いで株価急落
Price Scale
26
24
22
19
17
15
13
12
11
10
9
8
7
6
5
4.5
3.8
Volume
4,200,000
1,600,000
600,000
200,000
Dec 87
Mar 88
Jun 88
Sep 88
Dec 88
Mar 89
Jun 89
Sep 89
Dec 89
Mar 90
Jun 90
Sep 90

オラクル週足チャート　1990

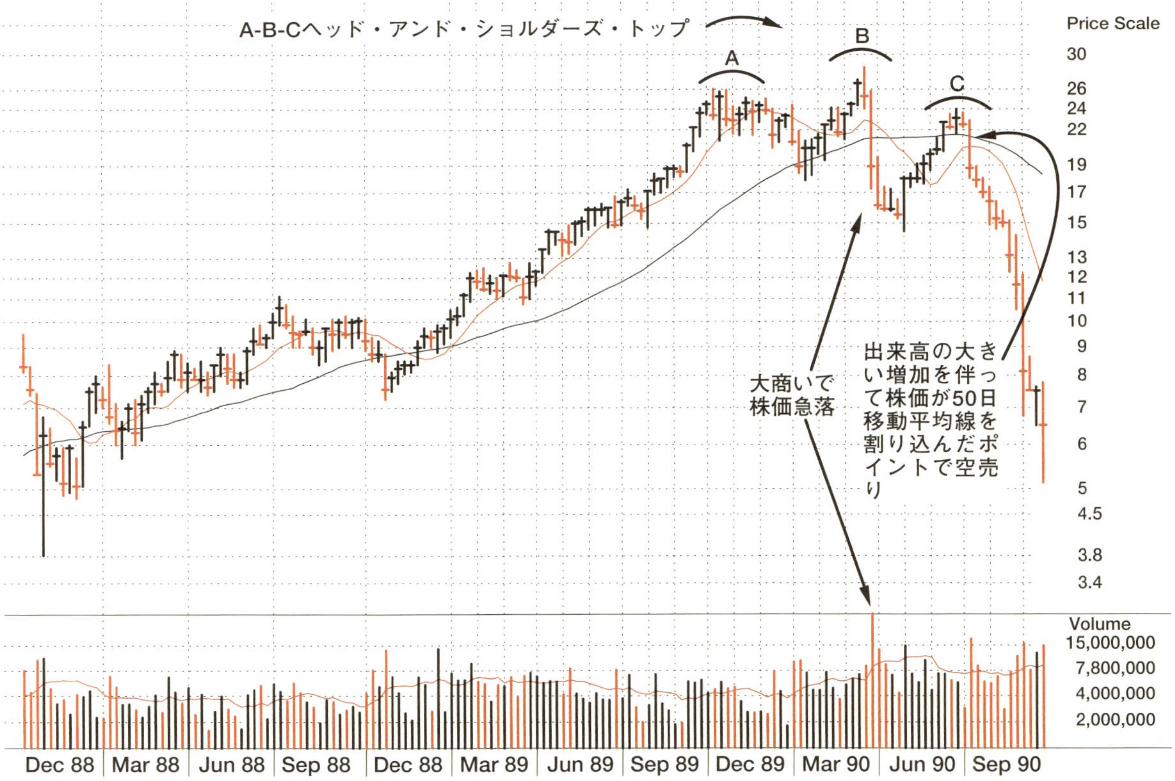
A-B-Cヘッド・アンド・ショルダーズ・トップ
A
B
C
Price Scale
30
26
24
22
19
17
15
13
12
11
10
9
8
7
6
5
4.5
3.8
3.4
大商いで
株価急落
出来高の大き
い増加を伴っ
て株価が50日
移動平均線を
割り込んだポ
イントで空売
り
Volume
15,000,000
7,800,000
4,000,000
2,000,000
Dec 88
Mar 88
Jun 88
Sep 88
Dec 88
Mar 89
Jun 89
Sep 89
Dec 89
Mar 90
Jun 90
Sep 90

ロジャーズ・コミュニケーションズ週足チャート

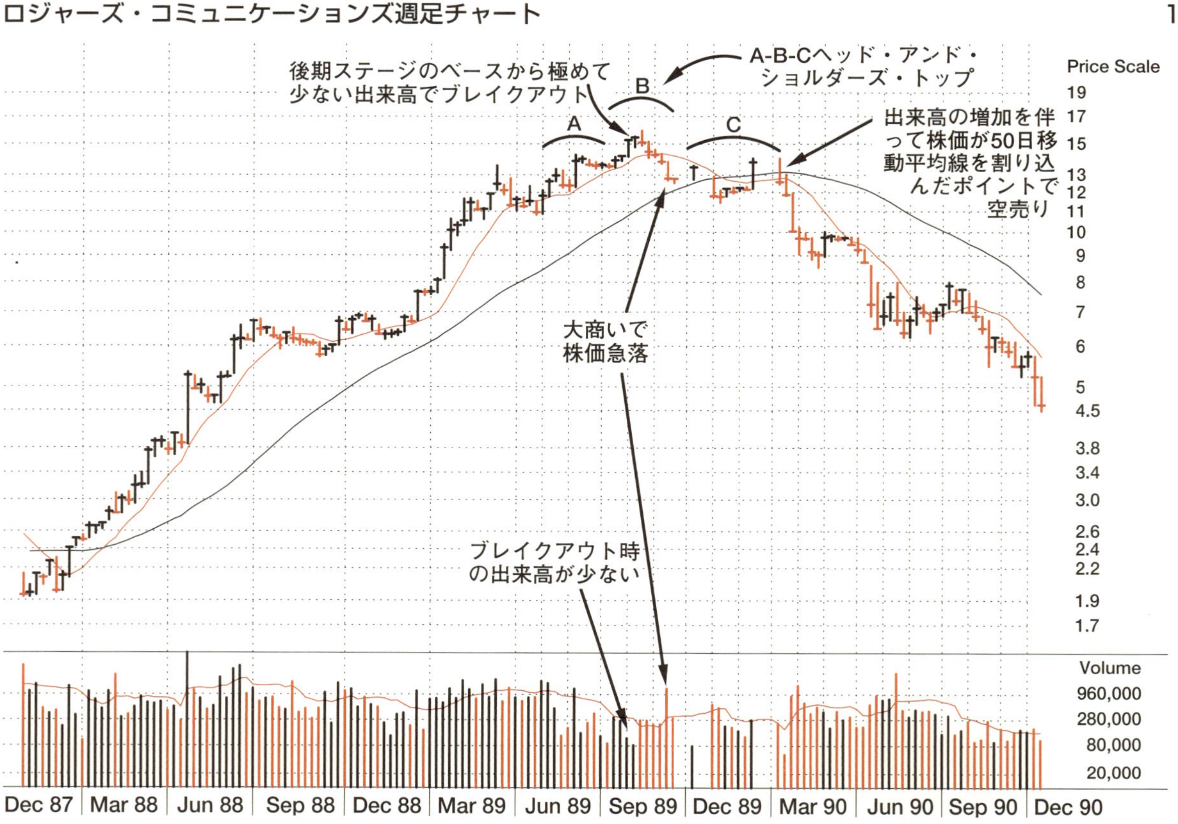
1990
Price Scale
19
17
15
13
12
11
10
9
8
7
6
5
4.5
3.8
3.4
3.0
2.6
2.4
2.2
1.9
1.7
Volume
960,000
280,000
80,000
20,000
Dec 87
Mar 88
Jun 88
Sep 88
Dec 88
Mar 89
Jun 89
Sep 89
Dec 89
Mar 90
Jun 90
Sep 90
Dec 90
後期ステージのベースから極めて少ない出来高でブレイクアウト
A
B
C
A-B-Cヘッド・アンド・ショルダーズ・トップ
出来高の増加を伴って株価が50日移動平均線を割り込んだポイントで空売り
大商いで株価急落
ブレイクアウト時の出来高が少ない

MCI コミュニケーションズ週足チャート

1990

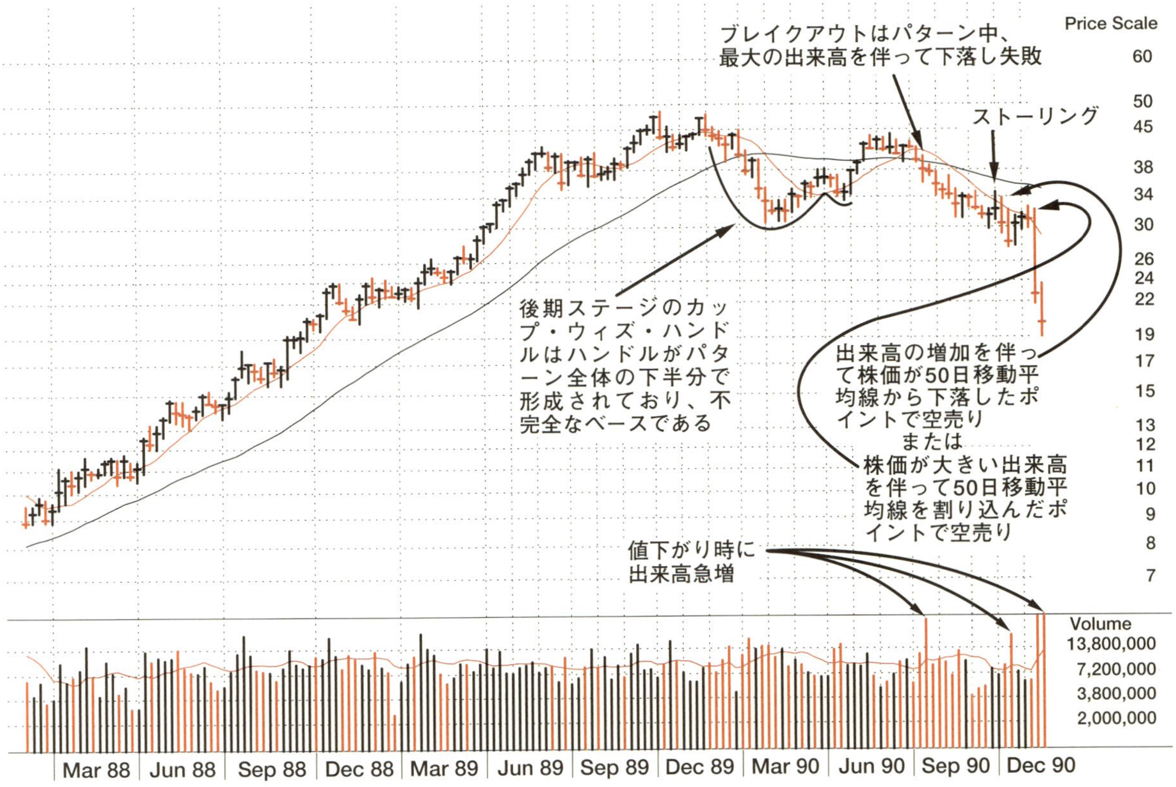
Price Scale
60
50
45
38
34
30
26
24
22
19
17
15
13
12
11
10
9
8
7
ブレイクアウトはパターン中、
最大の出来高を伴って下落し失敗
ストーリング
後期ステージのカッ
プ・ウィズ・ハンド
ルはハンドルがパタ
ーン全体の下半分で
形成されており、不
完全なベースである
出来高の増加を伴っ
て株価が50日移動平
均線から下落したポ
イントで空売り
または
株価が大きい出来高
を伴って50日移動平
均線を割り込んだポ
イントで空売り
値下がり時に
出来高急増
Volume
13,800,000
7,200,000
3,800,000
2,000,000
Mar 88
Jun 88
Sep 88
Dec 88
Mar 89
Jun 89
Sep 89
Dec 89
Mar 90
Jun 90
Sep 90
Dec 90

US サージカル週足チャート

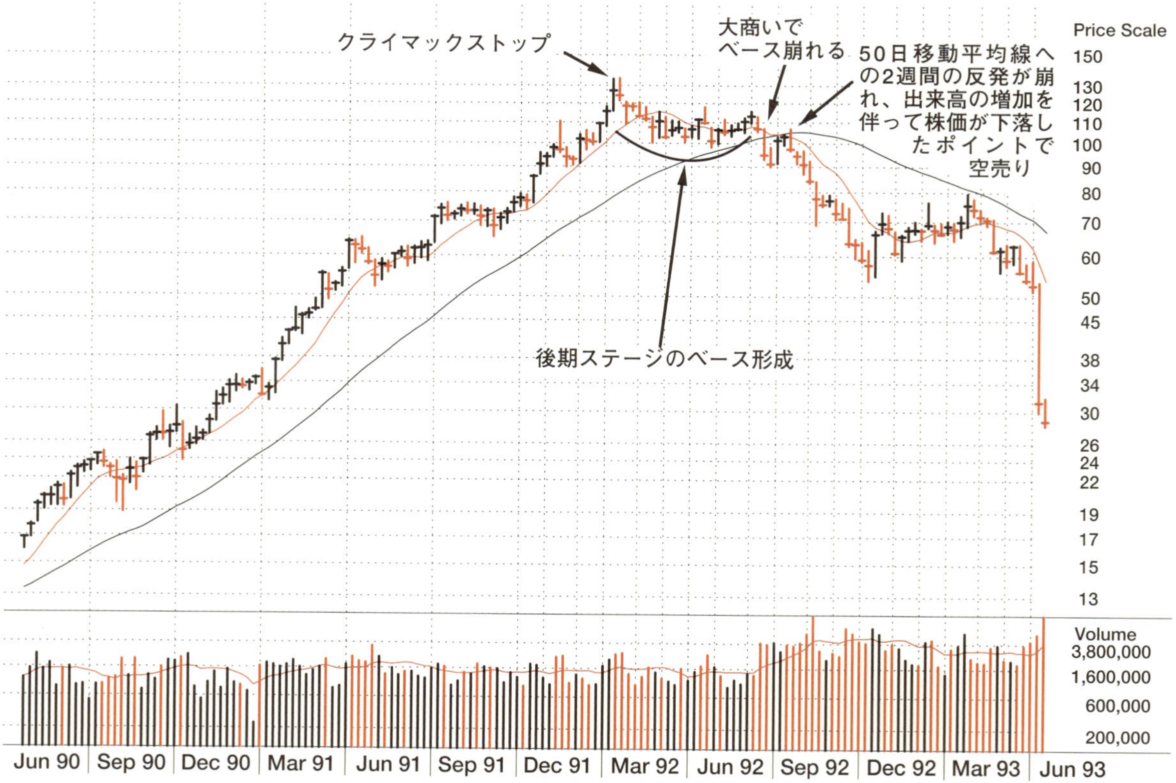
クライマックストップ
大商いで
ベース崩れる
50日移動平均線への2週間の反発が崩れ、出来高の増加を伴って株価が下落したポイントで空売り
後期ステージのベース形成
Price Scale
150
130
120
110
100
90
80
70
60
50
45
38
34
30
26
24
22
19
17
15
13
Volume
3,800,000
1,600,000
600,000
200,000
Jun 90
Sep 90
Dec 90
Mar 91
Jun 91
Sep 91
Dec 91
Mar 92
Jun 92
Sep 92
Dec 92
Mar 93
Jun 93

インターボイス週足チャート

1994

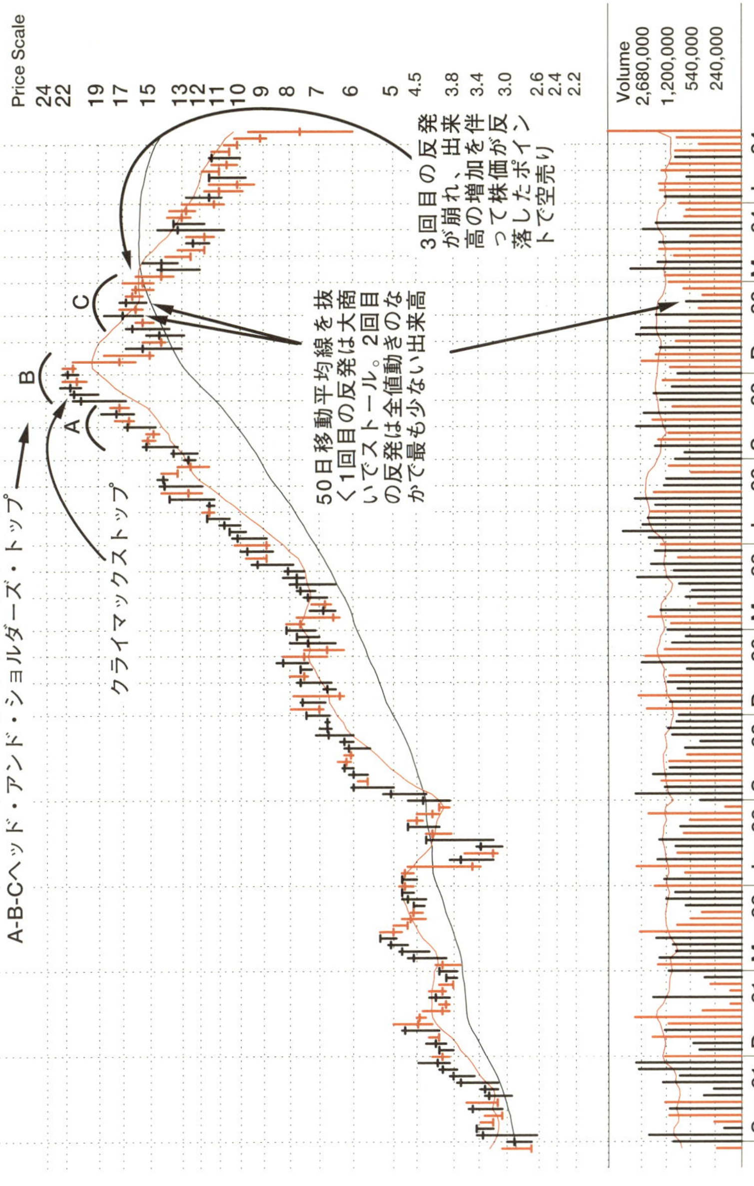
A-B-Cヘッド・アンド・ショルダーズ・トップ
クライマックストップ
A
B
C
50日移動平均線を抜く1回目の反発は大商いでストール。2回目の反発は全値動きのなかで最も少ない出来高
3回目の反発が崩れ、出来高の増加を伴って株価が反落したポイントで空売り
Price Scale
24
22
19
17
15
13
12
11
10
9
8
7
6
5
4.5
3.8
3.4
3.0
2.6
2.4
2.2
Volume
2,680,000
1,200,000
540,000
240,000
Sep 91
Dec 91
Mar 92
Jun 92
Sep 92
Dec 92
Mar 93
Jun 93
Sep 93
Dec 93
Mar 94
Jun 94

エレクトロニック・アーツ週足チャート

1994

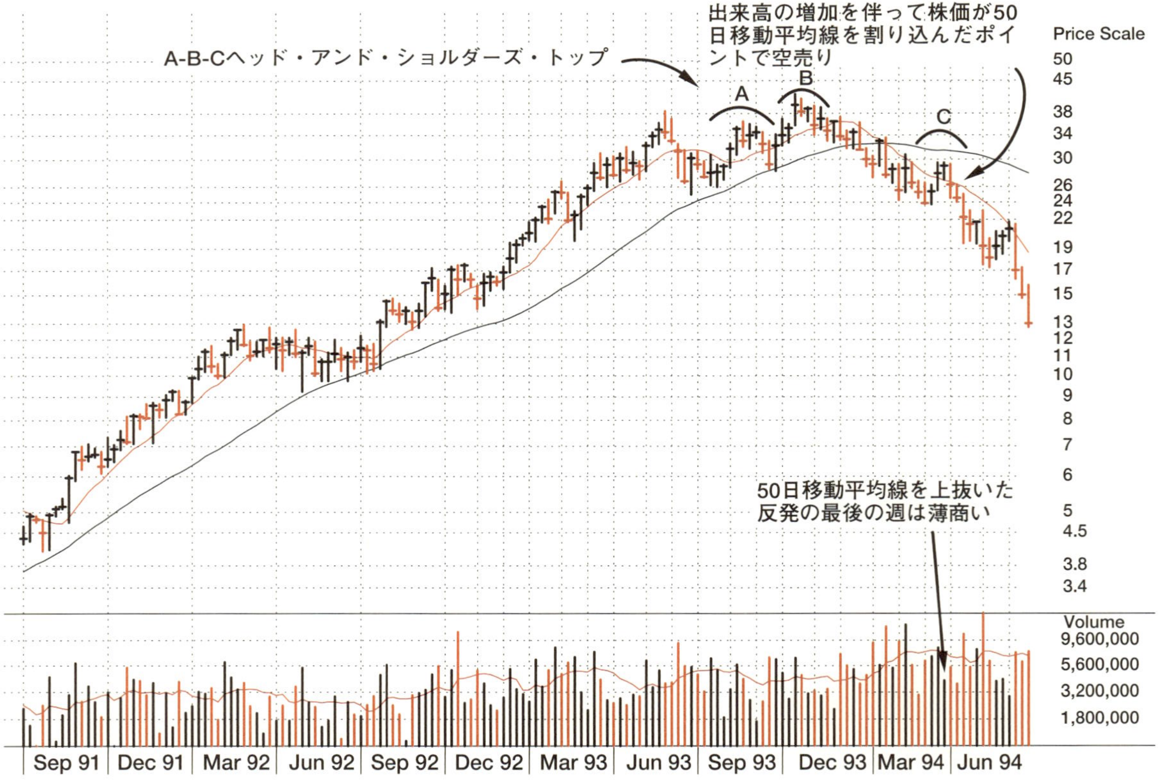

A-B-Cヘッド・アンド・ショルダーズ・トップ
出来高の増加を伴って株価が50日移動平均線を割り込んだポイントで空売り
A
B
C
50日移動平均線を上抜いた反発の最後の週は薄商い
Price Scale
50
45
38
34
30
26
24
22
19
17
15
13
12
11
10
9
8
7
6
5
4.5
3.8
3.4
Volume
9,600,000
5,600,000
3,200,000
1,800,000
Sep 91
Dec 91
Mar 92
Jun 92
Sep 92
Dec 92
Mar 93
Jun 93
Sep 93
Dec 93
Mar 94
Jun 94

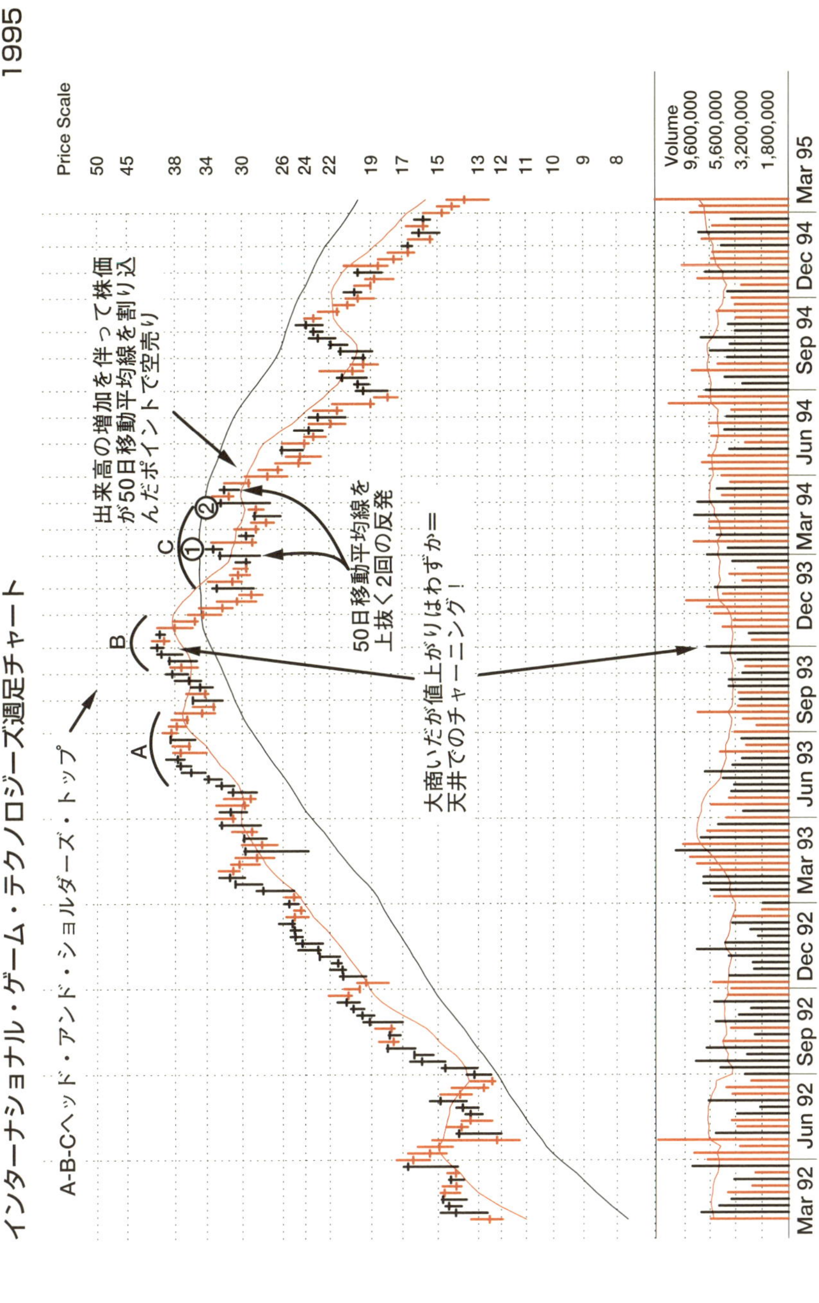
インターナショナル・ゲーム・テクノロジーズ週足チャート
1995
A-B-Cヘッド・アンド・ショルダーズ・トップ
Price Scale
50
45
38
34
30
26
24
22
19
17
15
13
12
11
10
9
8
Volume
9,600,000
5,600,000
3,200,000
1,800,000
A
B
C
①
②
出来高の増加を伴って株価が50日移動平均線を割り込んだポイントで空売り
50日移動平均線を上抜く2回の反発
大商いだが値上がりはわずか＝天井でのチャーニング！
Mar 92
Jun 92
Sep 92
Dec 92
Mar 93
Jun 93
Sep 93
Dec 93
Mar 94
Jun 94
Sep 94
Dec 94
Mar 95

インテグレーテッド・シリコン・ソリューション週足チャート

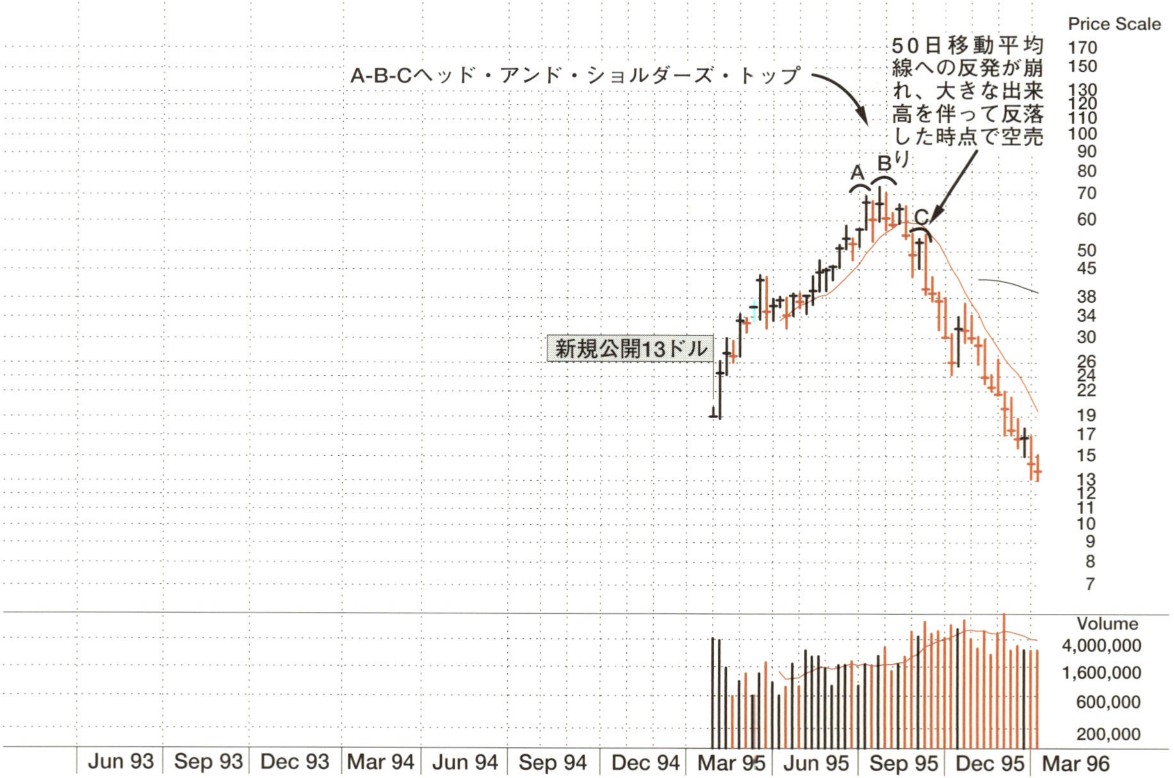

ベスト・バイ週足チャート　1996

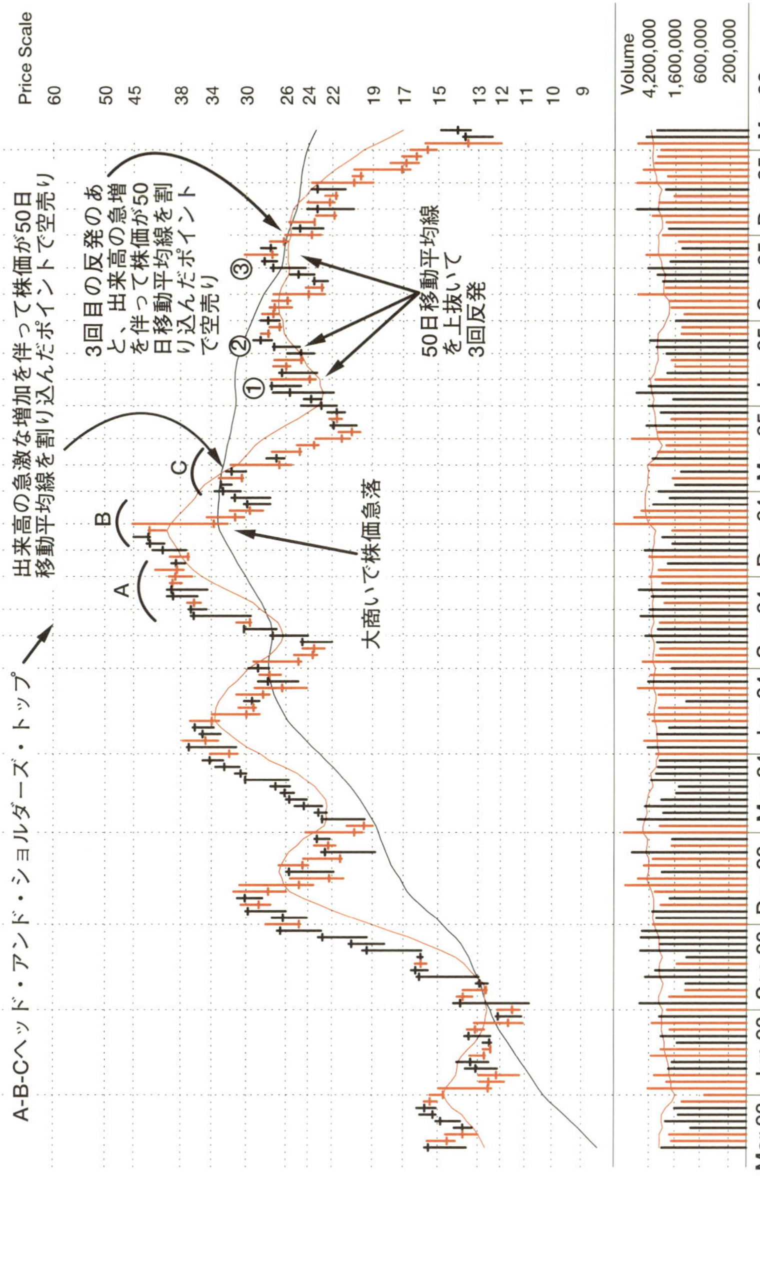
A-B-Cヘッド・アンド・ショルダーズ・トップ
出来高の急激な増加を伴って株価が50日移動平均線を割り込んだポイントで空売り
3回目の反発のあと、出来高の急増を伴って株価が50日移動平均線を割り込んだポイントで空売り
A
B
C
①
②
③
大商いで株価急落
50日移動平均線を上抜いて3回反発
Price Scale
60
50
45
38
34
30
26
24
22
19
17
15
13
12
11
10
9
Volume
4,200,000
1,600,000
600,000
200,000
Mar 93
Jun 93
Sep 93
Dec 93
Mar 94
Jun 94
Sep 94
Dec 94
Mar 95
Jun 95
Sep 95
Dec 95
Mar 96

マイクロン・テクノロジー週足チャート

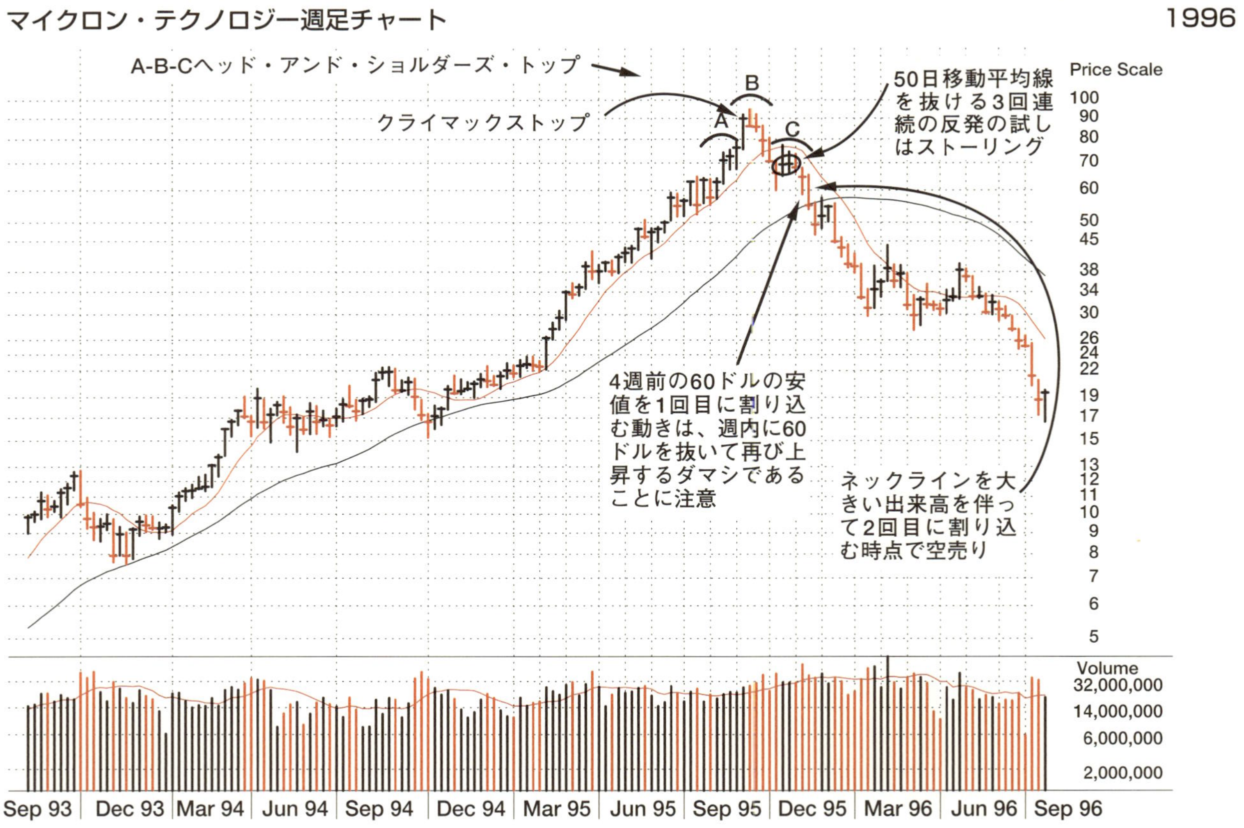
1996
A-B-Cヘッド・アンド・ショルダーズ・トップ
クライマックストップ
A
B
C
50日移動平均線を抜ける3回連続の反発の試しはストーリング
4週前の60ドルの安値を1回目に割り込む動きは、週内に60ドルを抜いて再び上昇するダマシであることに注意
ネックラインを大きい出来高を伴って2回目に割り込む時点で空売り
Price Scale
100
90
80
70
60
50
45
38
34
30
26
24
22
19
17
15
13
12
11
10
9
8
7
6
5
Volume
32,000,000
14,000,000
6,000,000
2,000,000
Sep 93
Dec 93
Mar 94
Jun 94
Sep 94
Dec 94
Mar 95
Jun 95
Sep 95
Dec 95
Mar 96
Jun 96
Sep 96

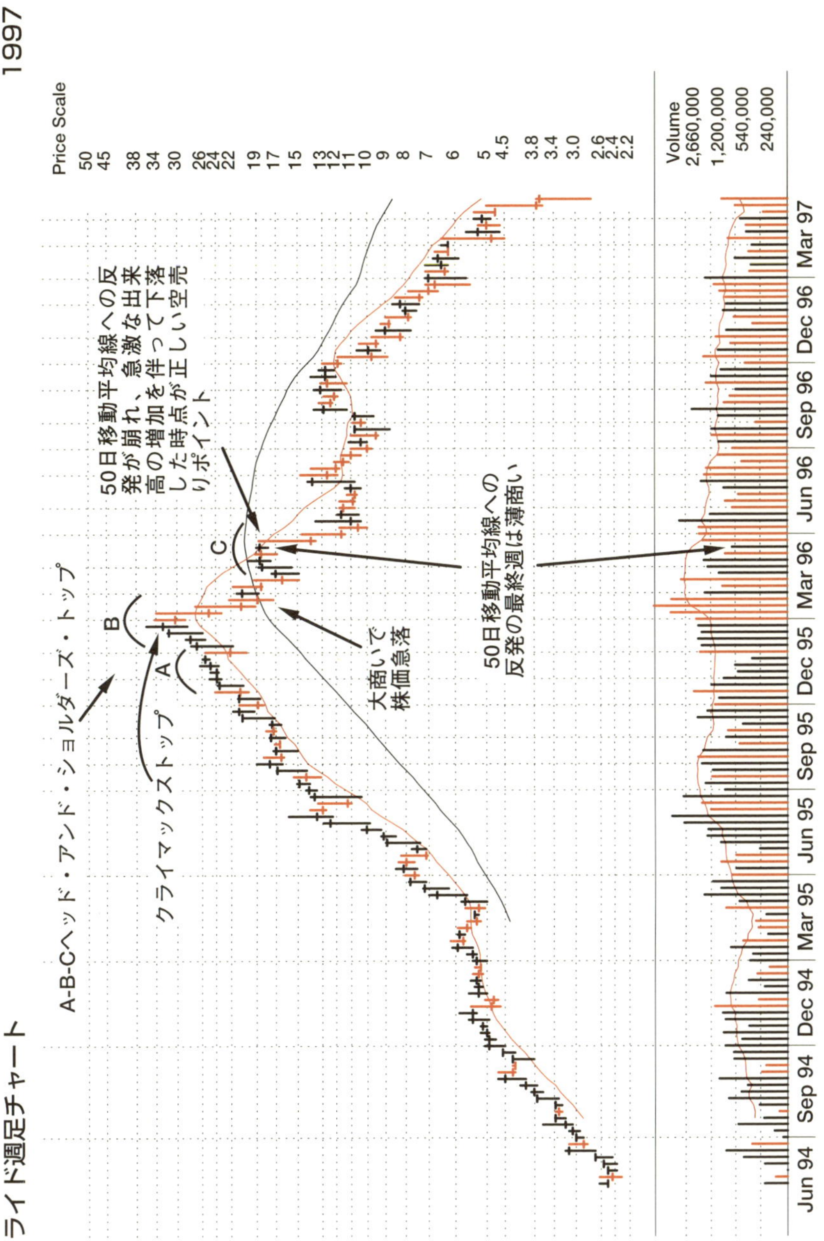
1997
ライド週足チャート
A-B-Cヘッド・アンド・ショルダーズ・トップ
クライマックストップ
A
B
C
50日移動平均線への反発が崩れ、急激な出来高の増加を伴って下落した時点が正しい空売りポイント
大商いで株価急落
50日移動平均線への反発の最終週は薄商い
Price Scale
50
45
38
34
30
26
24
22
19
17
15
13
12
11
10
9
8
7
6
5
4.5
3.8
3.4
3.0
2.6
2.4
2.2
Volume
2,660,000
1,200,000
540,000
240,000
Jun 94
Sep 94
Dec 94
Mar 95
Jun 95
Sep 95
Dec 95
Mar 96
Jun 96
Sep 96
Dec 96
Mar 97

クラリファイ週足チャート

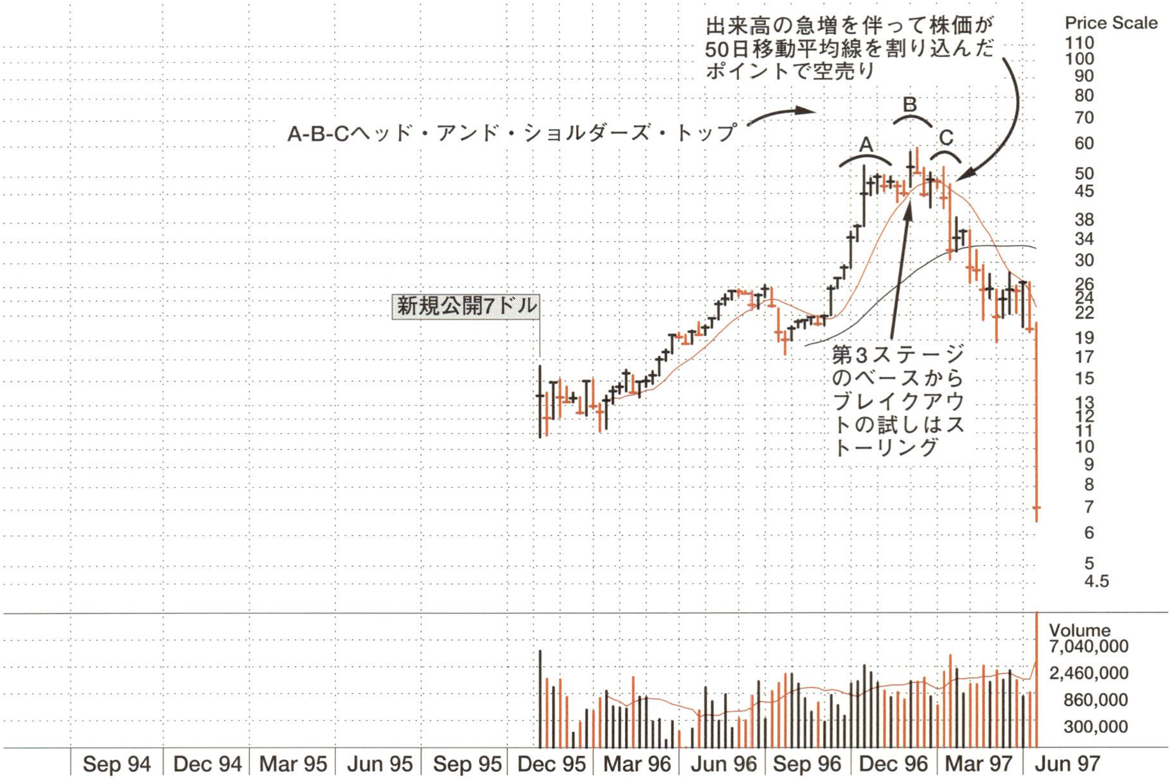

出来高の急増を伴って株価が
50日移動平均線を割り込んだ
ポイントで空売り
A-B-Cヘッド・アンド・ショルダーズ・トップ
A
B
C
新規公開7ドル
第3ステージ
のベースから
ブレイクアウ
トの試しはス
トーリング
Price Scale
110
100
90
80
70
60
50
45
38
34
30
26
24
22
19
17
15
13
12
11
10
9
8
7
6
5
4.5
Volume
7,040,000
2,460,000
860,000
300,000
Sep 94
Dec 94
Mar 95
Jun 95
Sep 95
Dec 95
Mar 96
Jun 96
Sep 96
Dec 96
Mar 97
Jun 97

グレネイヤー・テクノロジーズ週足チャート

1997

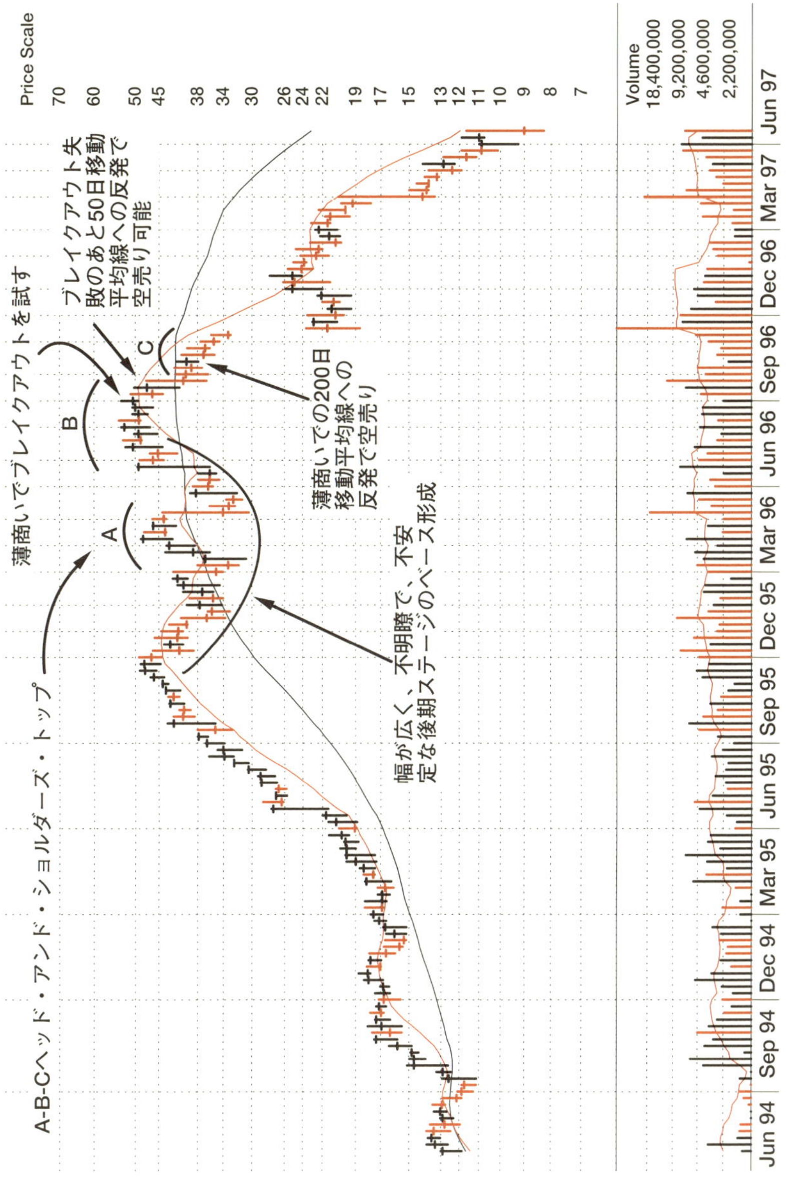
A-B-Cヘッド・アンド・ショルダーズ・トップ
薄商いでブレイクアウトを試す
A
B
C
ブレイクアウト失敗のあと50日移動平均線への反発で空売り可能
薄商いでの200日移動平均線への反発で空売り
幅が広く、不明瞭で、不安定な後期ステージのベース形成
Price Scale
70
60
50
45
38
34
30
26
24
22
19
17
15
13
12
11
10
9
8
7
Volume
18,400,000
9,200,000
4,600,000
2,200,000
Jun 94
Sep 94
Dec 94
Mar 95
Jun 95
Sep 95
Dec 95
Mar 96
Jun 96
Sep 96
Dec 96
Mar 97
Jun 97

マクロメディア週足チャート

1997

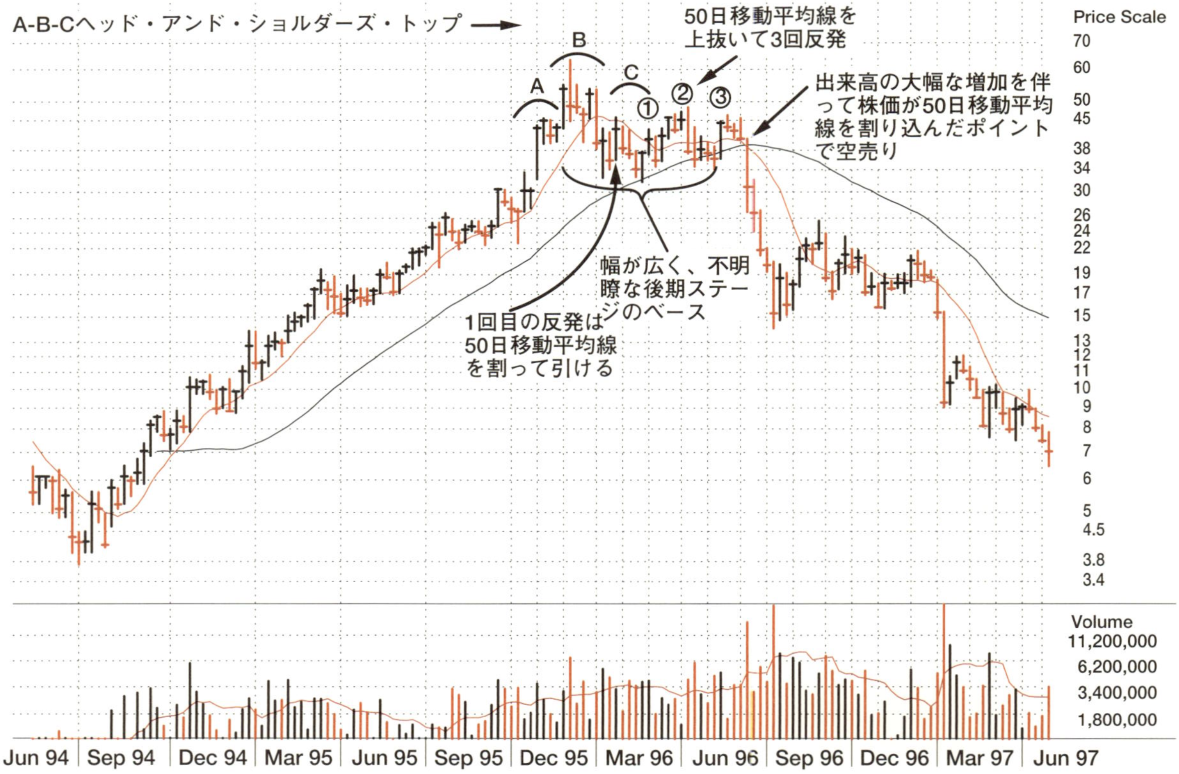
A-B-Cヘッド・アンド・ショルダーズ・トップ
A
B
C
①
②
③
50日移動平均線を上抜いて3回反発
出来高の大幅な増加を伴って株価が50日移動平均線を割り込んだポイントで空売り
幅が広く、不明瞭な後期ステージのベース
1回目の反発は50日移動平均線を割って引ける
Price Scale
70
60
50
45
38
34
30
26
24
22
19
17
15
13
12
11
10
9
8
7
6
5
4.5
3.8
3.4
Volume
11,200,000
6,200,000
3,400,000
1,800,000
Jun 94
Sep 94
Dec 94
Mar 95
Jun 95
Sep 95
Dec 95
Mar 96
Jun 96
Sep 96
Dec 96
Mar 97
Jun 97

ペアゲイン・テクノロジーズ週足チャート

1997

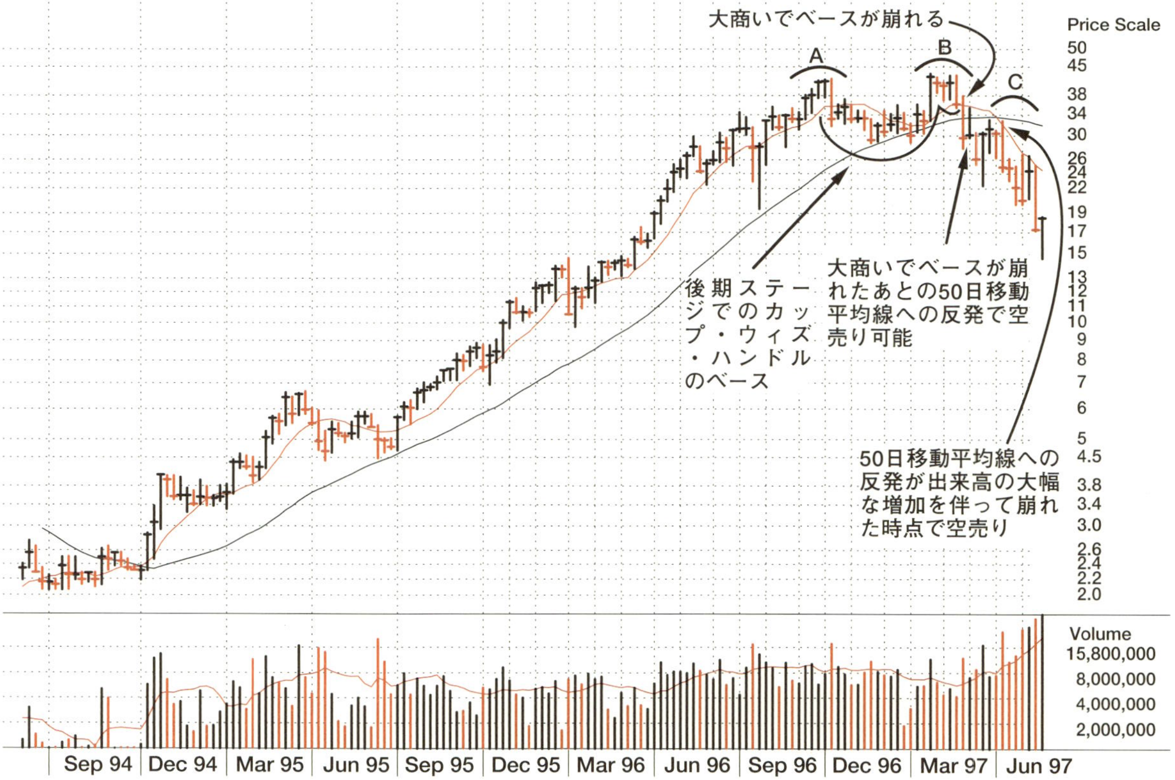
大商いでベースが崩れる
A
B
C
後期ステージでのカップ・ウィズ・ハンドルのベース
大商いでベースが崩れたあとの50日移動平均線への反発で空売り可能
50日移動平均線への反発が出来高の大幅な増加を伴って崩れた時点で空売り
Price Scale
50
45
38
34
30
26
24
22
19
17
15
13
12
11
10
9
8
7
6
5
4.5
3.8
3.4
3.0
2.6
2.4
2.2
2.0
Volume
15,800,000
8,000,000
4,000,000
2,000,000
Sep 94
Dec 94
Mar 95
Jun 95
Sep 95
Dec 95
Mar 96
Jun 96
Sep 96
Dec 96
Mar 97
Jun 97

エイムス・ファイナンシャル週足チャート　1997

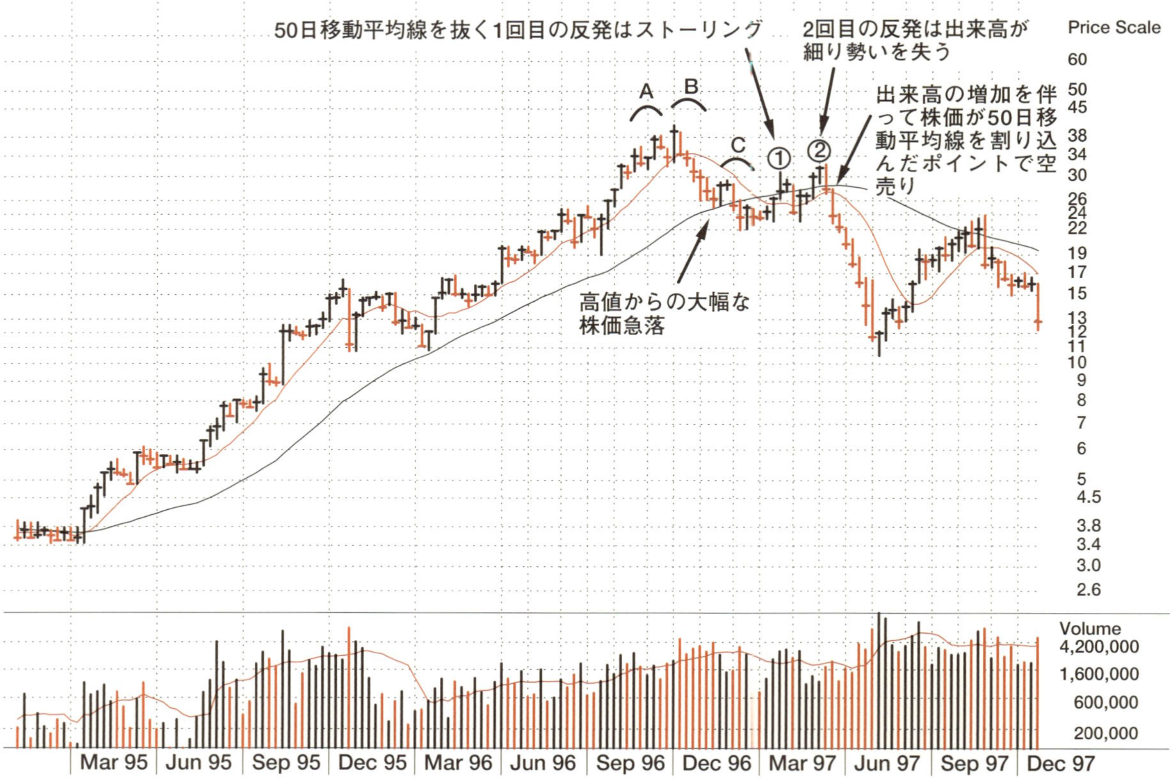
50日移動平均線を抜く1回目の反発はストーリング
2回目の反発は出来高が細り勢いを失う
出来高の増加を伴って株価が50日移動平均線を割り込んだポイントで空売り
A
B
C
①
②
高値からの大幅な株価急落
Price Scale
60
50
45
38
34
30
26
24
22
19
17
15
13
12
11
10
9
8
7
6
5
4.5
3.8
3.4
3.0
2.6
Volume
4,200,000
1,600,000
600,000
200,000
Mar 95
Jun 95
Sep 95
Dec 95
Mar 96
Jun 96
Sep 96
Dec 96
Mar 97
Jun 97
Sep 97
Dec 97

アセンド・コミュニケーションズ週足チャート

1997

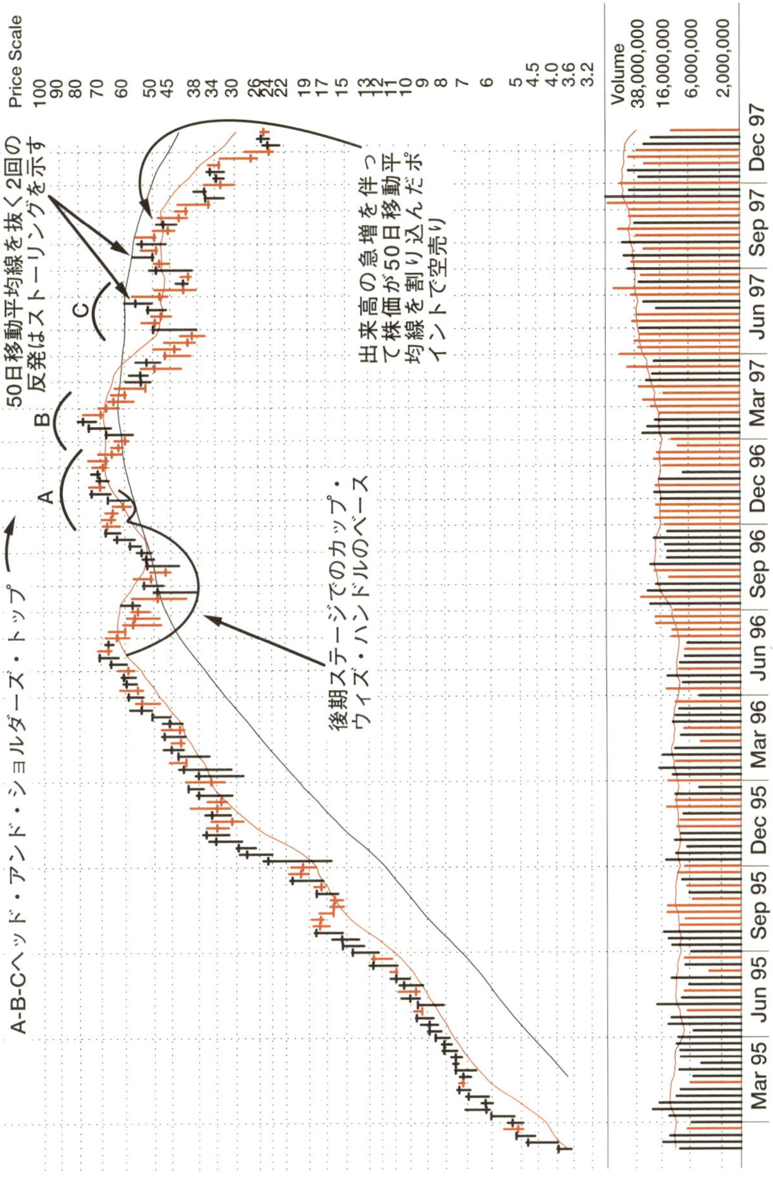
A-B-Cヘッド・アンド・ショルダーズ・トップ
A
B
C
50日移動平均線を抜く2回の反発はストーリングを示す
後期ステージでのカップ・ウィズ・ハンドルのベース
出来高の急増を伴って株価が50日移動平均線を割り込んだポイントで空売り
Price Scale
100
90
80
70
60
50
45
38
34
30
26
24
22
19
17
15
13
12
11
10
9
8
7
6
5
4.5
4.0
3.6
3.2
Volume
38,000,000
16,000,000
6,000,000
2,000,000
Mar 95
Jun 95
Sep 95
Dec 95
Mar 96
Jun 96
Sep 96
Dec 96
Mar 97
Jun 97
Sep 97
Dec 97

ミラー・インダストリーズ週足チャート

1998

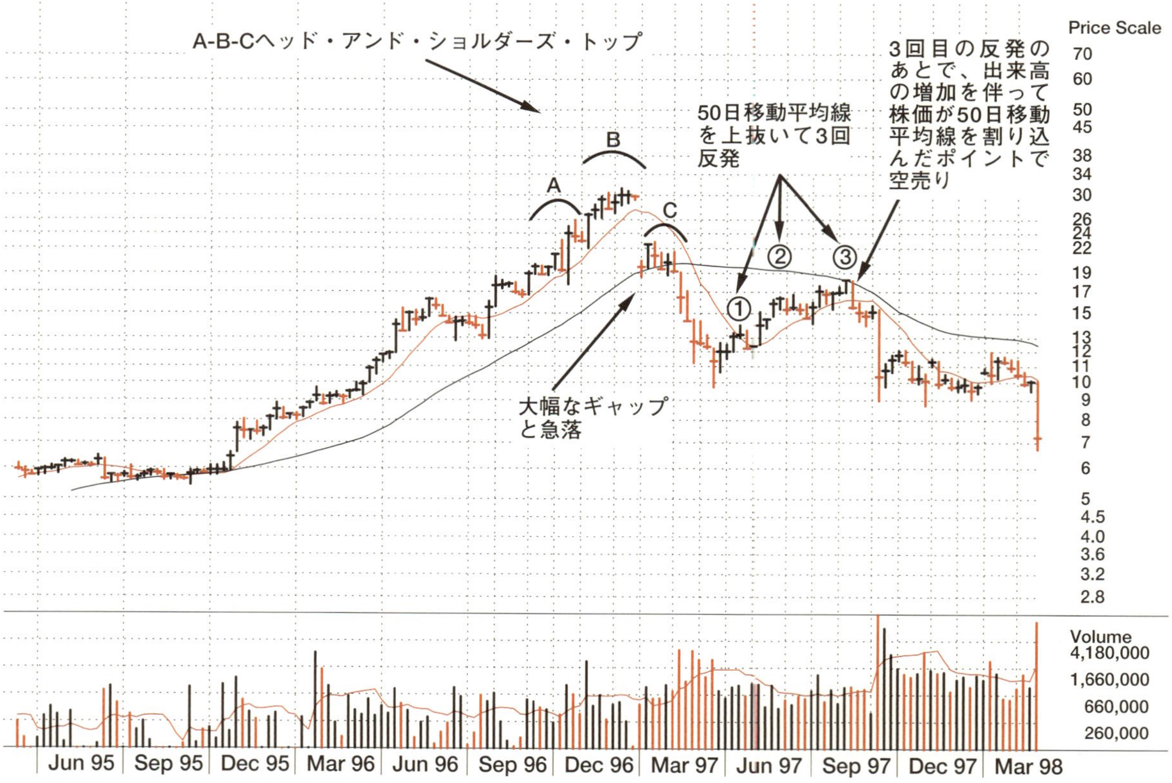
A-B-Cヘッド・アンド・ショルダーズ・トップ
A
B
C
50日移動平均線を上抜いて3回反発
①
②
③
3回目の反発のあとで、出来高の増加を伴って株価が50日移動平均線を割り込んだポイントで空売り
大幅なギャップと急落
Price Scale
70
60
50
45
38
34
30
26
24
22
19
17
15
13
12
11
10
9
8
7
6
5
4.5
4.0
3.6
3.2
2.8
Volume
4,180,000
1,660,000
660,000
260,000
Jun 95
Sep 95
Dec 95
Mar 96
Jun 96
Sep 96
Dec 96
Mar 97
Jun 97
Sep 97
Dec 97
Mar 98

チェサピーク・エナジー週足チャート

1998

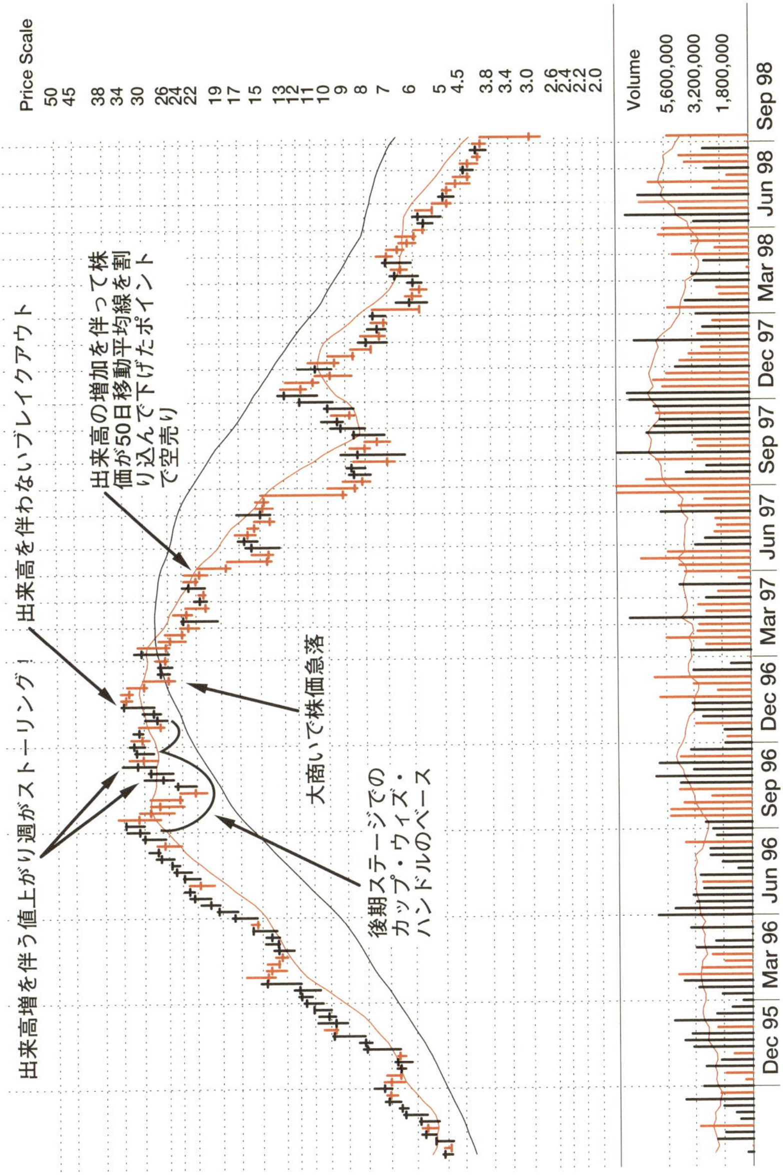
Price Scale
50
45
38
34
30
26
24
22
19
17
15
13
12
11
10
9
8
7
6
5
4.5
3.8
3.4
3.0
2.6
2.4
2.2
2.0
Volume
5,600,000
3,200,000
1,800,000
Dec 95
Mar 96
Jun 96
Sep 96
Dec 96
Mar 97
Jun 97
Sep 97
Dec 97
Mar 98
Jun 98
Sep 98
出来高増を伴う値上がり週がストーリング！
出来高を伴わないブレイクアウト
出来高の増加を伴って株価が50日移動平均線を割り込んで下げたポイントで空売り
大商いで株価急落
後期ステージでのカップ・ウィズ・ハンドルのベース

フィラ・ホールディングスSPA Ads週足チャート　1998

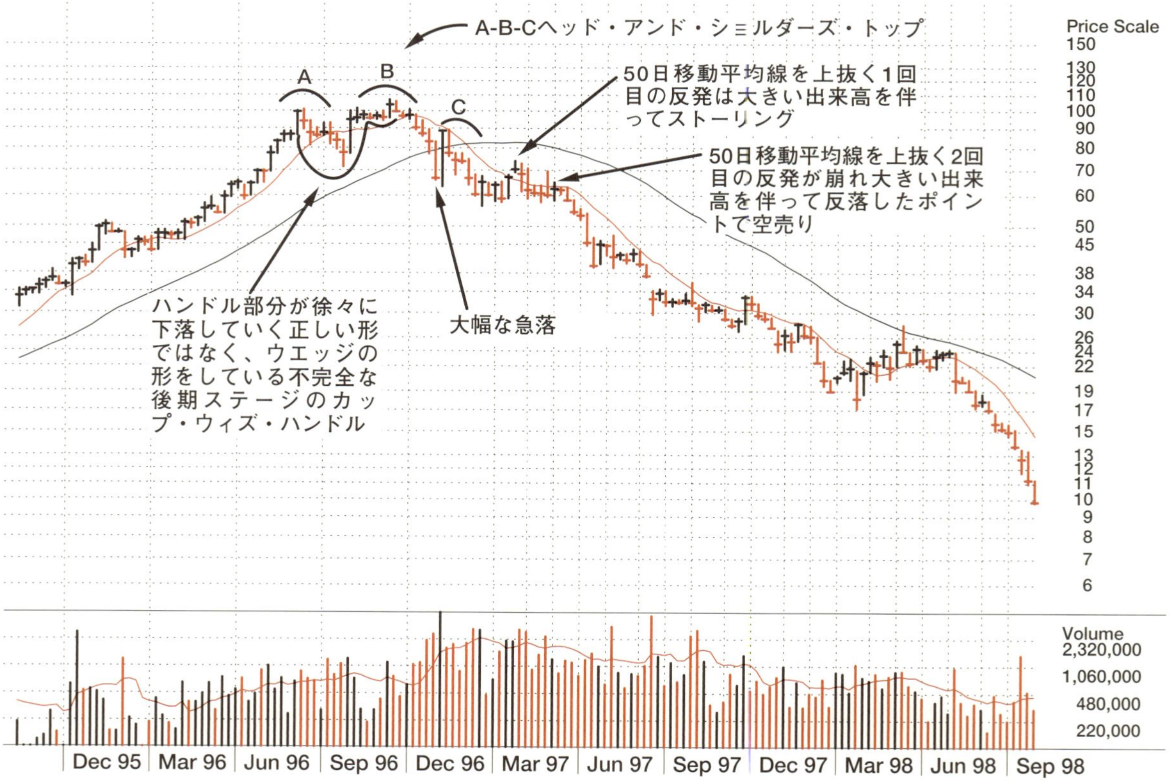

A-B-Cヘッド・アンド・ショルダーズ・トップ
A
B
C
50日移動平均線を上抜く1回目の反発は大きい出来高を伴ってストーリング
50日移動平均線を上抜く2回目の反発が崩れ大きい出来高を伴って反落したポイントで空売り
ハンドル部分が徐々に下落していく正しい形ではなく、ウエッジの形をしている不完全な後期ステージのカップ・ウィズ・ハンドル
大幅な急落
Price Scale
150
130
120
110
100
90
80
70
60
50
45
38
34
30
26
24
22
19
17
15
13
12
11
10
9
8
7
6
Volume
2,320,000
1,060,000
480,000
220,000
Dec 95
Mar 96
Jun 96
Sep 96
Dec 96
Mar 97
Jun 97
Sep 97
Dec 97
Mar 98
Jun 98
Sep 98

シバ週足チャート

1998

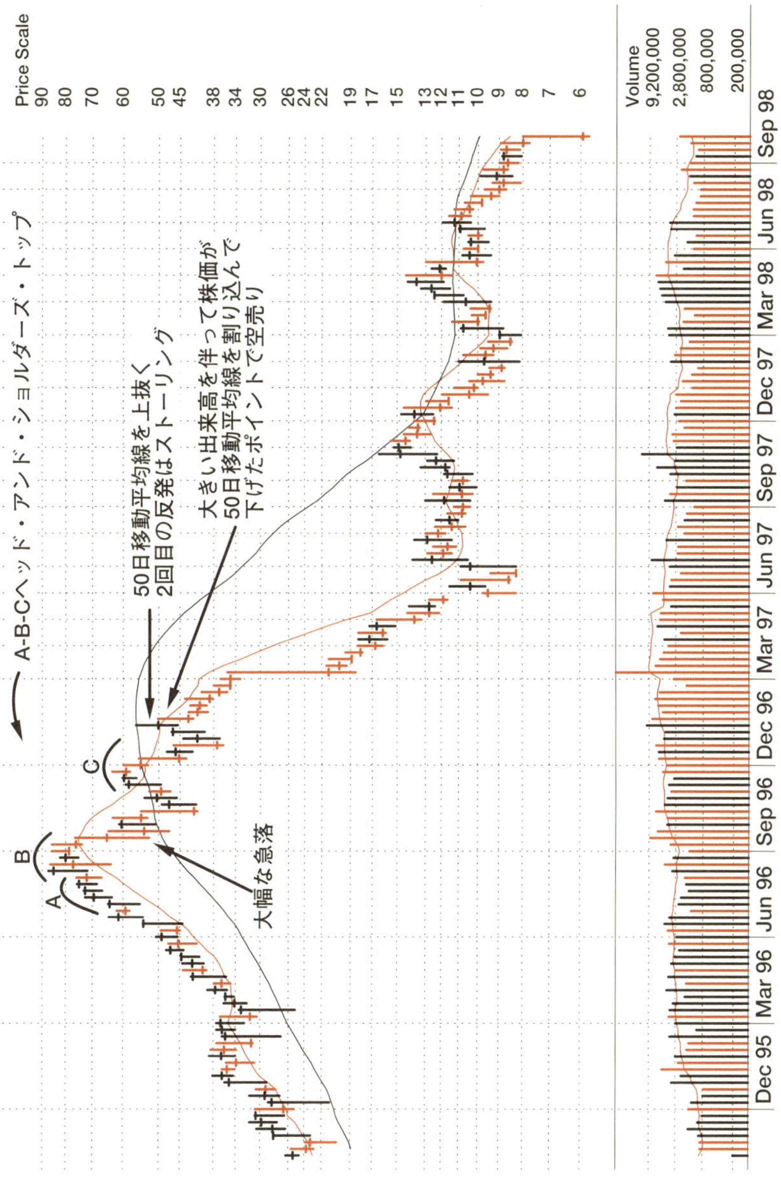

A-B-Cヘッド・アンド・ショルダーズ・トップ
A
B
C
50日移動平均線を上抜く
2回目の反発はストーリング
大きい出来高を伴って株価が
50日移動平均線を割り込んで
下げたポイントで空売り
大幅な急落
Price Scale
90
80
70
60
50
45
38
34
30
26
24
22
19
17
15
13
12
11
10
9
8
7
6
Volume
9,200,000
2,800,000
800,000
200,000
Dec 95
Mar 96
Jun 96
Sep 96
Dec 96
Mar 97
Jun 97
Sep 97
Dec 97
Mar 98
Jun 98
Sep 98

APAC カスタマー・サービシズ週足チャート

1998

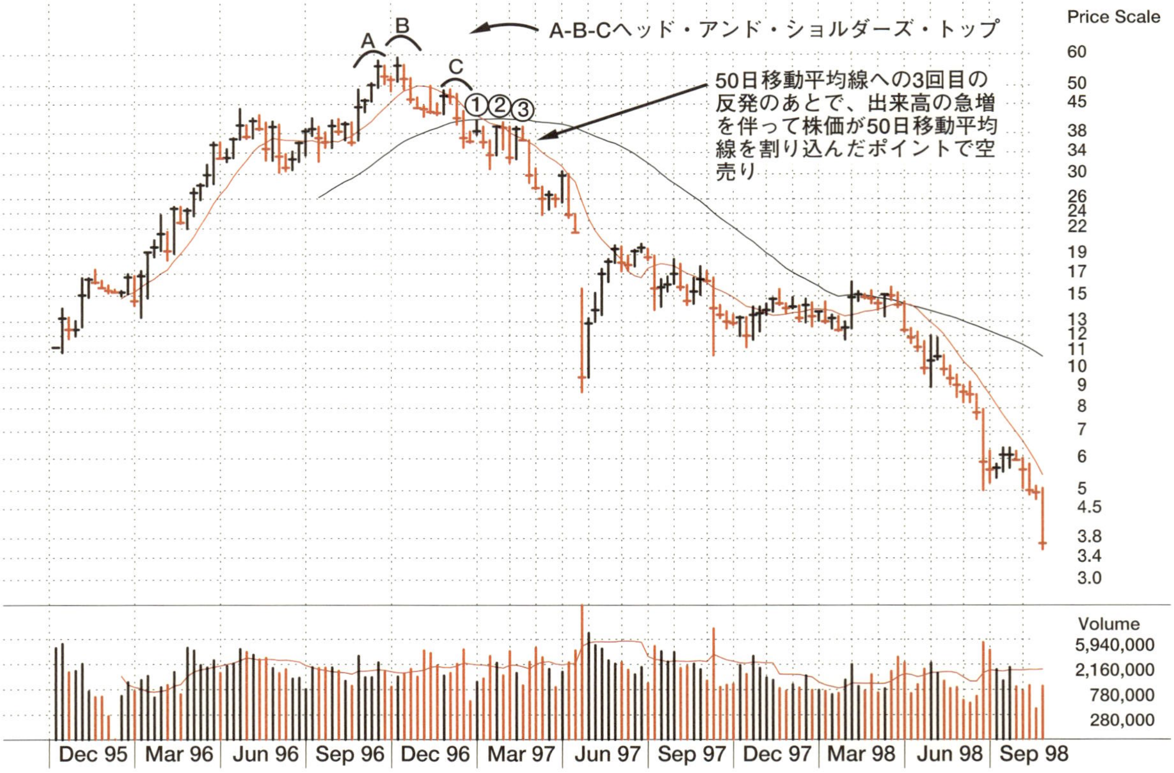

A
B
C
A-B-Cヘッド・アンド・ショルダーズ・トップ
①②③
50日移動平均線への3回目の反発のあとで、出来高の急増を伴って株価が50日移動平均線を割り込んだポイントで空売り
Price Scale
60
50
45
38
34
30
26
24
22
19
17
15
13
12
11
10
9
8
7
6
5
4.5
3.8
3.4
3.0
Volume
5,940,000
2,160,000
780,000
280,000
Dec 95
Mar 96
Jun 96
Sep 96
Dec 96
Mar 97
Jun 97
Sep 97
Dec 97
Mar 98
Jun 98
Sep 98

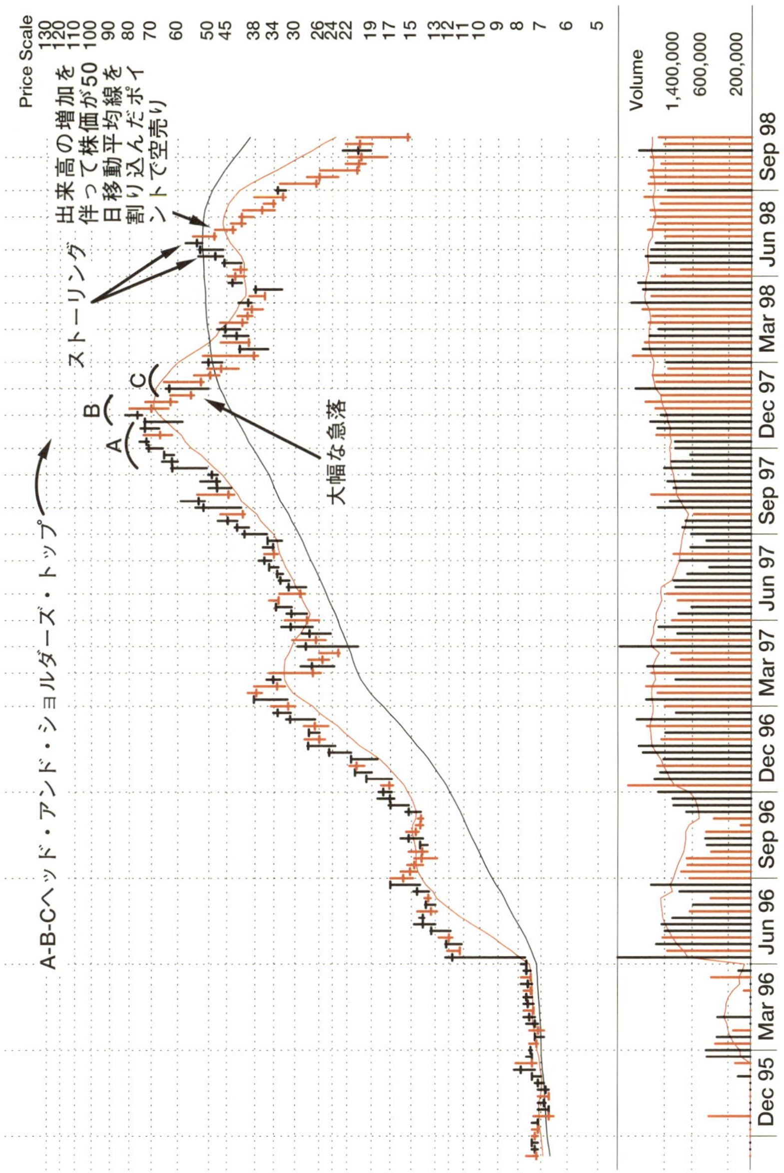
A-B-Cヘッド・アンド・ショルダーズ・トップ
A
B
C
ストーリング
大幅な急落
出来高の増加を伴って株価が50日移動平均線を割り込んだポイントで空売り
Price Scale
130
120
110
100
90
80
70
60
50
45
38
34
30
26
24
22
19
17
15
13
12
11
10
9
8
7
6
5
Volume
1,400,000
600,000
200,000
Dec 95
Mar 96
Jun 96
Sep 96
Dec 96
Mar 97
Jun 97
Sep 97
Dec 97
Mar 98
Jun 98
Sep 98

クリフス・ドリリング週足チャート　1998

スミス・インターナショナル週足チャート

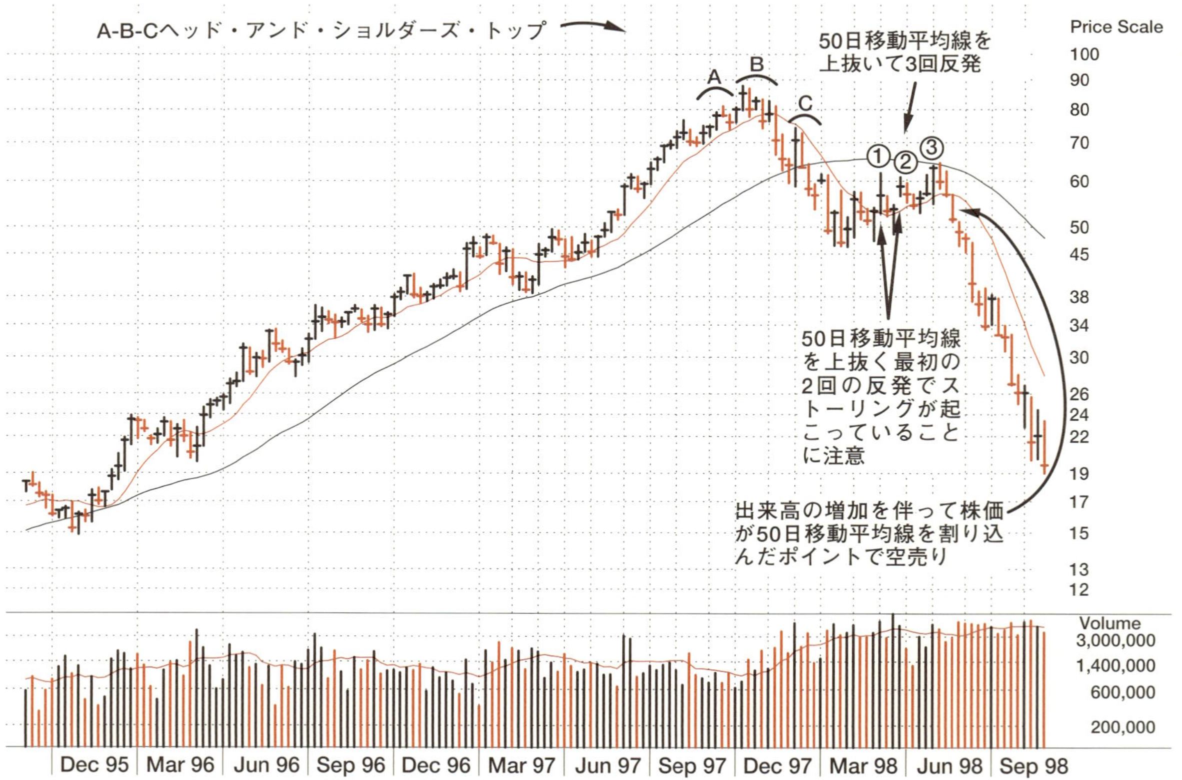
A-B-Cヘッド・アンド・ショルダーズ・トップ
A
B
C
50日移動平均線を上抜いて3回反発
①
②
③
50日移動平均線を上抜く最初の2回の反発でストーリングが起こっていることに注意
出来高の増加を伴って株価が50日移動平均線を割り込んだポイントで空売り
Price Scale
100
90
80
70
60
50
45
38
34
30
26
24
22
19
17
15
13
12
Volume
3,000,000
1,400,000
600,000
200,000
Dec 95
Mar 96
Jun 96
Sep 96
Dec 96
Mar 97
Jun 97
Sep 97
Dec 97
Mar 98
Jun 98
Sep 98

UTI エナジー週足チャート　1998

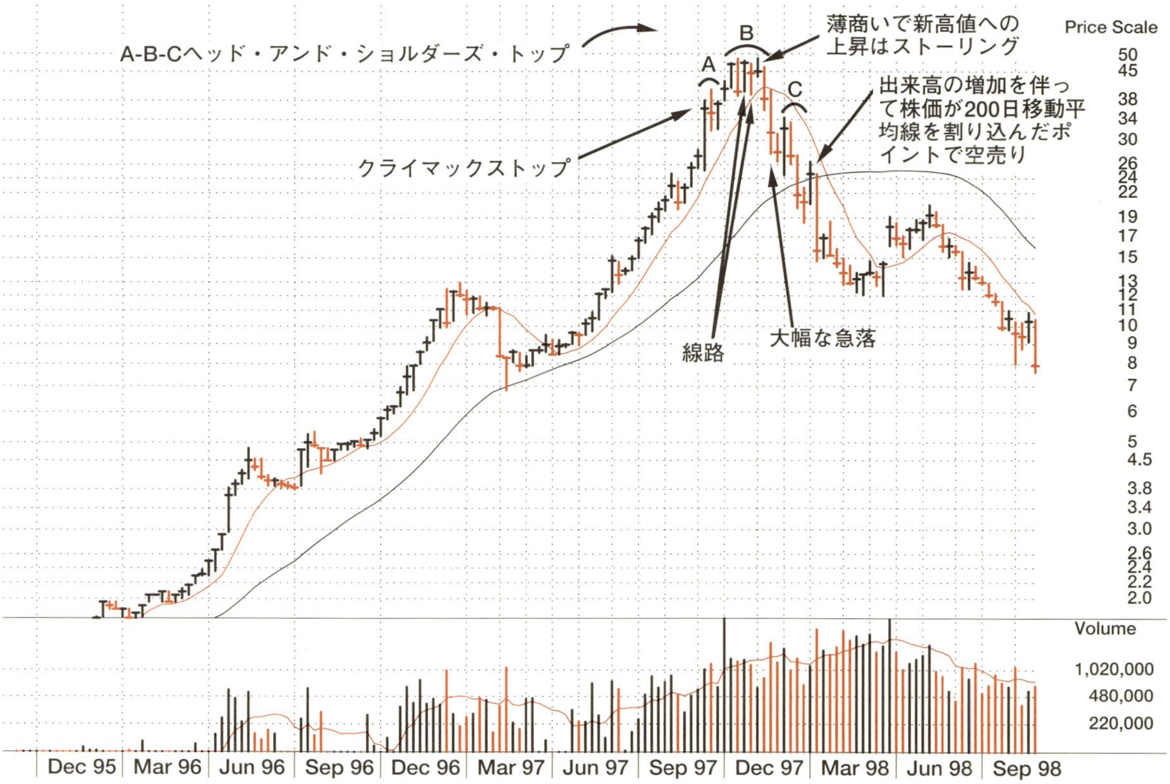
A-B-Cヘッド・アンド・ショルダーズ・トップ
A
B
C
薄商いで新高値への
上昇はストーリング
出来高の増加を伴って株価が200日移動平均線を割り込んだポイントで空売り
クライマックストップ
線路
大幅な急落
Price Scale
50
45
38
34
30
26
24
22
19
17
15
13
12
11
10
9
8
7
6
5
4.5
3.8
3.4
3.0
2.6
2.4
2.2
2.0
Volume
1,020,000
480,000
220,000
Dec 95
Mar 96
Jun 96
Sep 96
Dec 96
Mar 97
Jun 97
Sep 97
Dec 97
Mar 98
Jun 98
Sep 98

サビル・システムズ PLC ADR 週足チャート

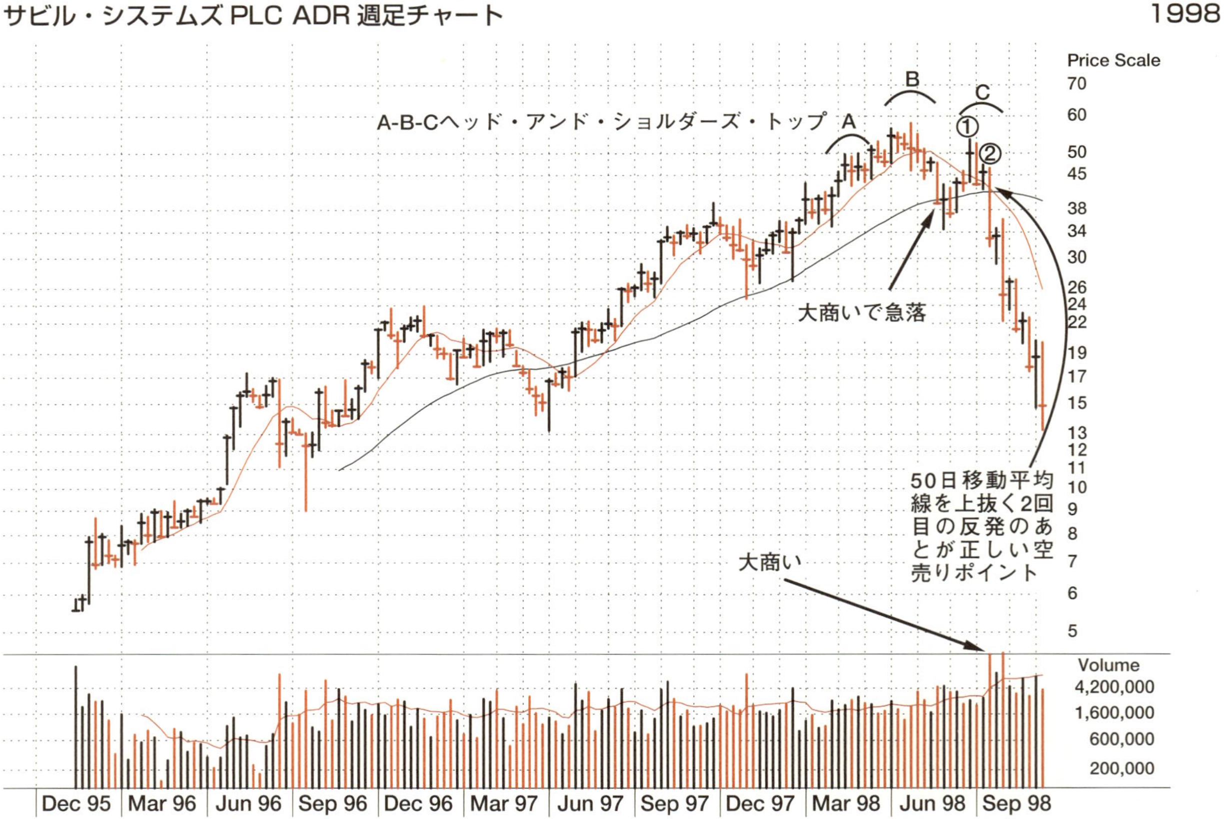
1998
Price Scale
70
60
50
45
38
34
30
26
24
22
19
17
15
13
12
11
10
9
8
7
6
5
A-B-Cヘッド・アンド・ショルダーズ・トップ
A
B
C
①
②
大商いで急落
50日移動平均線を上抜く2回目の反発のあとが正しい空売りポイント
大商い
Volume
4,200,000
1,600,000
600,000
200,000
Dec 95
Mar 96
Jun 96
Sep 96
Dec 96
Mar 97
Jun 97
Sep 97
Dec 97
Mar 98
Jun 98
Sep 98

トリアード・ギャランティ週足チャート

1998

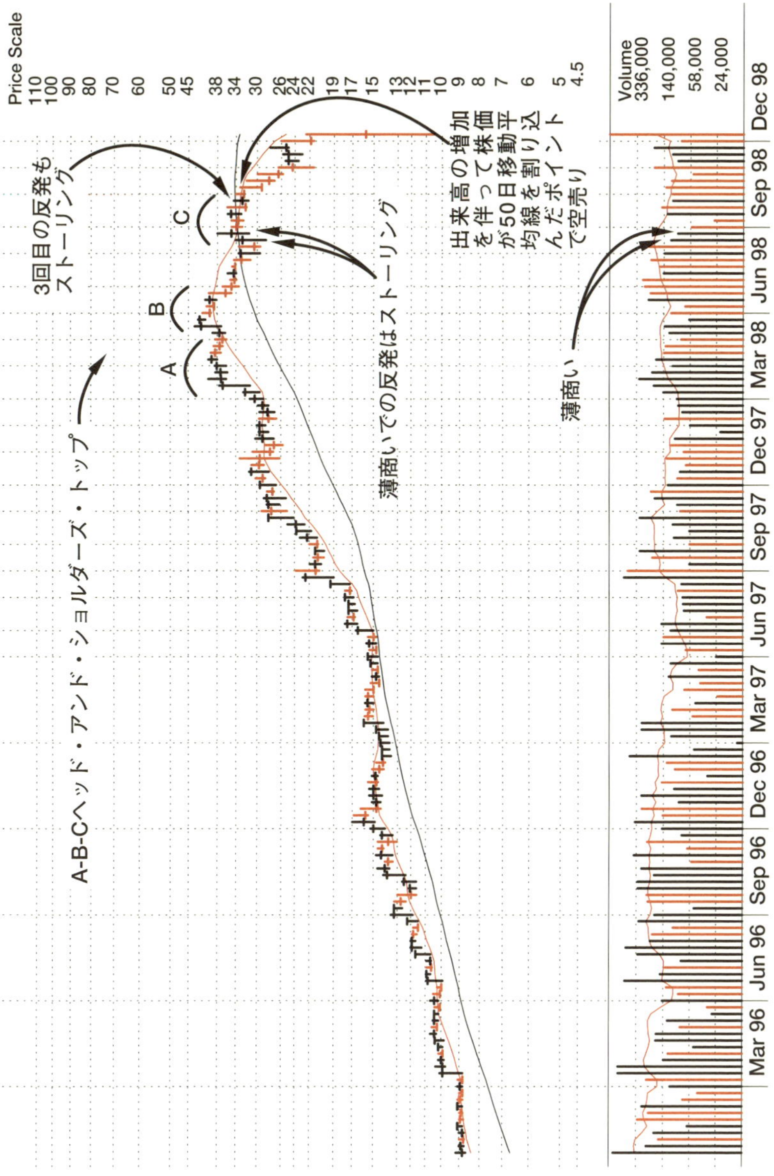
Price Scale
110
100
90
80
70
60
50
45
38
34
30
26
24
22
19
17
15
13
12
11
10
9
8
7
6
5
4.5
A-B-Cヘッド・アンド・ショルダーズ・トップ
A
B
C
3回目の反発も
ストーリング
薄商いでの反発はストーリング
出来高の増加
を伴って株価
が50日移動平
均線を割り込
んだポイント
で空売り
薄商い
Volume
336,000
140,000
58,000
24,000
Mar 96
Jun 96
Sep 96
Dec 96
Mar 97
Jun 97
Sep 97
Dec 97
Mar 98
Jun 98
Sep 98
Dec 98

ケンブリッジ・テクノロジー週足チャート

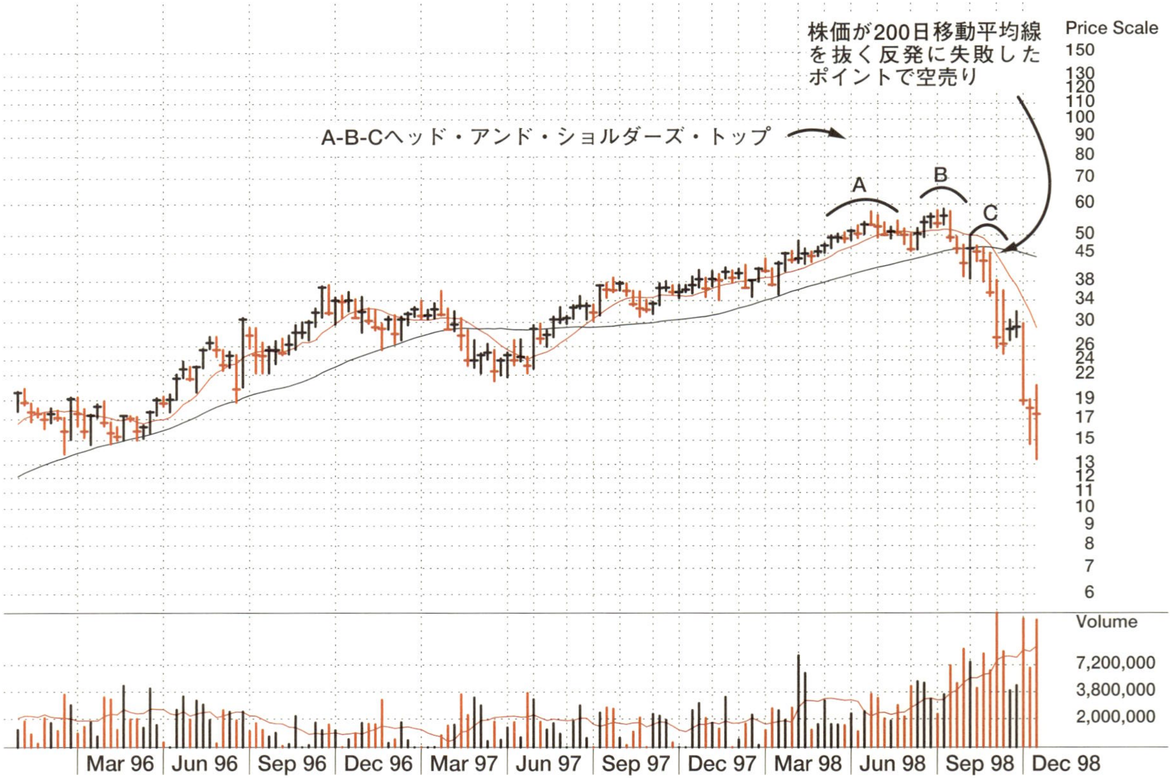
株価が200日移動平均線を抜く反発に失敗したポイントで空売り
A-B-Cヘッド・アンド・ショルダーズ・トップ
A
B
C
Price Scale
150
130
120
110
100
90
80
70
60
50
45
38
34
30
26
24
22
19
17
15
13
12
11
10
9
8
7
6
Volume
7,200,000
3,800,000
2,000,000
Mar 96
Jun 96
Sep 96
Dec 96
Mar 97
Jun 97
Sep 97
Dec 97
Mar 98
Jun 98
Sep 98
Dec 98

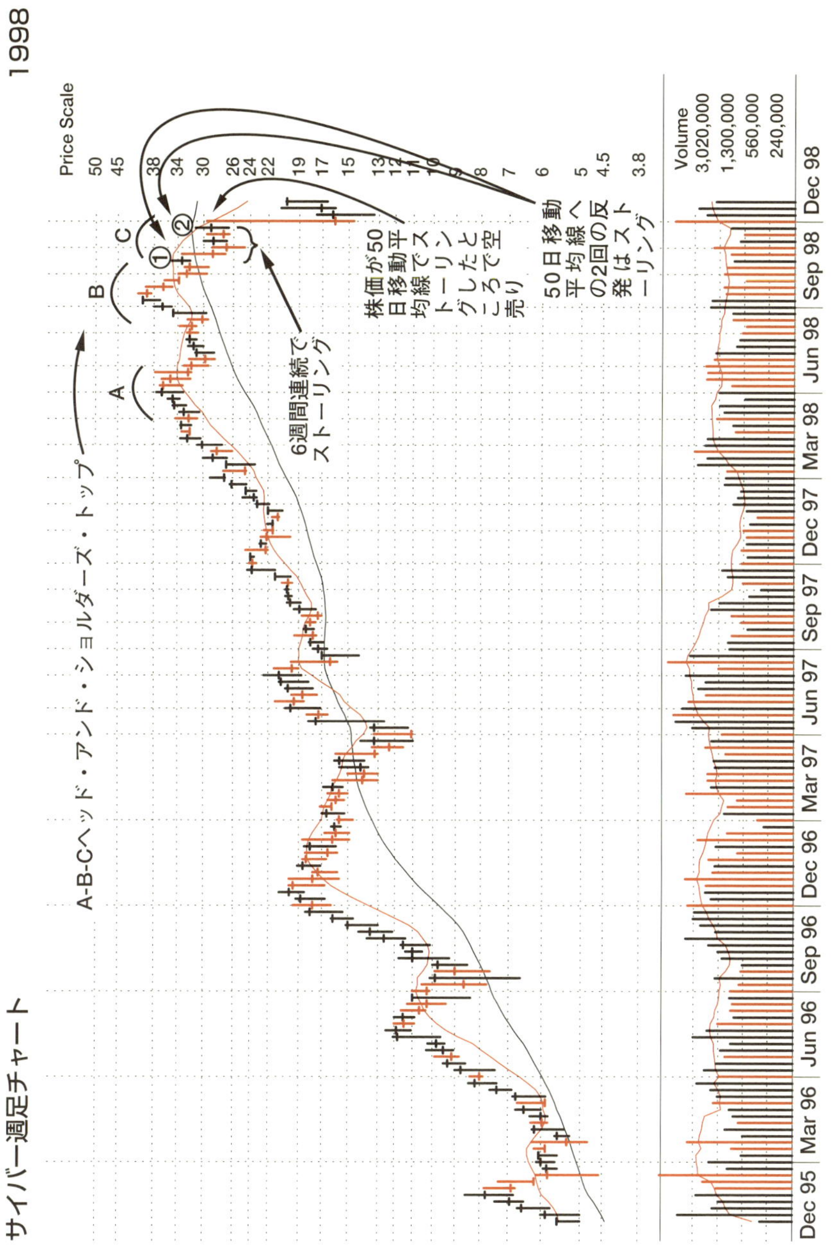
サイバー週足チャート
1998
A-B-Cヘッド・アンド・ショルダーズ・トップ
A
B
C
①
②
6週間連続でストーリング
株価が50日移動平均線でストーリングしたところで空売り
50日移動平均線への2回の反発はストーリング
Price Scale
50
45
38
34
30
26
24
22
19
17
15
13
12
11
10
9
8
7
6
5
4.5
3.8
Volume
3,020,000
1,300,000
560,000
240,000
Dec 95
Mar 96
Jun 96
Sep 96
Dec 96
Mar 97
Jun 97
Sep 97
Dec 97
Mar 98
Jun 98
Sep 98
Dec 98

バーン・カンパニーNV 週足チャート

1999

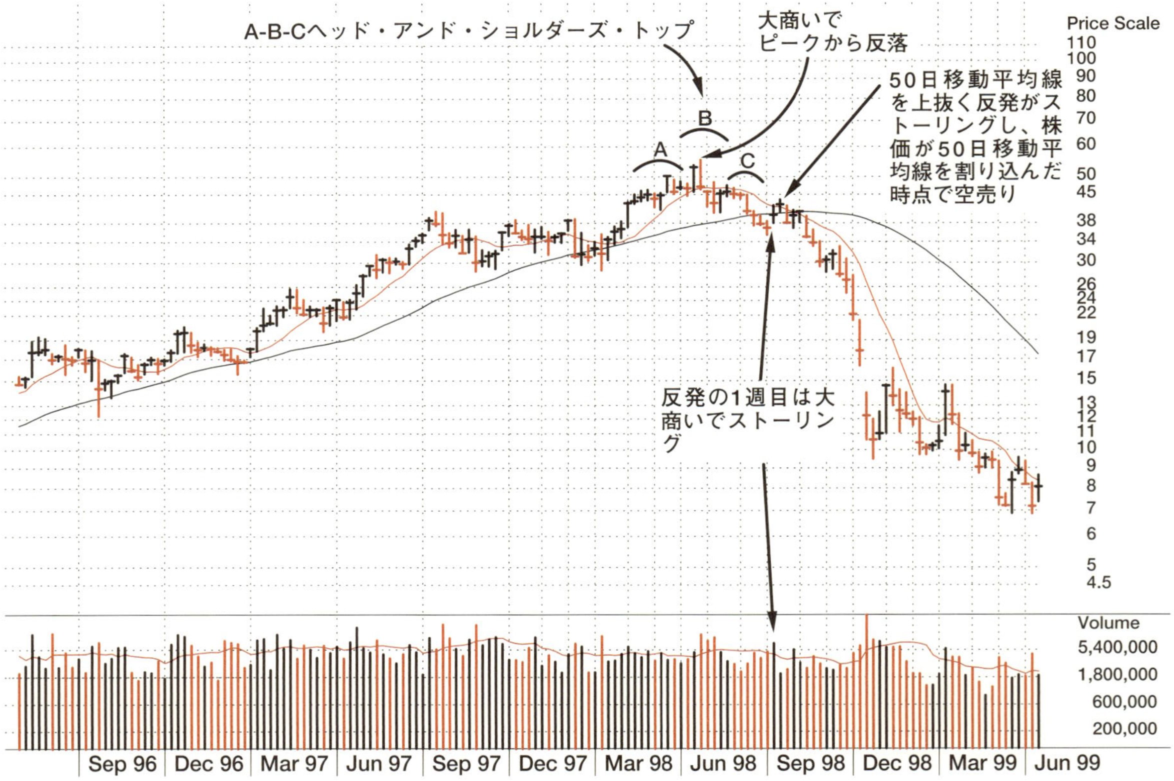

A-B-Cヘッド・アンド・ショルダーズ・トップ
大商いでピークから反落
50日移動平均線を上抜く反発がストーリングし、株価が50日移動平均線を割り込んだ時点で空売り
A
B
C
反発の1週目は大商いでストーリング
Price Scale
110
100
90
80
70
60
50
45
38
34
30
26
24
22
19
17
15
13
12
11
10
9
8
7
6
5
4.5
Volume
5,400,000
1,800,000
600,000
200,000
Sep 96
Dec 96
Mar 97
Jun 97
Sep 97
Dec 97
Mar 98
Jun 98
Sep 98
Dec 98
Mar 99
Jun 99

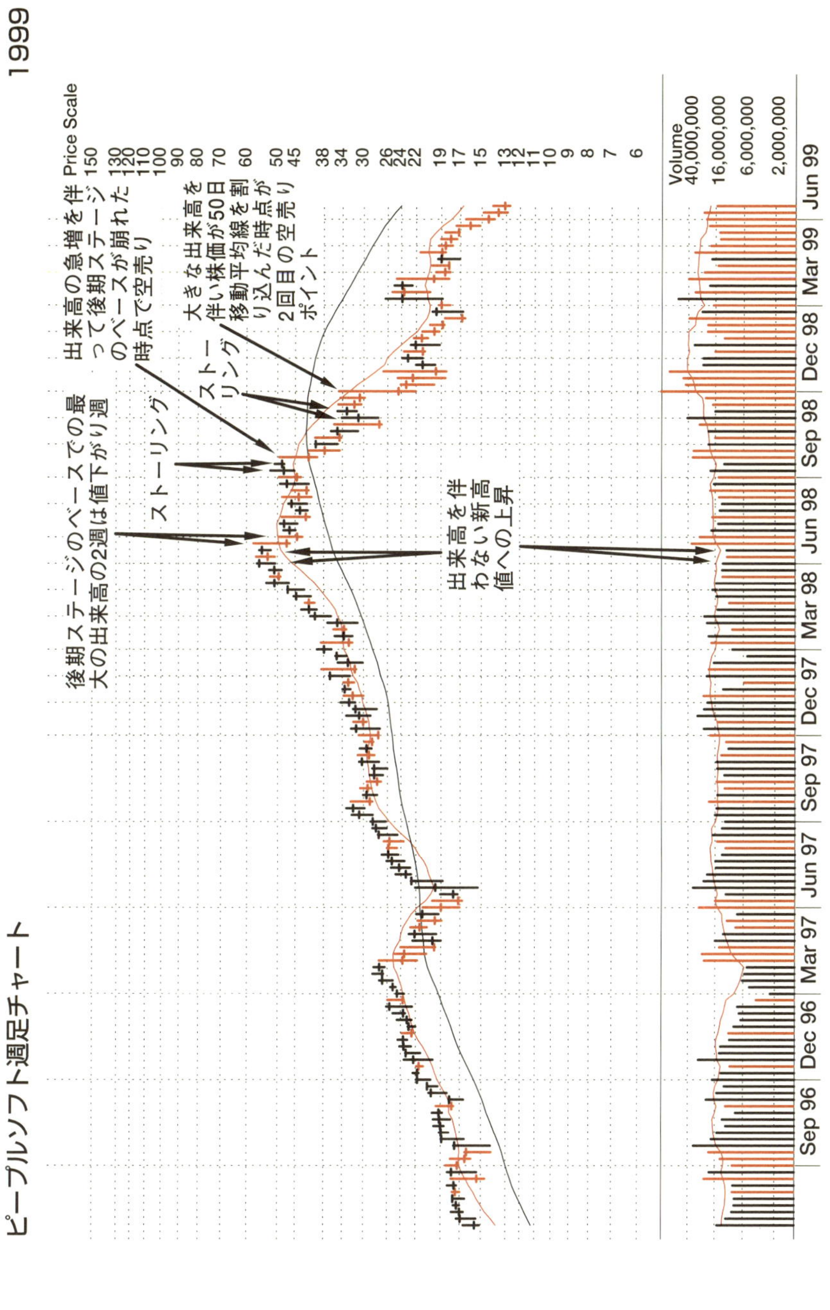
ピープルソフト週足チャート
1999
後期ステージのベースでの最大の出来高の2週は値下がり週
ストーリング
出来高の急増を伴って後期ステージのベースが崩れた時点で空売り
ストーリング
大きな出来高を伴い株価が50日移動平均線を割り込んだ時点が2回目の空売りポイント
出来高を伴わない新高値への上昇
Price Scale
150
130
120
110
100
90
80
70
60
50
45
38
34
30
26
24
22
19
17
15
13
12
11
10
9
8
7
6
Volume
40,000,000
16,000,000
6,000,000
2,000,000
Sep 96
Dec 96
Mar 97
Jun 97
Sep 97
Dec 97
Mar 98
Jun 98
Sep 98
Dec 98
Mar 99
Jun 99

マッケソン週足チャート

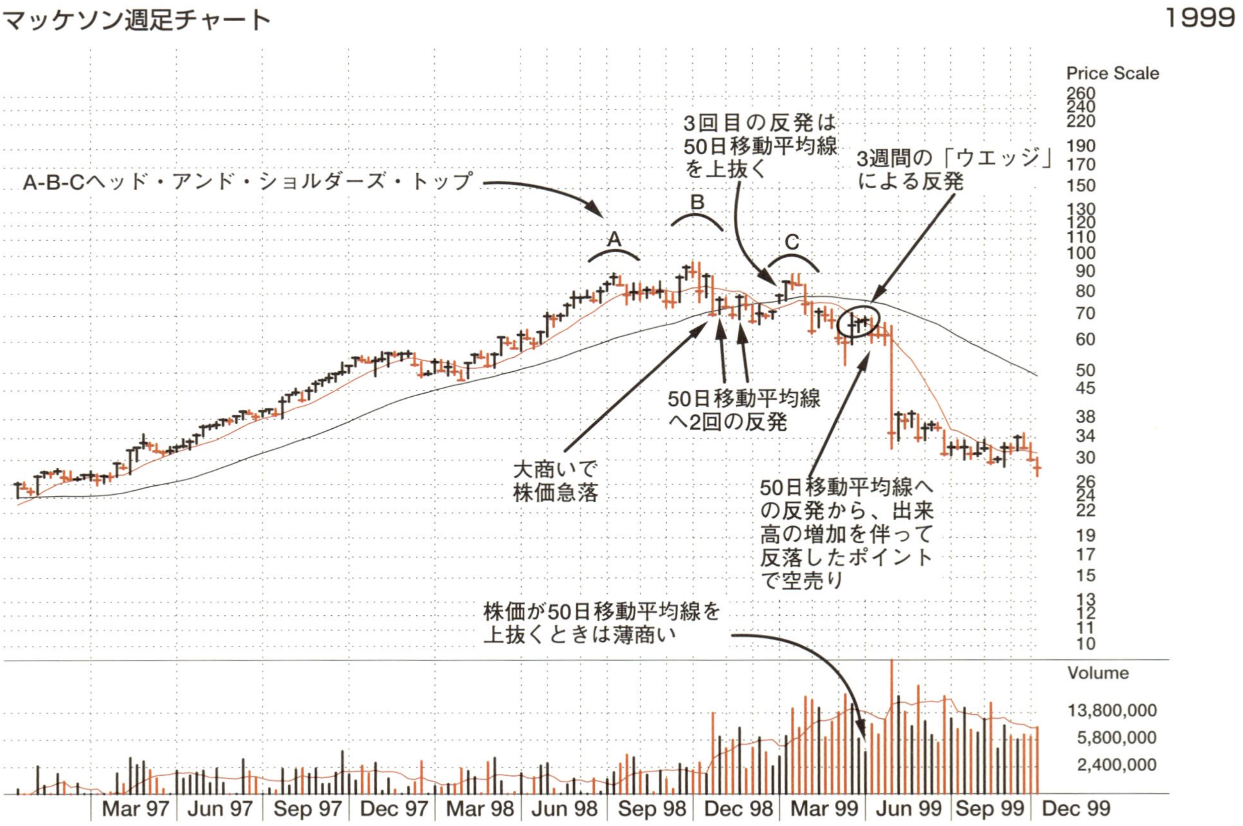
1999
Price Scale
260
240
220
190
170
150
130
120
110
100
90
80
70
60
50
45
38
34
30
26
24
22
19
17
15
13
12
11
10
A-B-Cヘッド・アンド・ショルダーズ・トップ
A
B
C
3回目の反発は
50日移動平均線
を上抜く
3週間の「ウエッジ」
による反発
50日移動平均線
へ2回の反発
大商いで
株価急落
50日移動平均線へ
の反発から、出来
高の増加を伴って
反落したポイント
で空売り
株価が50日移動平均線を
上抜くときは薄商い
Volume
13,800,000
5,800,000
2,400,000
Mar 97
Jun 97
Sep 97
Dec 97
Mar 98
Jun 98
Sep 98
Dec 98
Mar 99
Jun 99
Sep 99
Dec 99

ギャップ週足チャート　2000

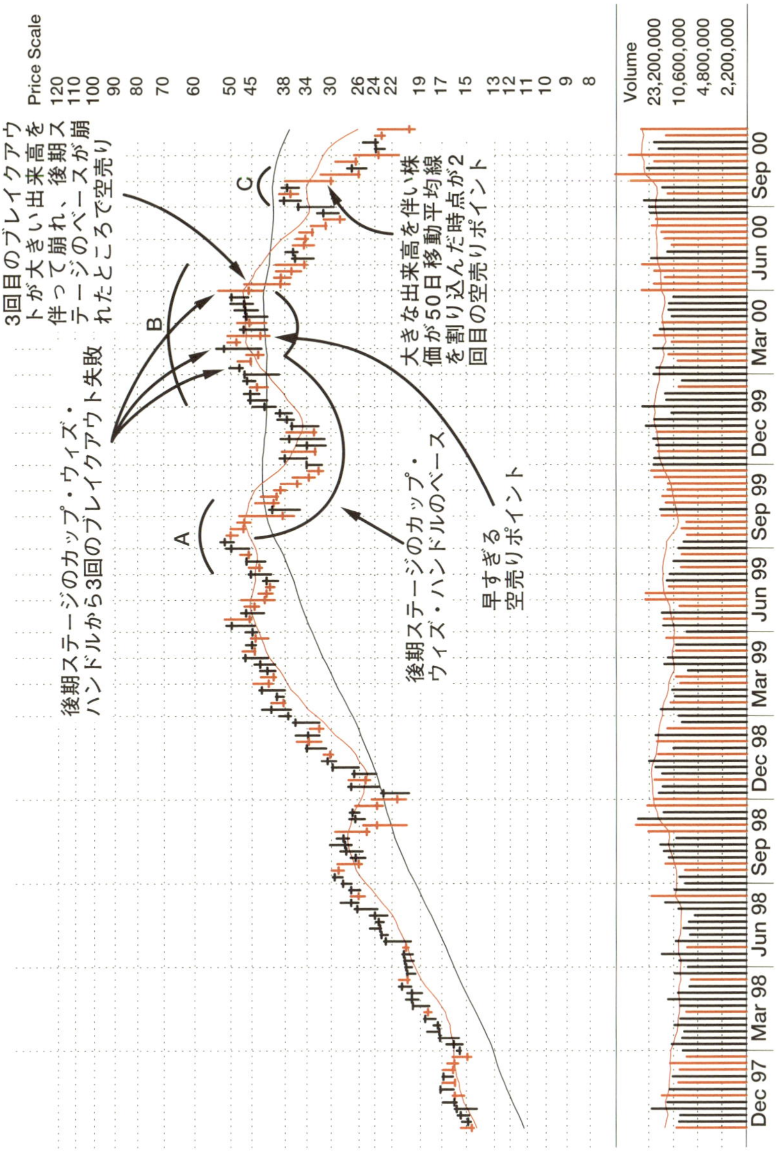
3回目のブレイクアウトが大きい出来高を伴って崩れ、後期ステージのベースが崩れたところで空売り
後期ステージのカップ・ウィズ・ハンドルから3回のブレイクアウト失敗
A
B
C
後期ステージのカップ・ウィズ・ハンドルのベース
早すぎる空売りポイント
大きな出来高を伴い株価が50日移動平均線を割り込んだ時点が2回目の空売りポイント
Price Scale
120
110
100
90
80
70
60
50
45
38
34
30
26
24
22
19
17
15
13
12
11
10
9
8
Volume
23,200,000
10,600,000
4,800,000
2,200,000
Dec 97
Mar 98
Jun 98
Sep 98
Dec 98
Mar 99
Jun 99
Sep 99
Dec 99
Mar 00
Jun 00
Sep 00

テラダイン週足チャート

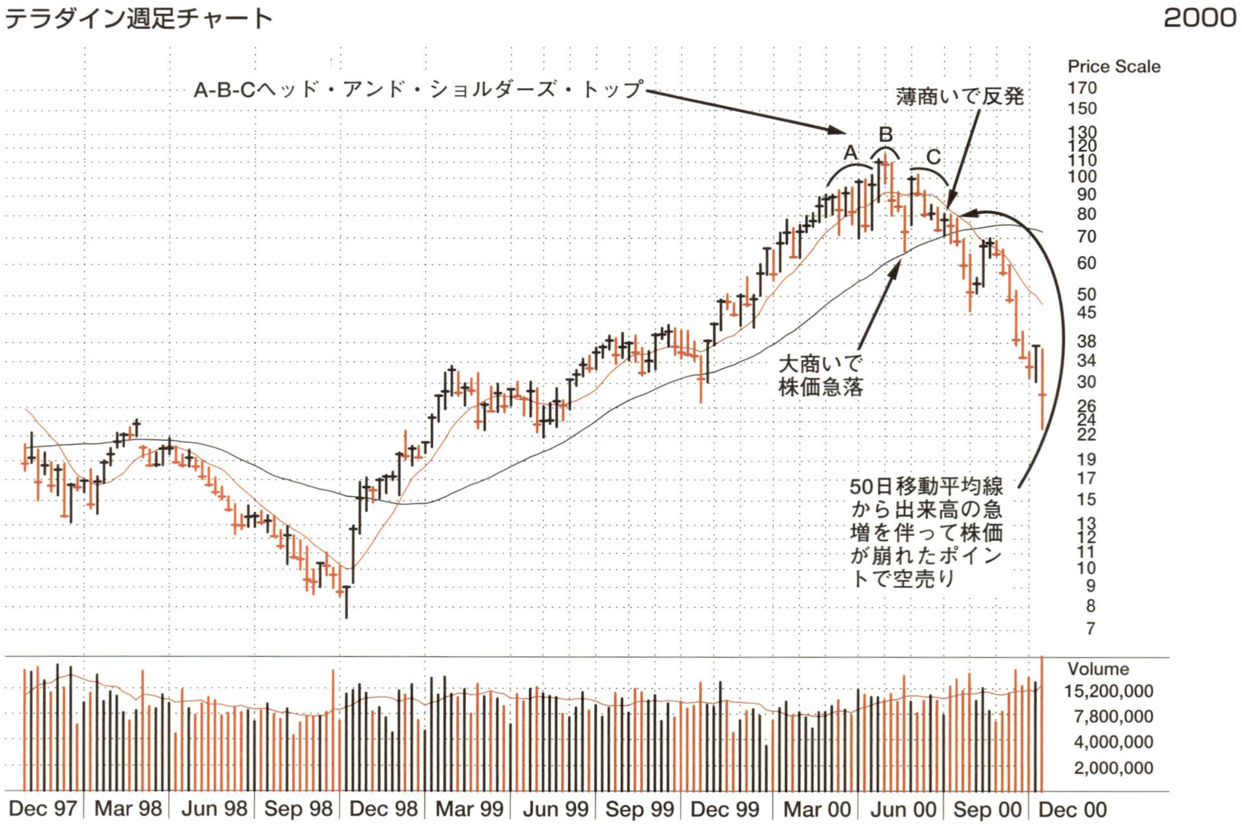
2000
A-B-Cヘッド・アンド・ショルダーズ・トップ
A
B
C
薄商いで反発
大商いで
株価急落
50日移動平均線
から出来高の急
増を伴って株価
が崩れたポイン
トで空売り
Price Scale
170
150
130
120
110
100
90
80
70
60
50
45
38
34
30
26
24
22
19
17
15
13
12
11
10
9
8
7
Volume
15,200,000
7,800,000
4,000,000
2,000,000
Dec 97
Mar 98
Jun 98
Sep 98
Dec 98
Mar 99
Jun 99
Sep 99
Dec 99
Mar 00
Jun 00
Sep 00
Dec 00

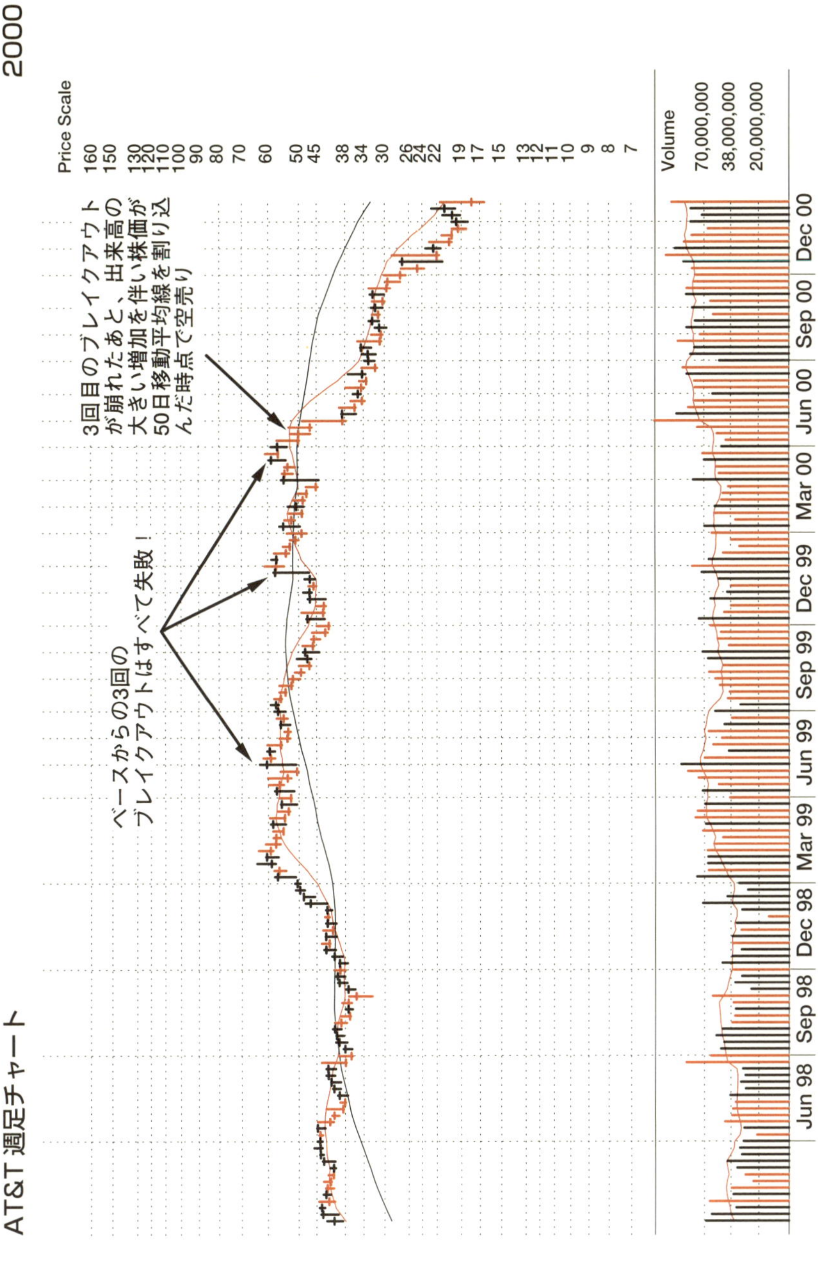
AT&T 週足チャート
2000
Price Scale
160
150
130
120
110
100
90
80
70
60
50
45
38
34
30
26
24
22
19
17
15
13
12
11
10
9
8
7
Volume
70,000,000
38,000,000
20,000,000
3回目のブレイクアウト
が崩れたあと、出来高の
大きい増加を伴い株価が
50日移動平均線を割り込
んだ時点で空売り
ベースからの3回の
ブレイクアウトはすべて失敗！
Jun 98
Sep 98
Dec 98
Mar 99
Jun 99
Sep 99
Dec 99
Mar 00
Jun 00
Sep 00
Dec 00

スプリントFONグループ週足チャート

2000

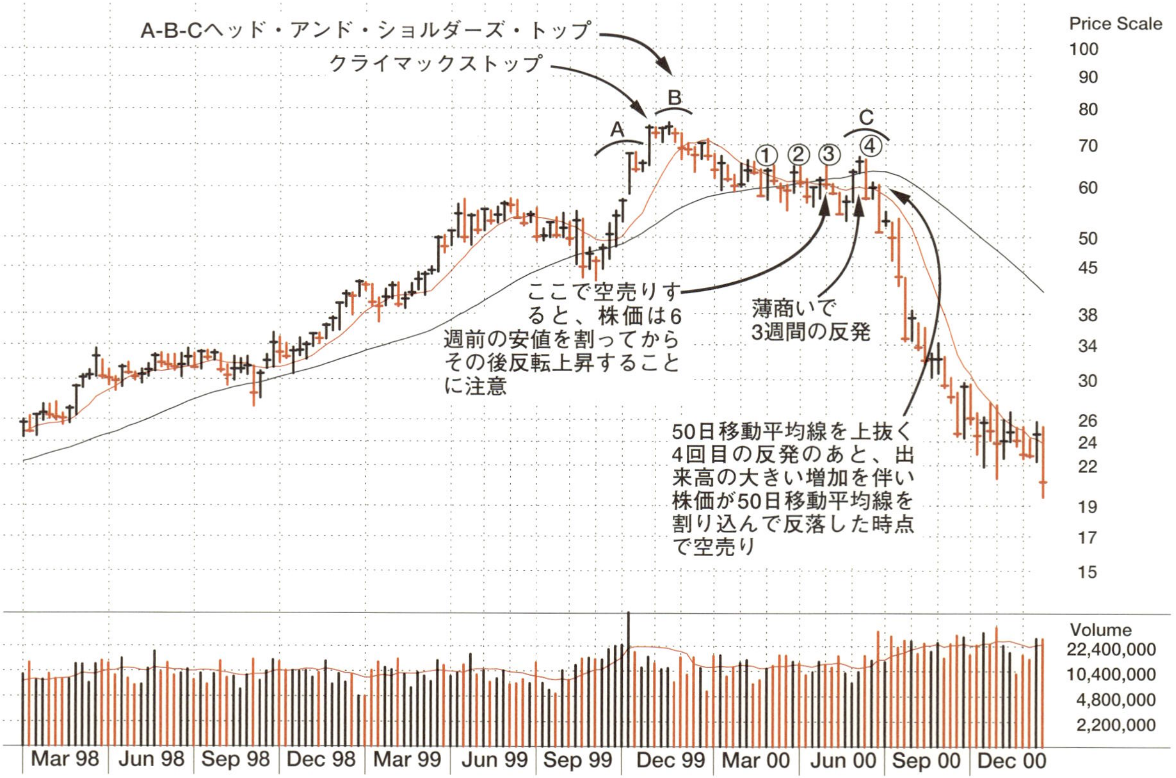
A-B-Cヘッド・アンド・ショルダーズ・トップ
クライマックストップ
A
B
C
①
②
③
④
ここで空売りすると、株価は6週前の安値を割ってからその後反転上昇することに注意
薄商いで3週間の反発
50日移動平均線を上抜く4回目の反発のあと、出来高の大きい増加を伴い株価が50日移動平均線を割り込んで反落した時点で空売り
Price Scale
100
90
80
70
60
50
45
38
34
30
26
24
22
19
17
15
Volume
22,400,000
10,400,000
4,800,000
2,200,000
Mar 98
Jun 98
Sep 98
Dec 98
Mar 99
Jun 99
Sep 99
Dec 99
Mar 00
Jun 00
Sep 00
Dec 00

コンピュウエア週足チャート　2000

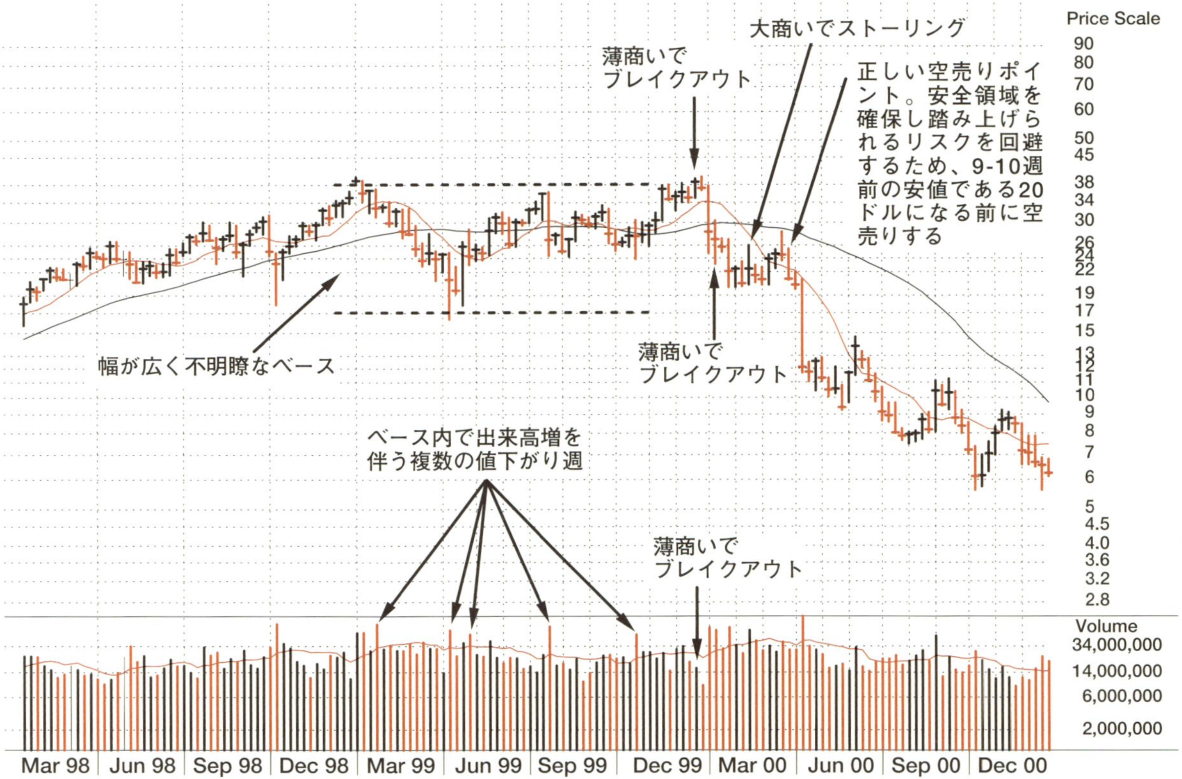
Price Scale
90
80
70
60
50
45
38
34
30
26
24
22
19
17
15
13
12
11
10
9
8
7
6
5
4.5
4.0
3.6
3.2
2.8
Volume
34,000,000
14,000,000
6,000,000
2,000,000
Mar 98
Jun 98
Sep 98
Dec 98
Mar 99
Jun 99
Sep 99
Dec 99
Mar 00
Jun 00
Sep 00
Dec 00
薄商いで
ブレイクアウト
大商いでストーリング
正しい空売りポイント。安全領域を確保し踏み上げられるリスクを回避するため、9-10週前の安値である20ドルになる前に空売りする
幅が広く不明瞭なベース
薄商いで
ブレイクアウト
ベース内で出来高増を
伴う複数の値下がり週
薄商いで
ブレイクアウト

BMC ソフトウエア週足チャート　2001

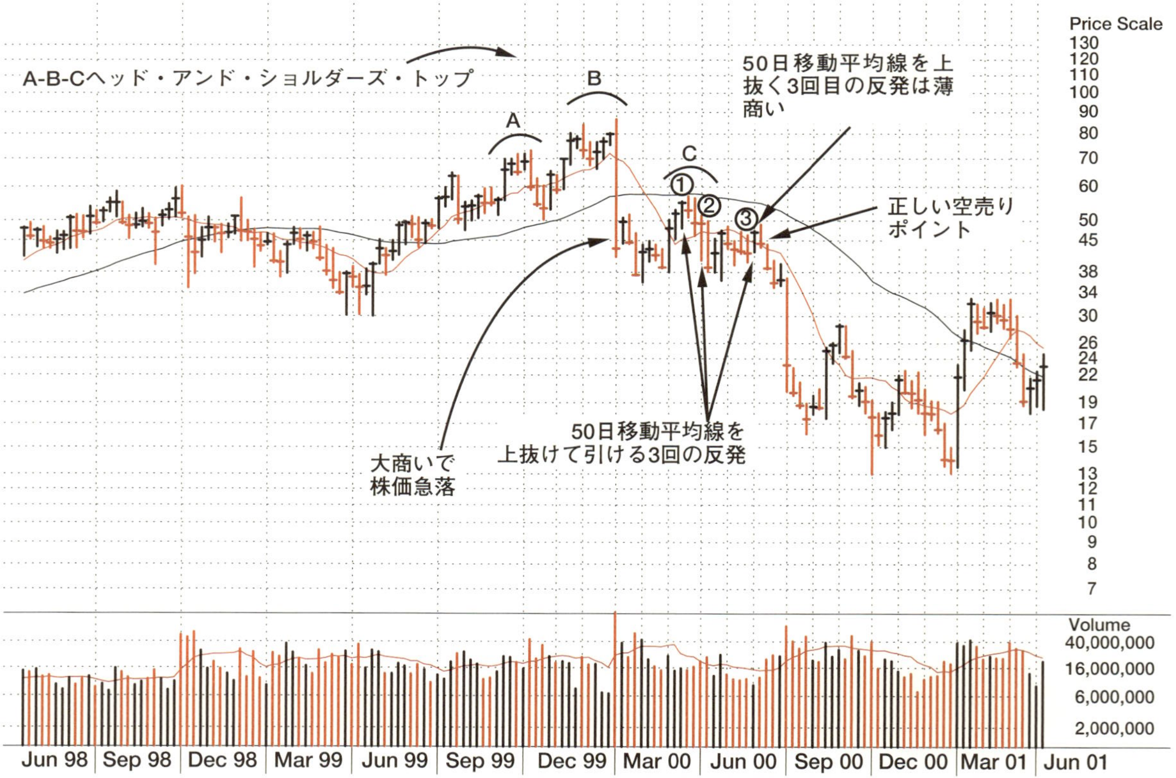
A-B-Cヘッド・アンド・ショルダーズ・トップ
A
B
C
①
②
③
50日移動平均線を上抜く3回目の反発は薄商い
正しい空売りポイント
大商いで株価急落
50日移動平均線を上抜けて引ける3回の反発
Price Scale
130
120
110
100
90
80
70
60
50
45
38
34
30
26
24
22
19
17
15
13
12
11
10
9
8
7
Volume
40,000,000
16,000,000
6,000,000
2,000,000
Jun 98
Sep 98
Dec 98
Mar 99
Jun 99
Sep 99
Dec 99
Mar 00
Jun 00
Sep 00
Dec 00
Mar 01
Jun 01

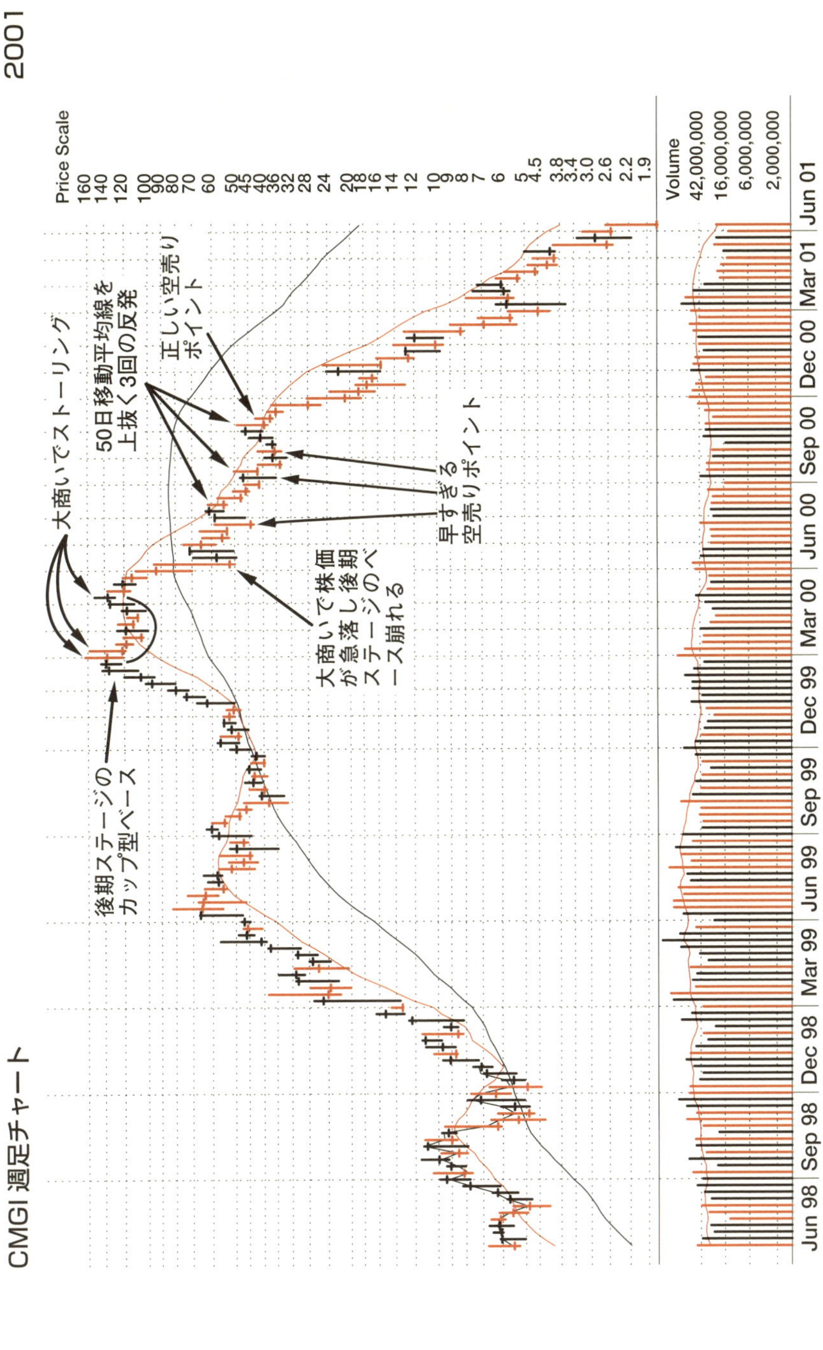
CMGI 週足チャート
2001
Price Scale
160
140
120
100
90
80
70
60
50
45
40
36
32
28
24
20
18
16
14
12
10
9
8
7
6
5
4.5
3.8
3.4
3.0
2.6
2.2
1.9
Volume
42,000,000
16,000,000
6,000,000
2,000,000
Jun 98
Sep 98
Dec 98
Mar 99
Jun 99
Sep 99
Dec 99
Mar 00
Jun 00
Sep 00
Dec 00
Mar 01
Jun 01
大商いでストーリング
50日移動平均線を上抜く3回の反発
正しい空売りポイント
後期ステージのカップ型ベース
大商いで株価が急落し後期ステージのベース崩れる
早すぎる空売りポイント

Cコア週足チャート

2001

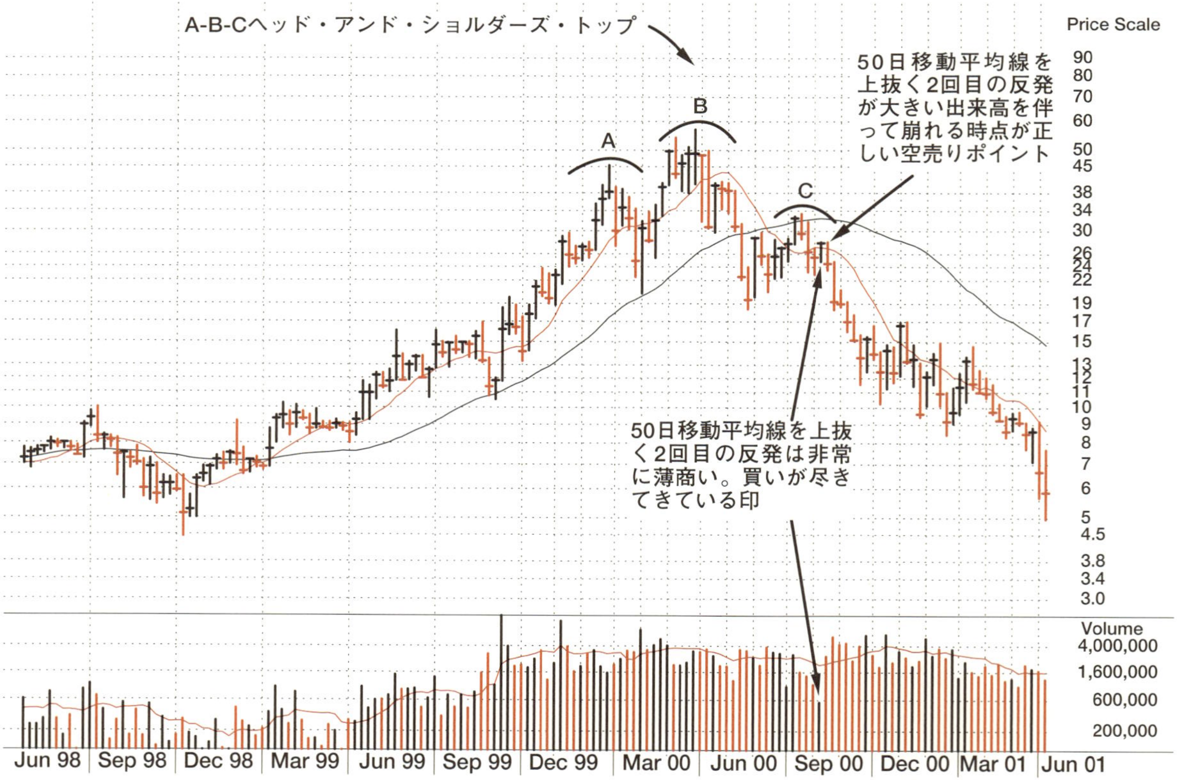

A-B-Cヘッド・アンド・ショルダーズ・トップ
A
B
C
50日移動平均線を上抜く2回目の反発が大きい出来高を伴って崩れる時点が正しい空売りポイント
50日移動平均線を上抜く2回目の反発は非常に薄商い。買いが尽きてきている印
Price Scale
90
80
70
60
50
45
38
34
30
26
24
22
19
17
15
13
12
11
10
9
8
7
6
5
4.5
3.8
3.4
3.0
Volume
4,000,000
1,600,000
600,000
200,000
Jun 98
Sep 98
Dec 98
Mar 99
Jun 99
Sep 99
Dec 99
Mar 00
Jun 00
Sep 00
Dec 00
Mar 01
Jun 01

ネットワーク・アプライアンス週足チャート

2001

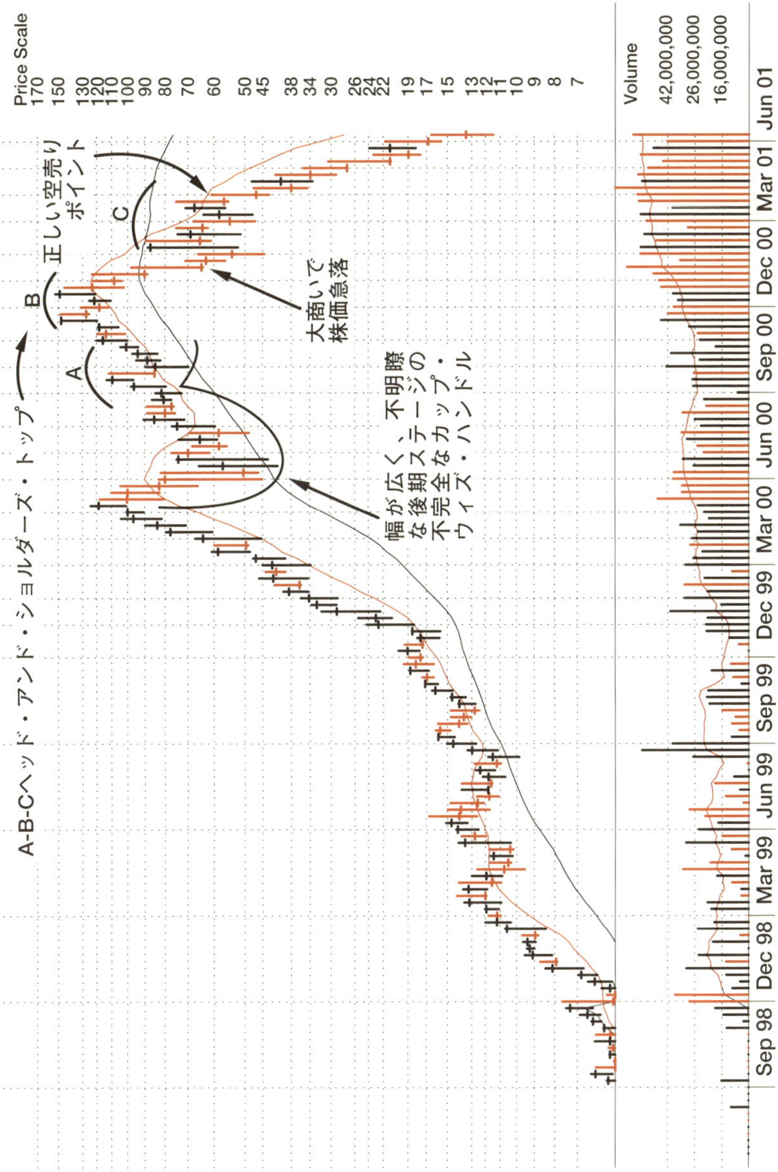
A-B-Cヘッド・アンド・ショルダーズ・トップ
A
B
C
正しい空売りポイント
大商いで株価急落
幅が広く、不明瞭な後期ステージの不完全なカップ・ウィズ・ハンドル
Price Scale
170
150
130
120
110
100
90
80
70
60
50
45
38
34
30
26
24
22
19
17
15
13
12
11
10
9
8
7
Volume
42,000,000
26,000,000
16,000,000
Sep 98
Dec 98
Mar 99
Jun 99
Sep 99
Dec 99
Mar 00
Jun 00
Sep 00
Dec 00
Mar 01
Jun 01

ベリサイン週足チャート 2001

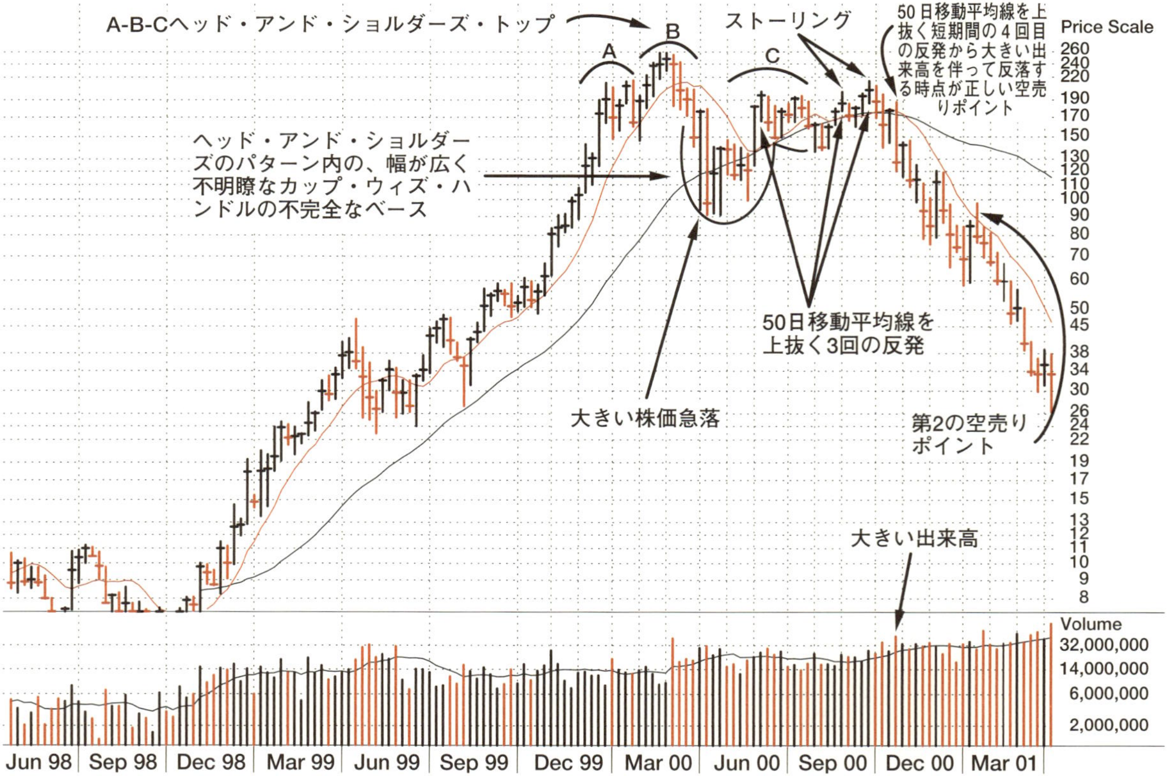
A-B-Cヘッド・アンド・ショルダーズ・トップ
A
B
C
ストーリング
50日移動平均線を上抜く短期間の4回目の反発から大きい出来高を伴って反落する時点が正しい空売りポイント
ヘッド・アンド・ショルダーズのパターン内の、幅が広く不明瞭なカップ・ウィズ・ハンドルの不完全なベース
50日移動平均線を上抜く3回の反発
大きい株価急落
第2の空売りポイント
大きい出来高
Price Scale
260
240
220
190
170
150
130
120
110
100
90
80
70
60
50
45
38
34
30
26
24
22
19
17
15
13
12
11
10
9
8
Volume
32,000,000
14,000,000
6,000,000
2,000,000
Jun 98
Sep 98
Dec 98
Mar 99
Jun 99
Sep 99
Dec 99
Mar 00
Jun 00
Sep 00
Dec 00
Mar 01

アプライド・マテリアルズ週足チャート　2001

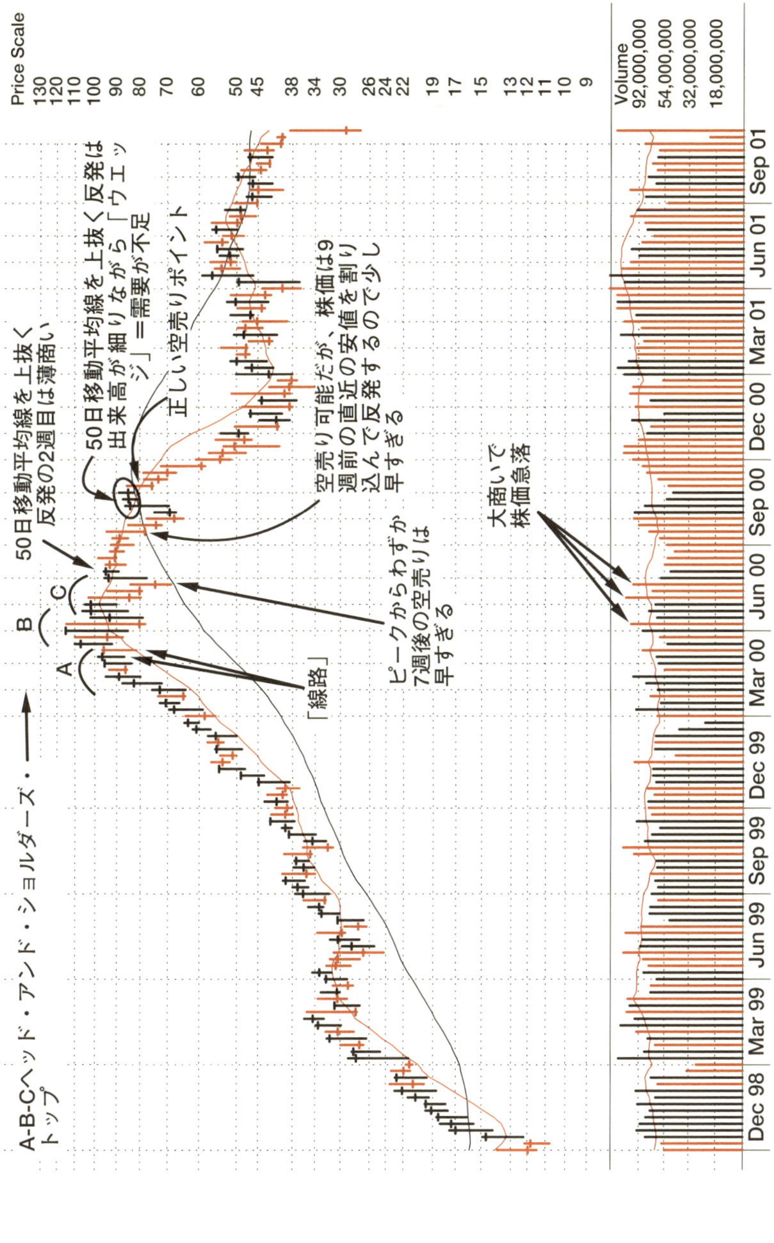
A-B-Cヘッド・アンド・ショルダーズ・トップ
A
B
C
50日移動平均線を上抜く反発の2週目は薄商い
50日移動平均線を上抜く反発は出来高が細りながら「ウエッジ」＝需要が不足
正しい空売りポイント
「線路」
空売り可能だが、株価は9週前の直近の安値を割り込んで反発するので少し早すぎる
ピークからわずか7週後の空売りは早すぎる
大商いで株価急落
Price Scale
130
120
110
100
90
80
70
60
50
45
38
34
30
26
24
22
19
17
15
13
12
11
10
9
Volume
92,000,000
54,000,000
32,000,000
18,000,000
Dec 98
Mar 99
Jun 99
Sep 99
Dec 99
Mar 00
Jun 00
Sep 00
Dec 00
Mar 01
Jun 01
Sep 01

EMC 週足チャート

2001

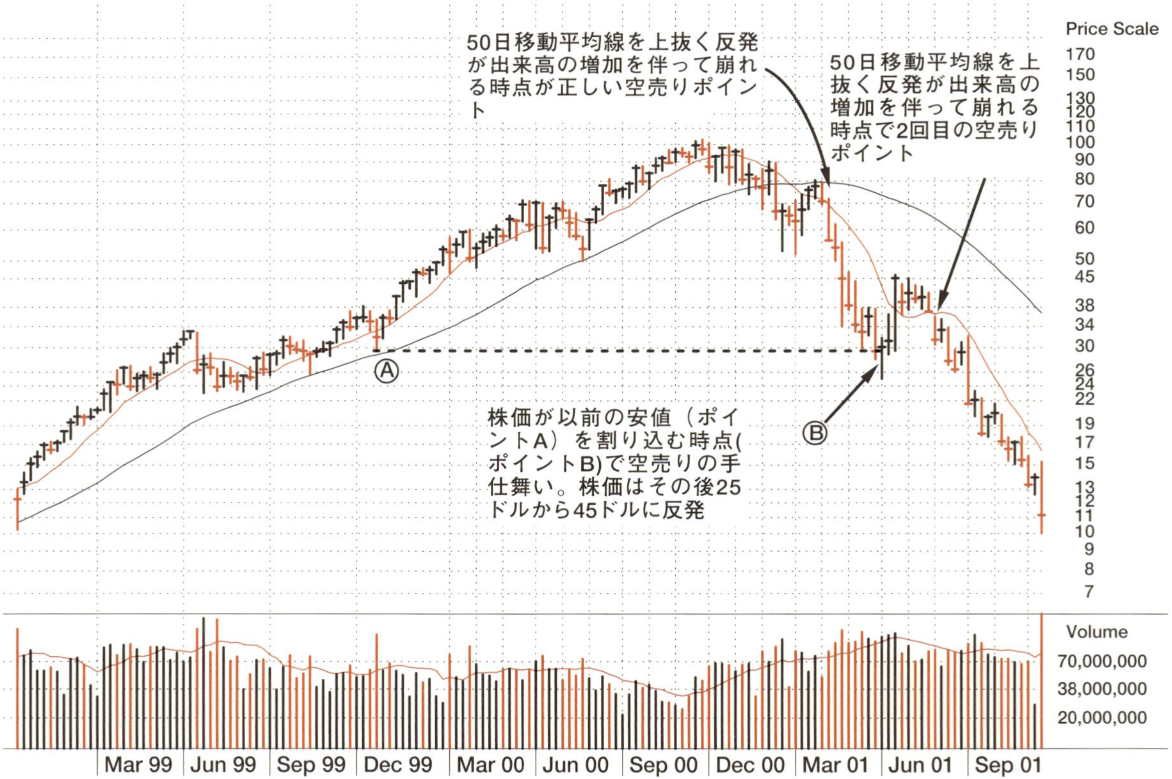
Price Scale
170
150
130
120
110
100
90
80
70
60
50
45
38
34
30
26
24
22
19
17
15
13
12
11
10
9
8
7
50日移動平均線を上抜く反発が出来高の増加を伴って崩れる時点が正しい空売りポイント
50日移動平均線を上抜く反発が出来高の増加を伴って崩れる時点で2回目の空売りポイント
Ⓐ
Ⓑ
株価が以前の安値（ポイントA）を割り込む時点(ポイントB)で空売りの手仕舞い。株価はその後25ドルから45ドルに反発
Volume
70,000,000
38,000,000
20,000,000
Mar 99
Jun 99
Sep 99
Dec 99
Mar 00
Jun 00
Sep 00
Dec 00
Mar 01
Jun 01
Sep 01

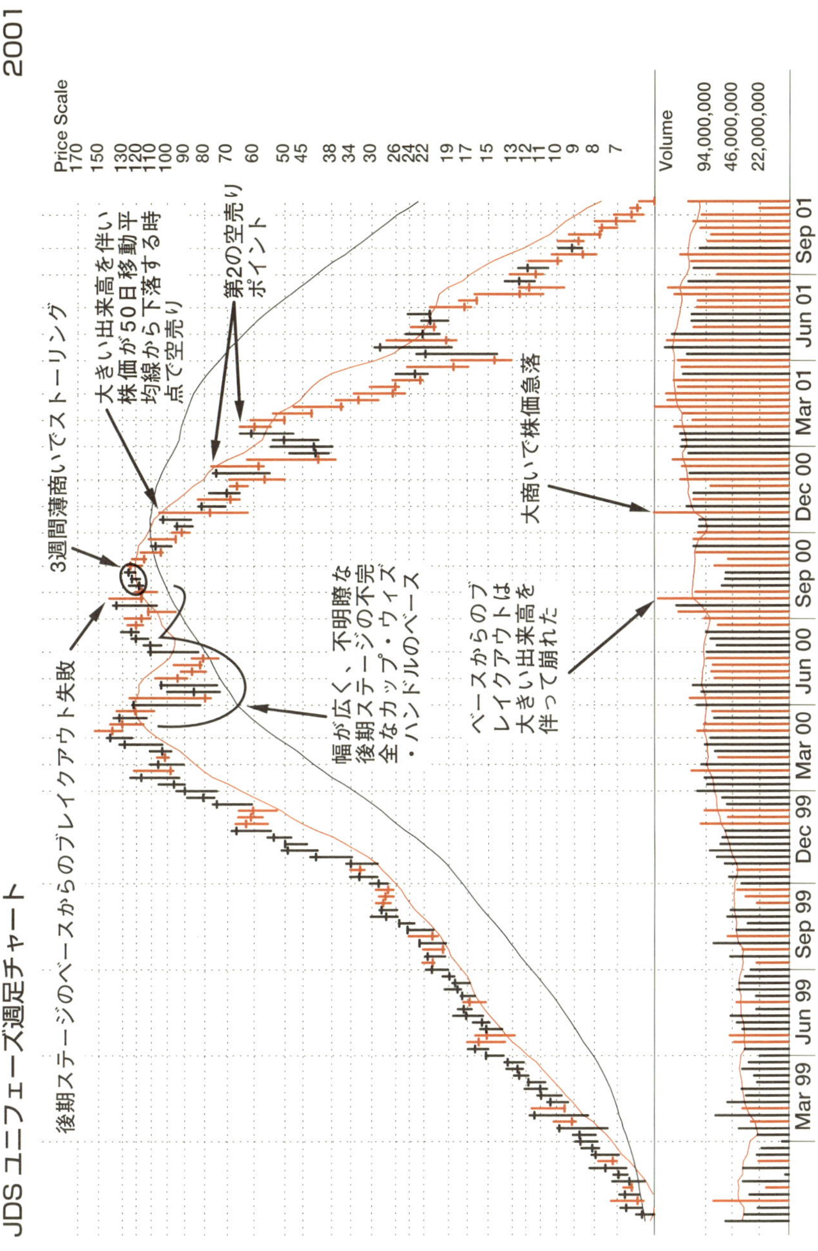
JDS ユニフェーズ週足チャート
2001
後期ステージのベースからのブレイクアウト失敗
3週間薄商いでストーリング
大きい出来高を伴い株価が50日移動平均線から下落する時点で空売り
第2の空売りポイント
幅が広く、不明瞭な後期ステージの不完全なカップ・ウィズ・ハンドルのベース
ベースからのブレイクアウトは大きい出来高を伴って崩れた
大商いで株価急落
Price Scale
170
150
130
120
110
100
90
80
70
60
50
45
38
34
30
26
24
22
19
17
15
13
12
11
10
9
8
7
Volume
94,000,000
46,000,000
22,000,000
Mar 99
Jun 99
Sep 99
Dec 99
Mar 00
Jun 00
Sep 00
Dec 00
Mar 01
Jun 01
Sep 01

LSIロジック週足チャート 2001

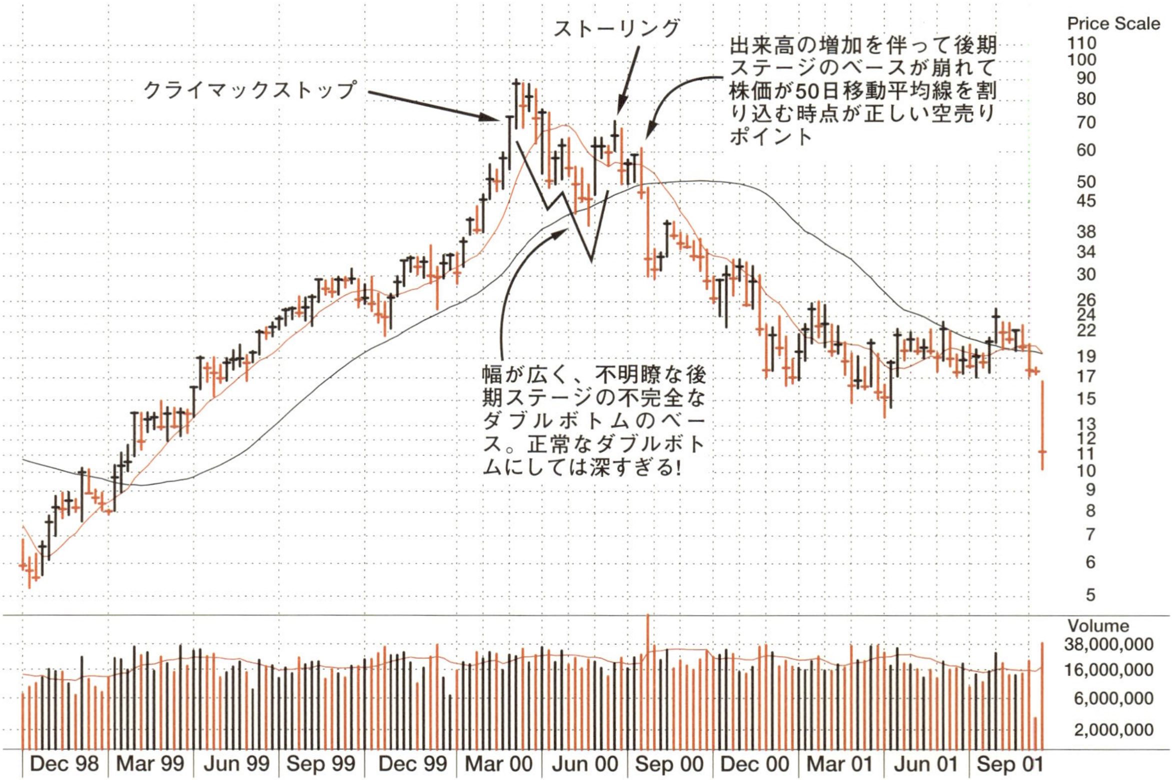
クライマックストップ
ストーリング
出来高の増加を伴って後期ステージのベースが崩れて株価が50日移動平均線を割り込む時点が正しい空売りポイント
幅が広く、不明瞭な後期ステージの不完全なダブルボトムのベース。正常なダブルボトムにしては深すぎる!
Price Scale
110
100
90
80
70
60
50
45
38
34
30
26
24
22
19
17
15
13
12
11
10
9
8
7
6
5
Volume
38,000,000
16,000,000
6,000,000
2,000,000
Dec 98
Mar 99
Jun 99
Sep 99
Dec 99
Mar 00
Jun 00
Sep 00
Dec 00
Mar 01
Jun 01
Sep 01

オラクル週足チャート

2001

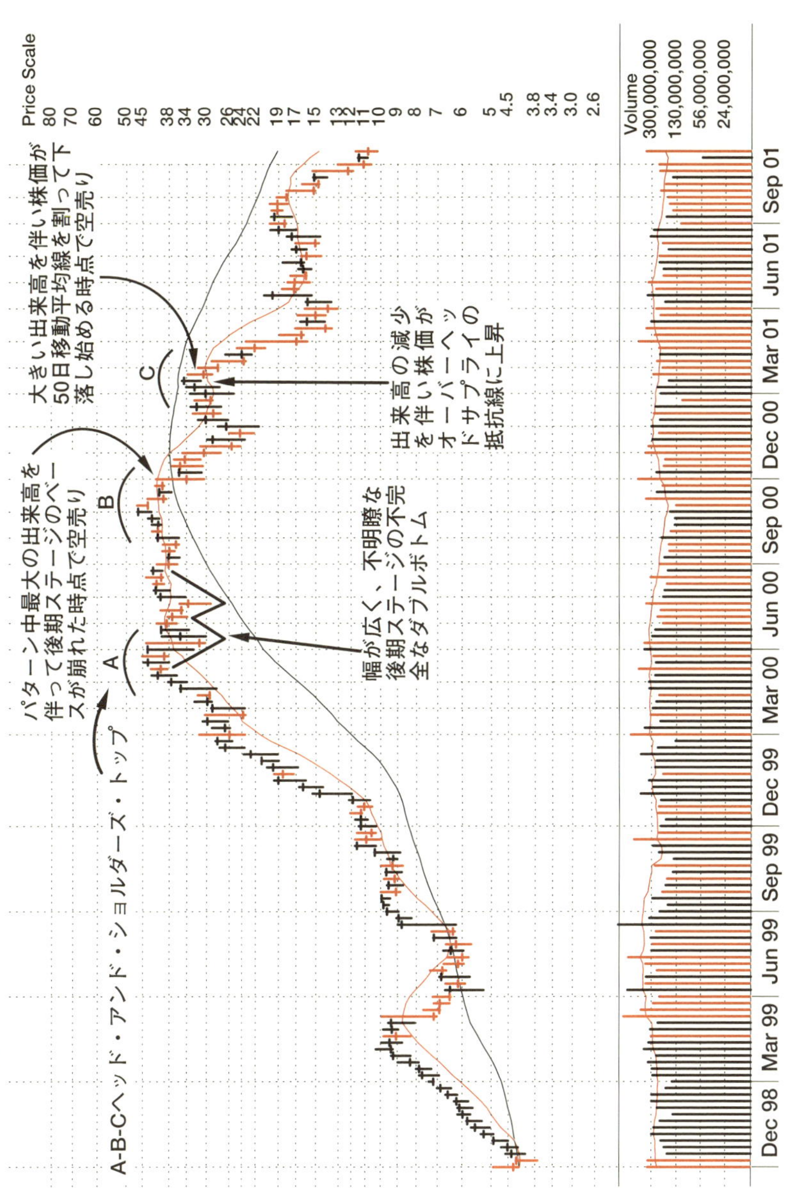

A-B-Cヘッド・アンド・ショルダーズ・トップ
パターン中最大の出来高を伴って後期ステージのベースが崩れた時点で空売り
A
B
C
大きい出来高を伴い株価が50日移動平均線を割って下落し始める時点で空売り
幅が広く、不明瞭な後期ステージの不完全なダブルボトム
出来高の減少を伴い株価がオーバーヘッドサプライの抵抗線に上昇
Price Scale
80 70 60 50 45 38 34 30 26 24 22 19 17 15 13 12 11 10 9 8 7 6 5 4.5 3.8 3.4 3.0 2.6
Volume
300,000,000
130,000,000
56,000,000
24,000,000
Dec 98
Mar 99
Jun 99
Sep 99
Dec 99
Mar 00
Jun 00
Sep 00
Dec 00
Mar 01
Jun 01
Sep 01

パワー・ワン週足チャート　2001

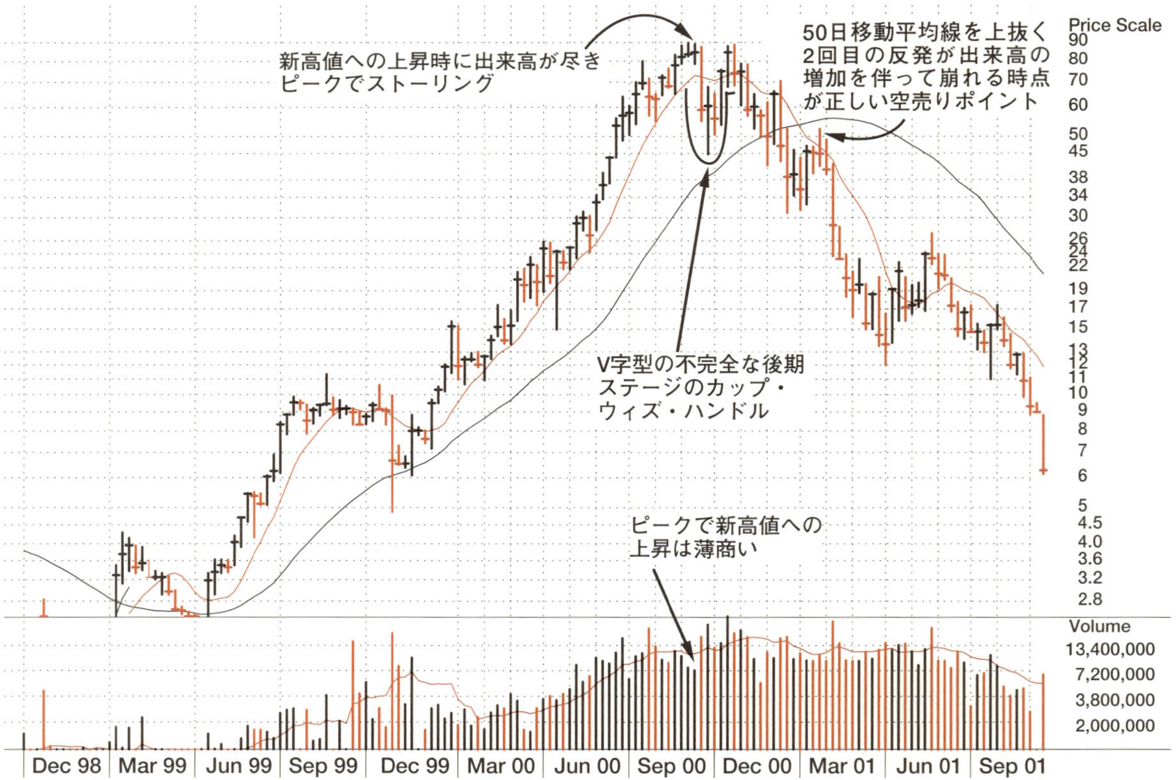
新高値への上昇時に出来高が尽き
ピークでストーリング
50日移動平均線を上抜く
2回目の反発が出来高の
増加を伴って崩れる時点
が正しい空売りポイント
V字型の不完全な後期
ステージのカップ・
ウィズ・ハンドル
ピークで新高値への
上昇は薄商い
Price Scale
90
80
70
60
50
45
38
34
30
26
24
22
19
17
15
13
12
11
10
9
8
7
6
5
4.5
4.0
3.6
3.2
2.8
Volume
13,400,000
7,200,000
3,800,000
2,000,000
Dec 98
Mar 99
Jun 99
Sep 99
Dec 99
Mar 00
Jun 00
Sep 00
Dec 00
Mar 01
Jun 01
Sep 01

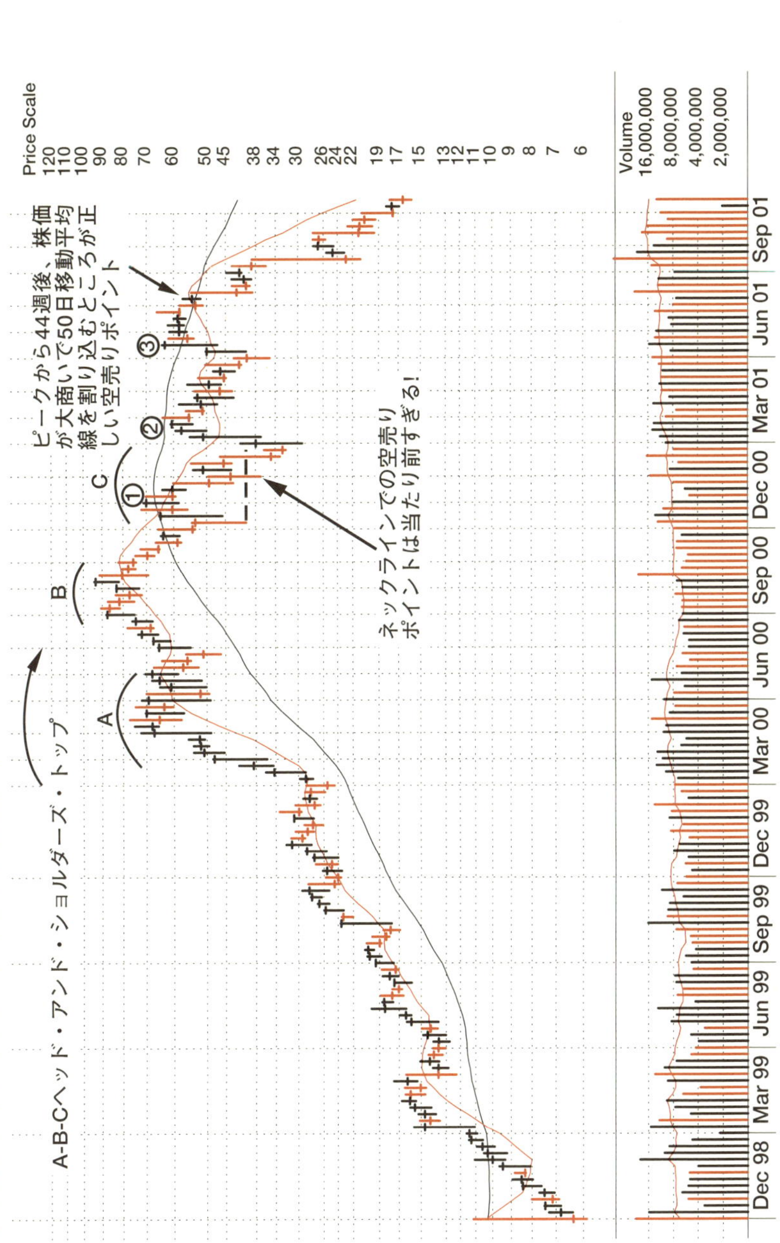
A-B-Cヘッド・アンド・ショルダーズ・トップ
A
B
C
①
②
③
ピークから44週後、株価が大商いで50日移動平均線を割り込むところが正しい空売りポイント
ネックラインでの空売りポイントは当たり前すぎる！
Price Scale
120
110
100
90
80
70
60
50
45
38
34
30
26
24
22
19
17
15
13
12
11
10
9
8
7
6
Volume
16,000,000
8,000,000
4,000,000
2,000,000
Dec 98
Mar 99
Jun 99
Sep 99
Dec 99
Mar 00
Jun 00
Sep 00
Dec 00
Mar 01
Jun 01
Sep 01

サイエンティフィック・アトランタ週足チャート　2001

シーベル・システムズ週足チャート 2001

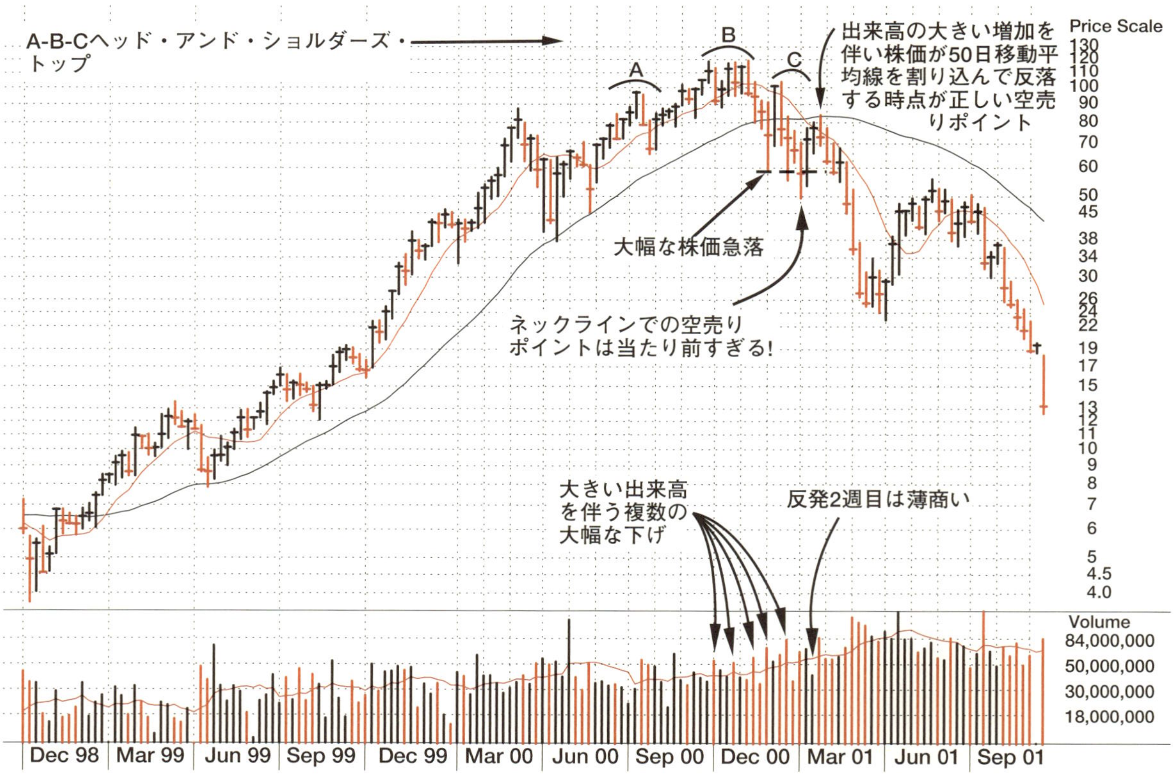

A-B-Cヘッド・アンド・ショルダーズ・トップ
A
B
C
出来高の大きい増加を伴い株価が50日移動平均線を割り込んで反落する時点が正しい空売りポイント
大幅な株価急落
ネックラインでの空売りポイントは当たり前すぎる!
大きい出来高を伴う複数の大幅な下げ
反発2週目は薄商い
Price Scale
130
120
110
100
90
80
70
60
50
45
38
34
30
26
24
22
19
17
15
13
12
11
10
9
8
7
6
5
4.5
4.0
Volume
84,000,000
50,000,000
30,000,000
18,000,000
Dec 98
Mar 99
Jun 99
Sep 99
Dec 99
Mar 00
Jun 00
Sep 00
Dec 00
Mar 01
Jun 01
Sep 01

ソレクトロン週足チャート

2001

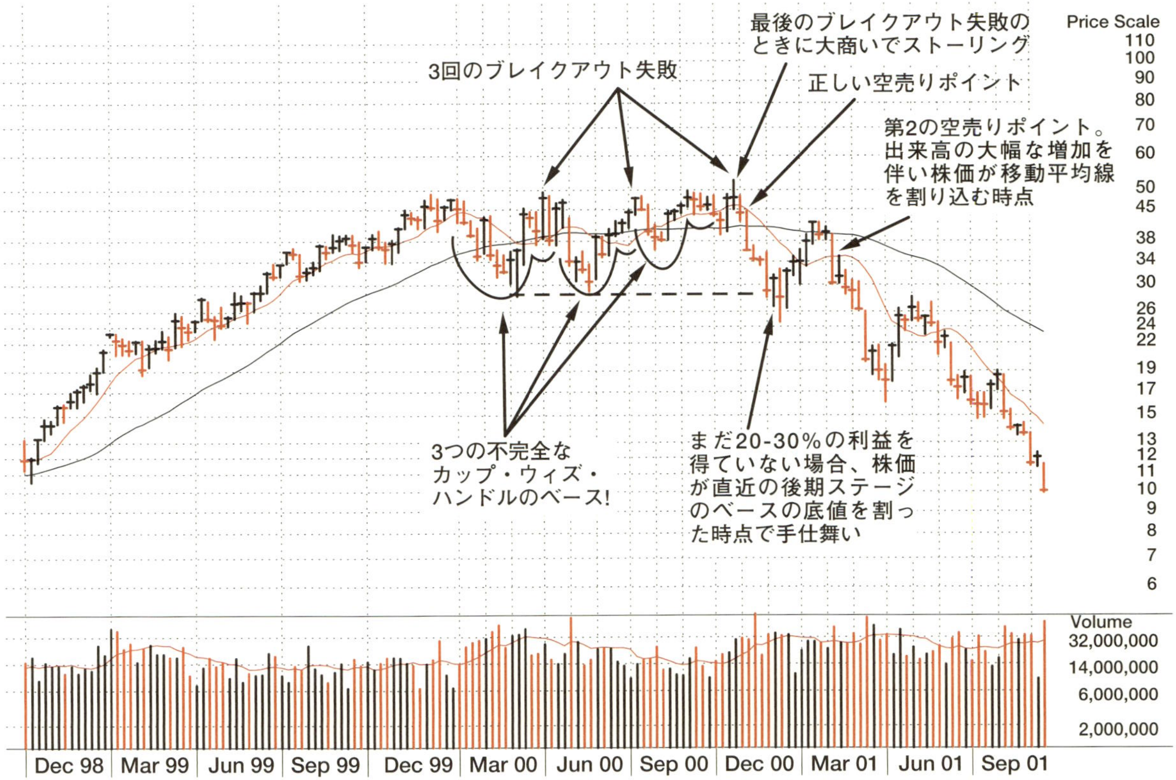

最後のブレイクアウト失敗のときに大商いでストーリング
3回のブレイクアウト失敗
正しい空売りポイント
第2の空売りポイント。出来高の大幅な増加を伴い株価が移動平均線を割り込む時点
3つの不完全なカップ・ウィズ・ハンドルのベース!
まだ20-30%の利益を得ていない場合、株価が直近の後期ステージのベースの底値を割った時点で手仕舞い
Price Scale
110
100
90
80
70
60
50
45
38
34
30
26
24
22
19
17
15
13
12
11
10
9
8
7
6
Volume
32,000,000
14,000,000
6,000,000
2,000,000
Dec 98
Mar 99
Jun 99
Sep 99
Dec 99
Mar 00
Jun 00
Sep 00
Dec 00
Mar 01
Jun 01
Sep 01

サン・マイクロシステムズ週足チャート

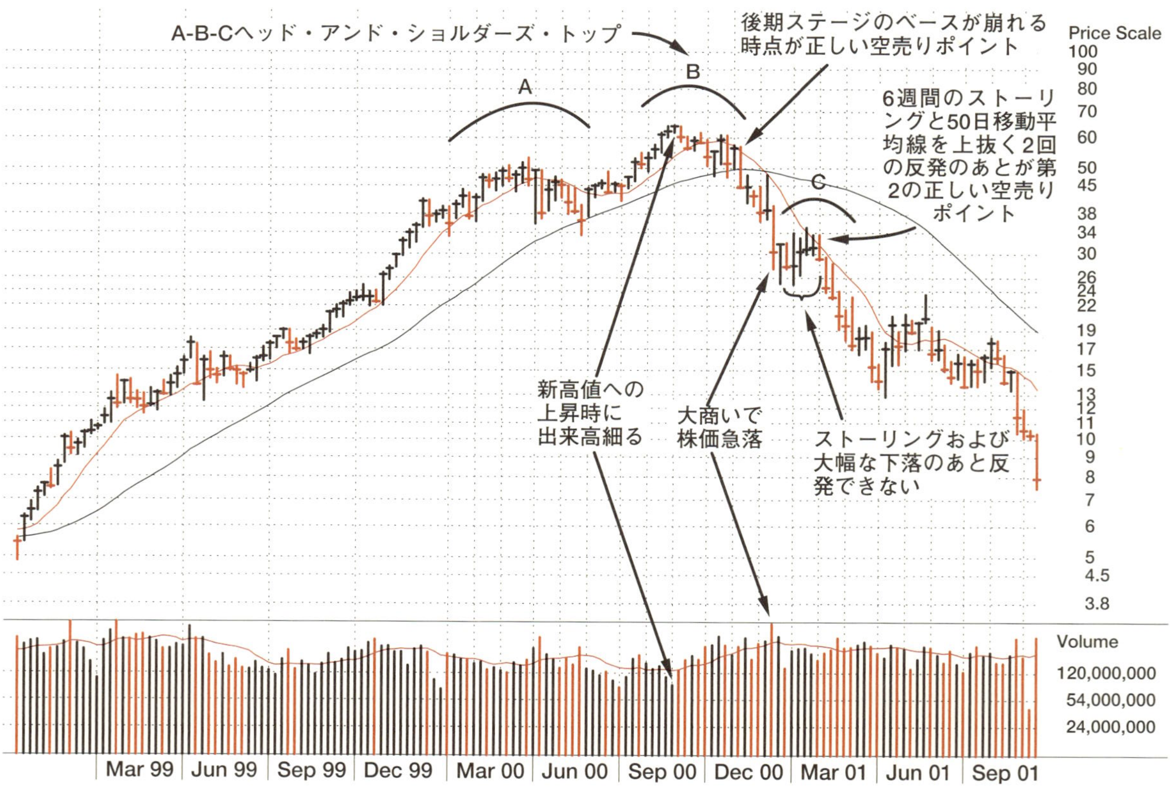
2001
A-B-Cヘッド・アンド・ショルダーズ・トップ
A
B
C
後期ステージのベースが崩れる
時点が正しい空売りポイント
6週間のストーリングと50日移動平均線を上抜く2回の反発のあとが第2の正しい空売りポイント
新高値への
上昇時に
出来高細る
大商いで
株価急落
ストーリングおよび
大幅な下落のあと反
発できない
Price Scale
100
90
80
70
60
50
45
38
34
30
26
24
22
19
17
15
13
12
11
10
9
8
7
6
5
4.5
3.8
Volume
120,000,000
54,000,000
24,000,000
Mar 99
Jun 99
Sep 99
Dec 99
Mar 00
Jun 00
Sep 00
Dec 00
Mar 01
Jun 01
Sep 01

ブロケード・コミュニケーションズ・システムズ週足チャート　2001

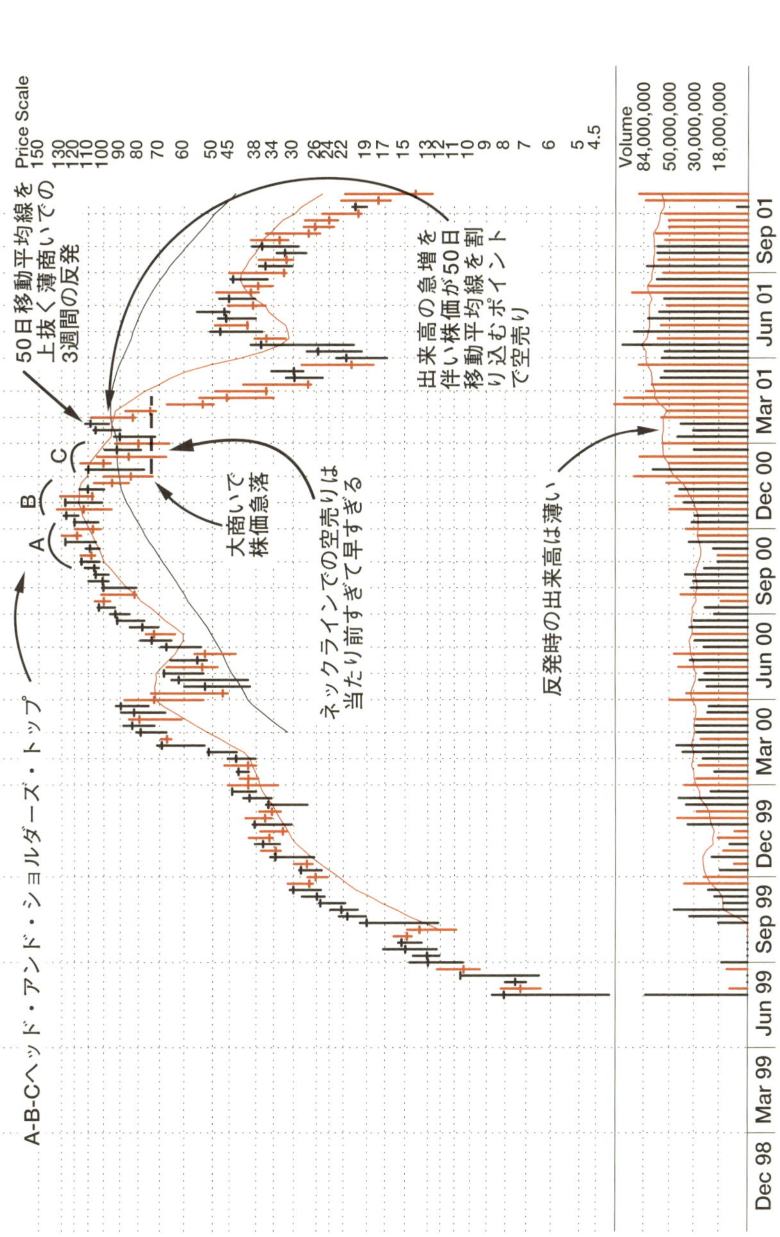
A-B-Cヘッド・アンド・ショルダーズ・トップ
A
B
C
50日移動平均線を上抜く薄商いでの3週間の反発
大商いで株価急落
ネックラインでの空売りは当たり前すぎて早すぎる
出来高の急増を伴い株価が50日移動平均線を割り込むポイントで空売り
反発時の出来高は薄い
Price Scale
150
130
120
110
100
90
80
70
60
50
45
38
34
30
26
24
22
19
17
15
13
12
11
10
9
8
7
6
5
4.5
Volume
84,000,000
50,000,000
30,000,000
18,000,000
Dec 98
Mar 99
Jun 99
Sep 99
Dec 99
Mar 00
Jun 00
Sep 00
Dec 00
Mar 01
Jun 01
Sep 01

チェック・ポイント・ソフトウエア・テクノロジーズ週足チャート

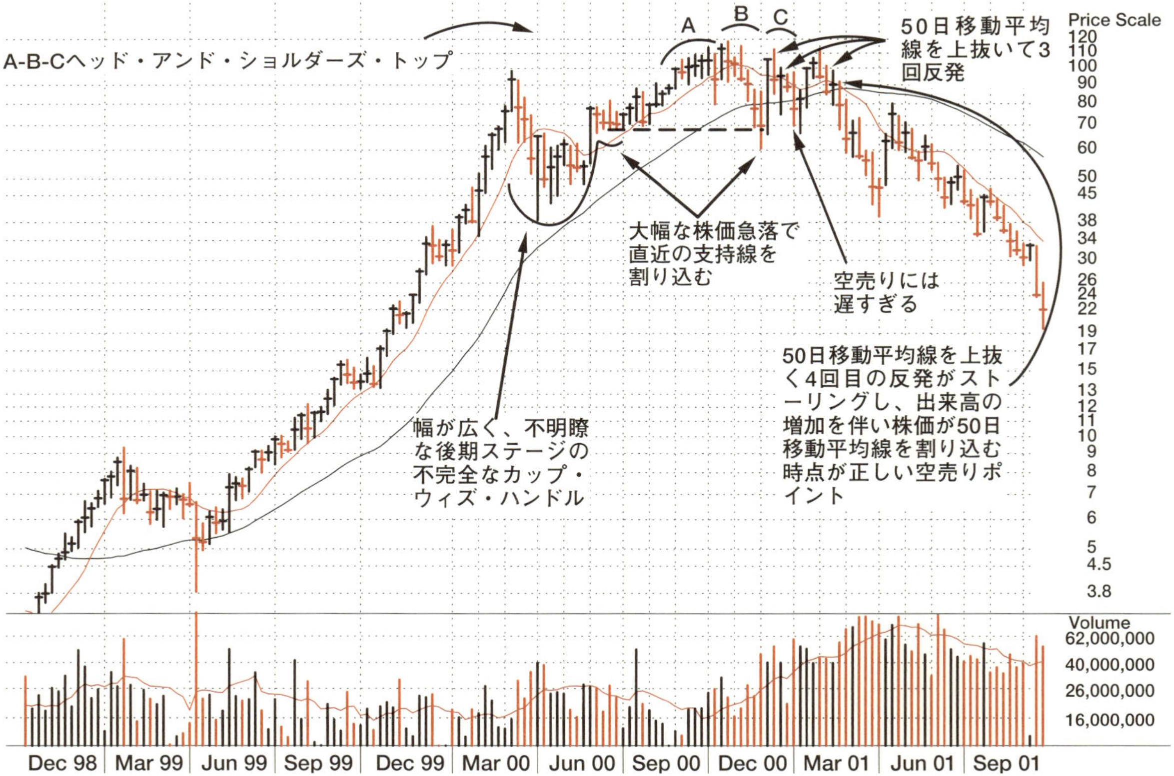
A-B-Cヘッド・アンド・ショルダーズ・トップ
A
B
C
50日移動平均線を上抜いて3回反発
大幅な株価急落で直近の支持線を割り込む
空売りには遅すぎる
50日移動平均線を上抜く4回目の反発がストーリングし、出来高の増加を伴い株価が50日移動平均線を割り込む時点が正しい空売りポイント
幅が広く、不明瞭な後期ステージの不完全なカップ・ウィズ・ハンドル
Price Scale
120
110
100
90
80
70
60
50
45
38
34
30
26
24
22
19
17
15
13
12
11
10
9
8
7
6
5
4.5
3.8
Volume
62,000,000
40,000,000
26,000,000
16,000,000
Dec 98
Mar 99
Jun 99
Sep 99
Dec 99
Mar 00
Jun 00
Sep 00
Dec 00
Mar 01
Jun 01
Sep 01

ジュニパー・ネットワークス週足チャート

2001

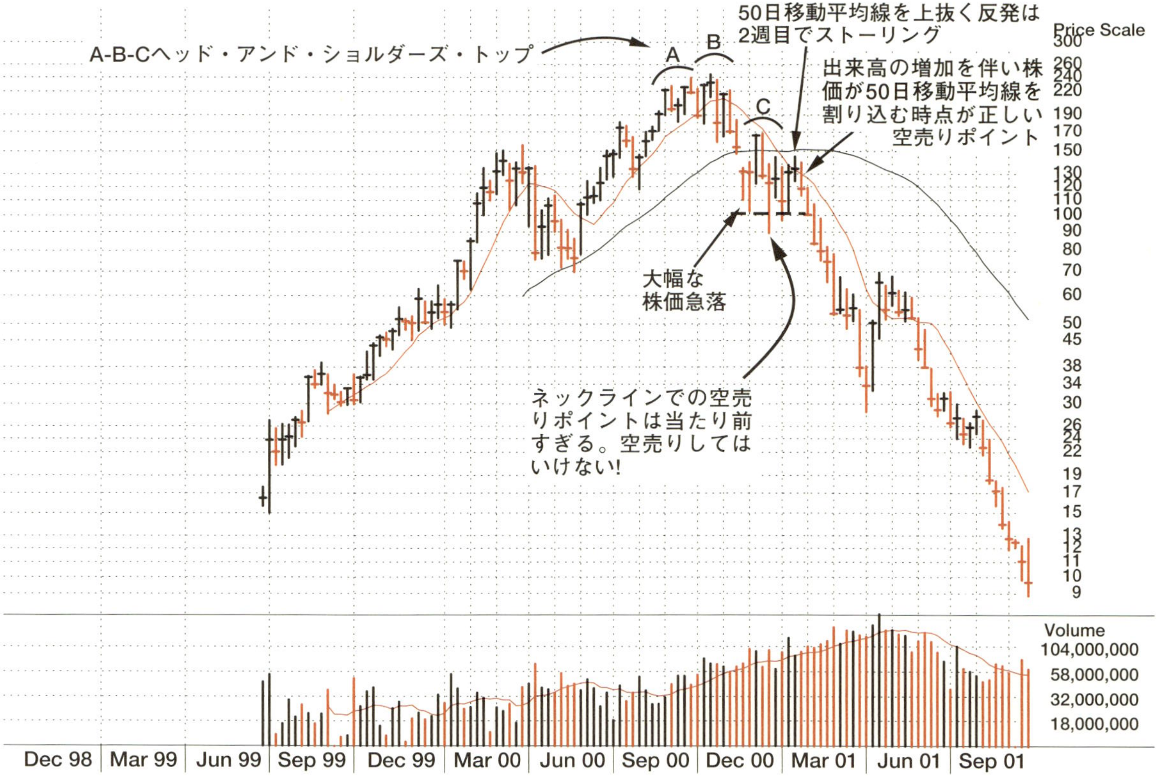
A-B-Cヘッド・アンド・ショルダーズ・トップ
A
B
C
50日移動平均線を上抜く反発は
2週目でストーリング
出来高の増加を伴い株
価が50日移動平均線を
割り込む時点が正しい
空売りポイント
大幅な
株価急落
ネックラインでの空売
りポイントは当たり前
すぎる。空売りしては
いけない!
Price Scale
300
260
240
220
190
170
150
130
120
110
100
90
80
70
60
50
45
38
34
30
26
24
22
19
17
15
13
12
11
10
9
Volume
104,000,000
58,000,000
32,000,000
18,000,000
Dec 98
Mar 99
Jun 99
Sep 99
Dec 99
Mar 00
Jun 00
Sep 00
Dec 00
Mar 01
Jun 01
Sep 01

マーキュリー・インタラクティブ週足チャート　2001

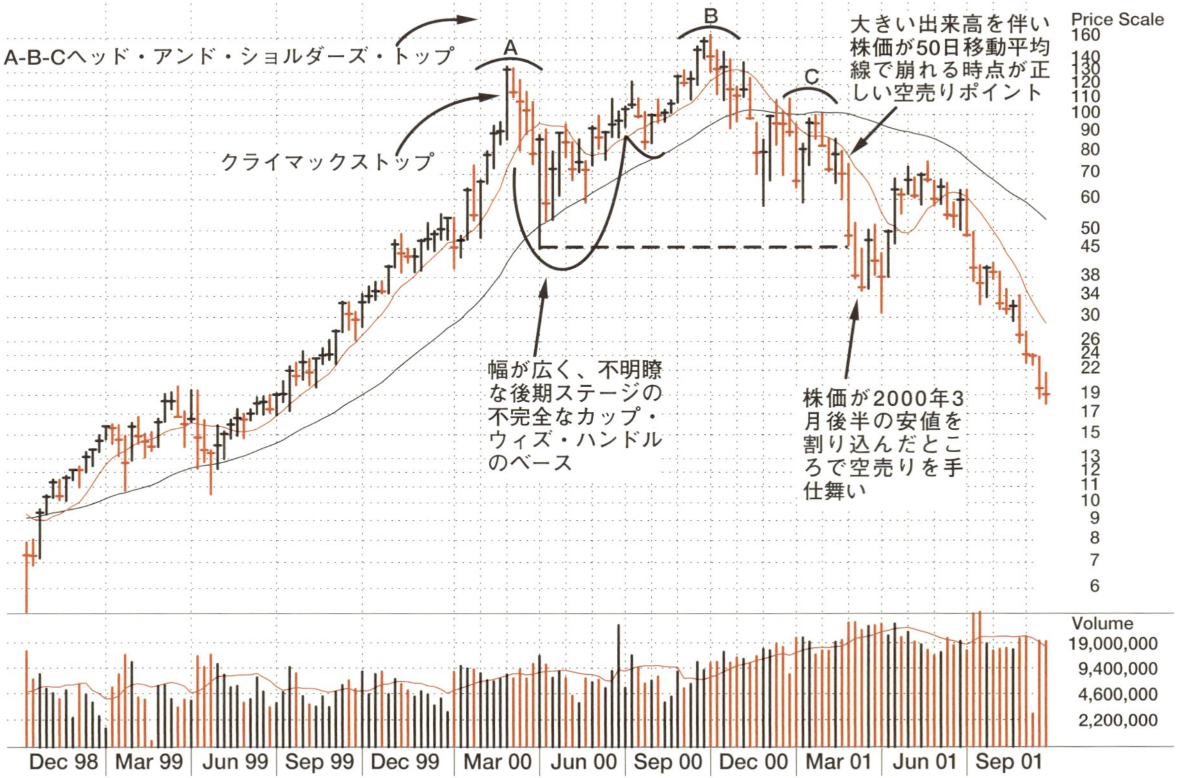
A-B-Cヘッド・アンド・ショルダーズ・トップ
A
B
C
クライマックストップ
大きい出来高を伴い株価が50日移動平均線で崩れる時点が正しい空売りポイント
幅が広く、不明瞭な後期ステージの不完全なカップ・ウィズ・ハンドルのベース
株価が2000年3月後半の安値を割り込んだところで空売りを手仕舞い
Price Scale
160
140
130
120
110
100
90
80
70
60
50
45
38
34
30
26
24
22
19
17
15
13
12
11
10
9
8
7
6
Volume
19,000,000
9,400,000
4,600,000
2,200,000
Dec 98
Mar 99
Jun 99
Sep 99
Dec 99
Mar 00
Jun 00
Sep 00
Dec 00
Mar 01
Jun 01
Sep 01

PMC-シエラ週足チャート　2001

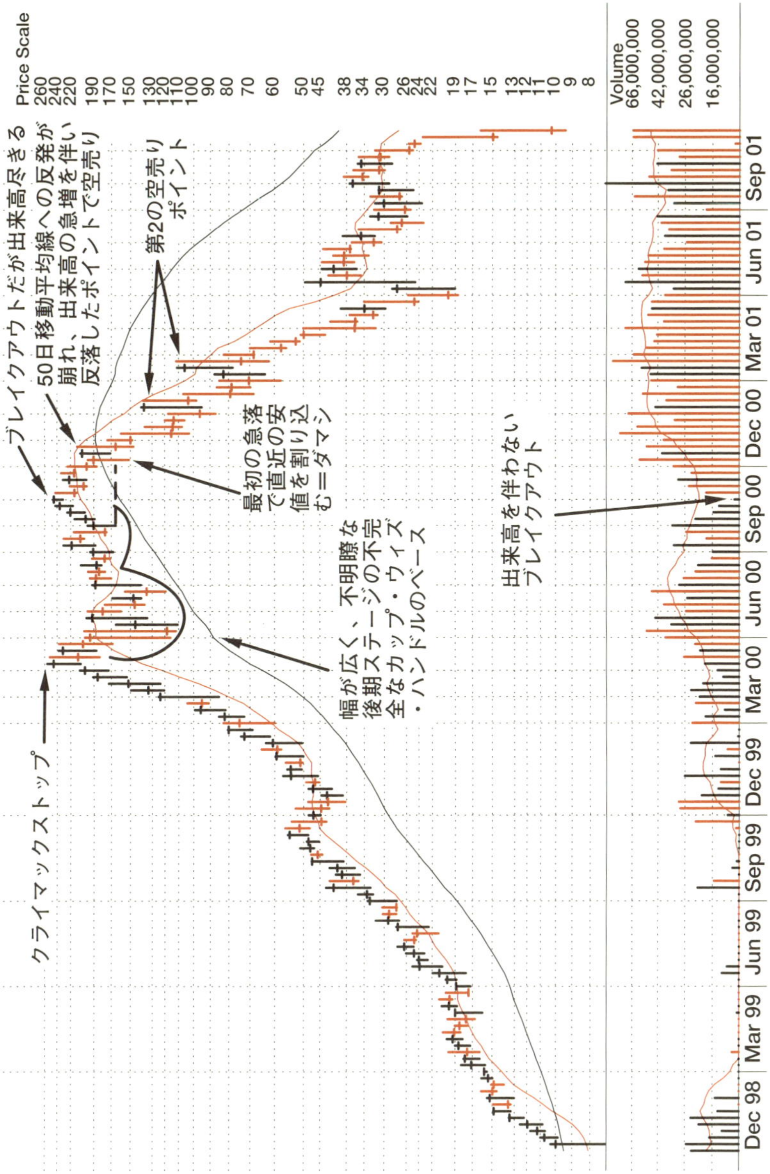
クライマックストップ
ブレイクアウトだが出来高尽きる
50日移動平均線への反発が崩れ、出来高の急増を伴い反落したポイントで空売り
第2の空売りポイント
最初の急落で直近の安値を割り込む＝ダマシ
幅が広く、不明瞭な後期ステージの不完全なカップ・ハンドルのベース
出来高を伴わないブレイクアウト
Price Scale
Volume
Dec 98
Mar 99
Jun 99
Sep 99
Dec 99
Mar 00
Jun 00
Sep 00
Dec 00
Mar 01
Jun 01
Sep 01

Qロジック週足チャート　2001

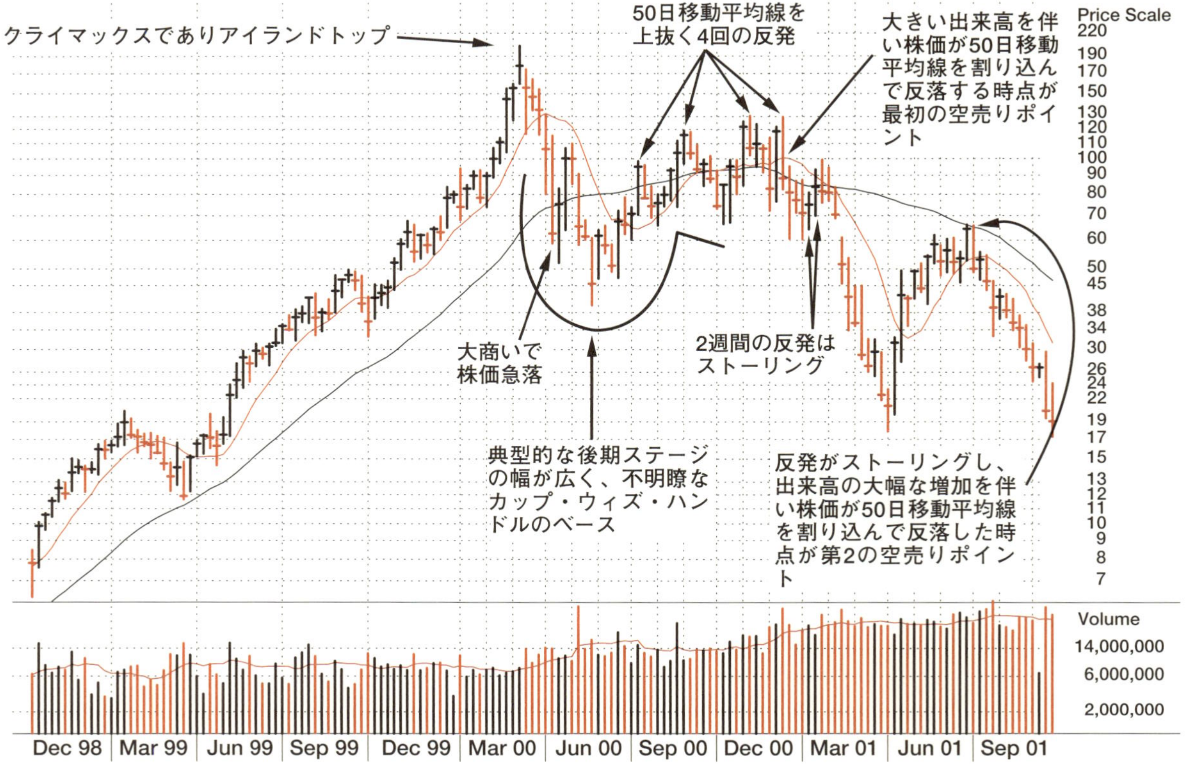
クライマックスでありアイランドトップ
50日移動平均線を上抜く4回の反発
大きい出来高を伴い株価が50日移動平均線を割り込んで反落する時点が最初の空売りポイント
大商いで株価急落
2週間の反発はストーリング
典型的な後期ステージの幅が広く、不明瞭なカップ・ウィズ・ハンドルのベース
反発がストーリングし、出来高の大幅な増加を伴い株価が50日移動平均線を割り込んで反落した時点が第2の空売りポイント
Price Scale
220
190
170
150
130
120
110
100
90
80
70
60
50
45
38
34
30
26
24
22
19
17
15
13
12
11
10
9
8
7
Volume
14,000,000
6,000,000
2,000,000
Dec 98
Mar 99
Jun 99
Sep 99
Dec 99
Mar 00
Jun 00
Sep 00
Dec 00
Mar 01
Jun 01
Sep 01

ベリタス・ソフトウエア週足チャート　2001

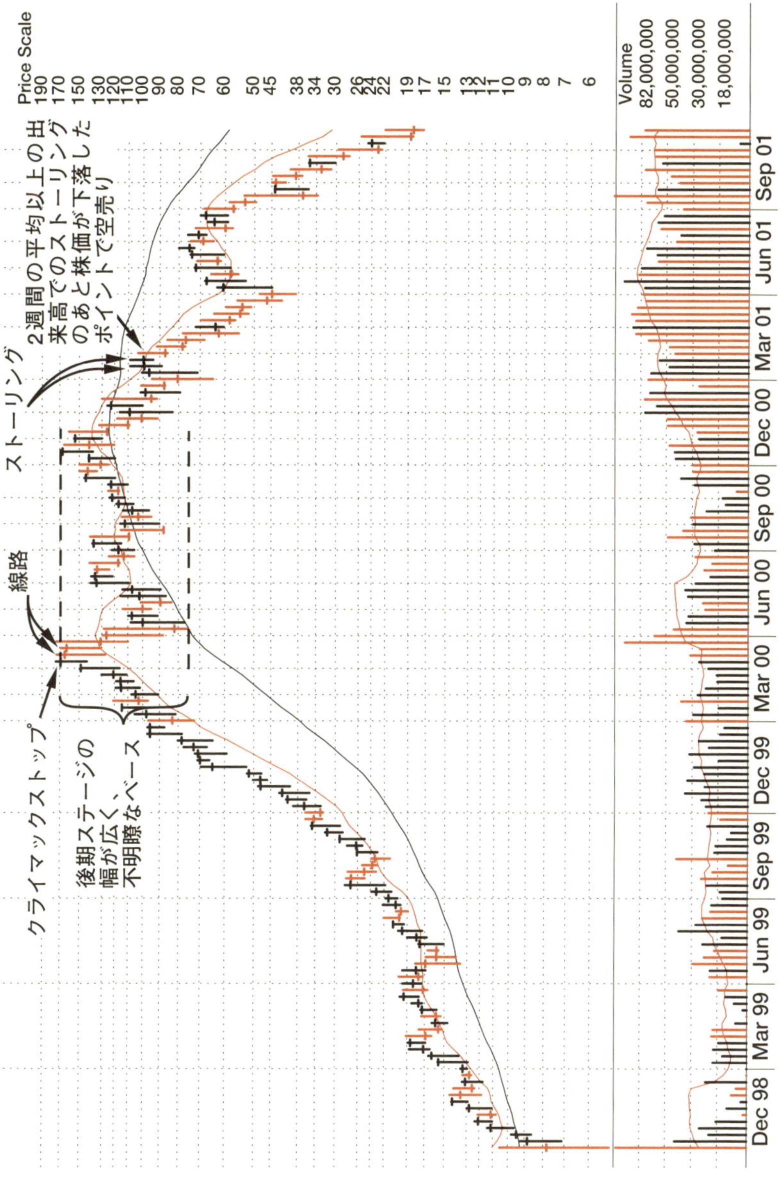
線路
クライマックストップ
後期ステージの幅が広く、不明瞭なベース
ストーリング
2週間の平均以上の出来高でのストーリングのあと株価が下落したポイントで空売り
Price Scale
190
170
150
130
120
110
100
90
80
70
60
50
45
38
34
30
26
24
22
19
17
15
13
12
11
10
9
8
7
6
Volume
82,000,000
50,000,000
30,000,000
18,000,000
Dec 98
Mar 99
Jun 99
Sep 99
Dec 99
Mar 00
Jun 00
Sep 00
Dec 00
Mar 01
Jun 01
Sep 01

ザイリンクス週足チャート

2001

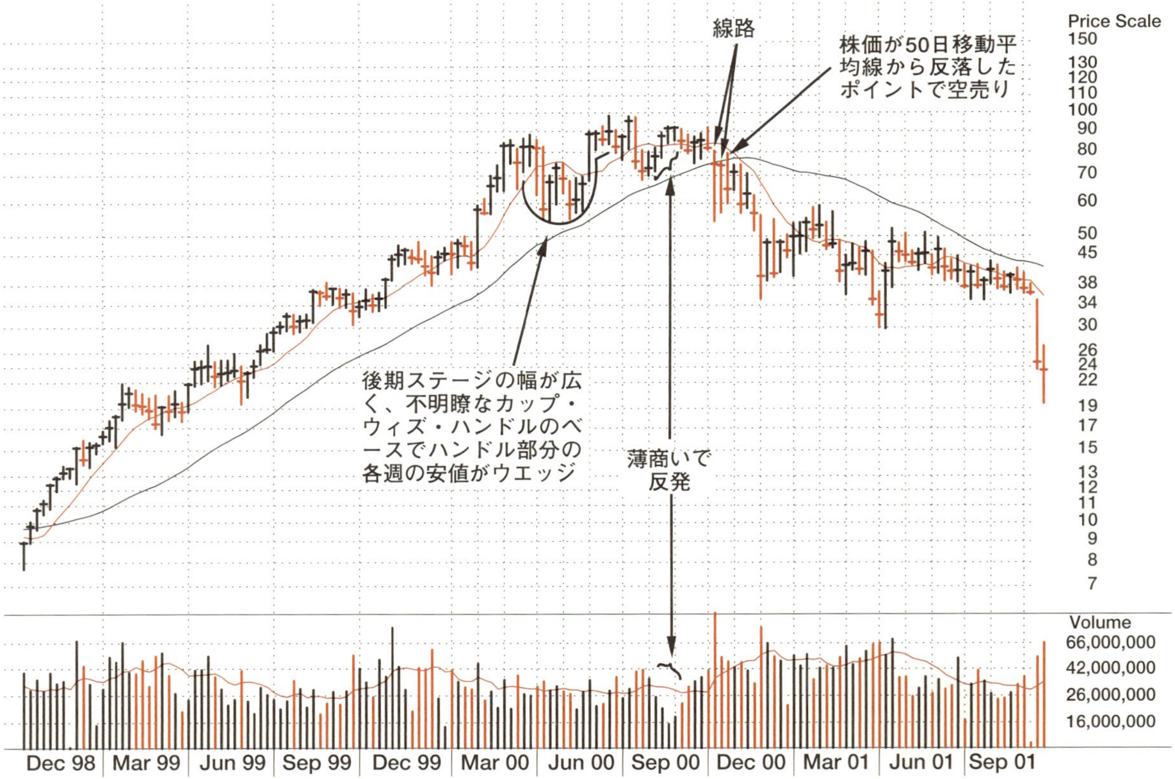
Price Scale
150
130
120
110
100
90
80
70
60
50
45
38
34
30
26
24
22
19
17
15
13
12
11
10
9
8
7
Volume
66,000,000
42,000,000
26,000,000
16,000,000
Dec 98
Mar 99
Jun 99
Sep 99
Dec 99
Mar 00
Jun 00
Sep 00
Dec 00
Mar 01
Jun 01
Sep 01
線路
株価が50日移動平均線から反落したポイントで空売り
後期ステージの幅が広く、不明瞭なカップ・ウィズ・ハンドルのベースでハンドル部分の各週の安値がウエッジ
薄商いで反発

コンバース・テクノロジー週足チャート

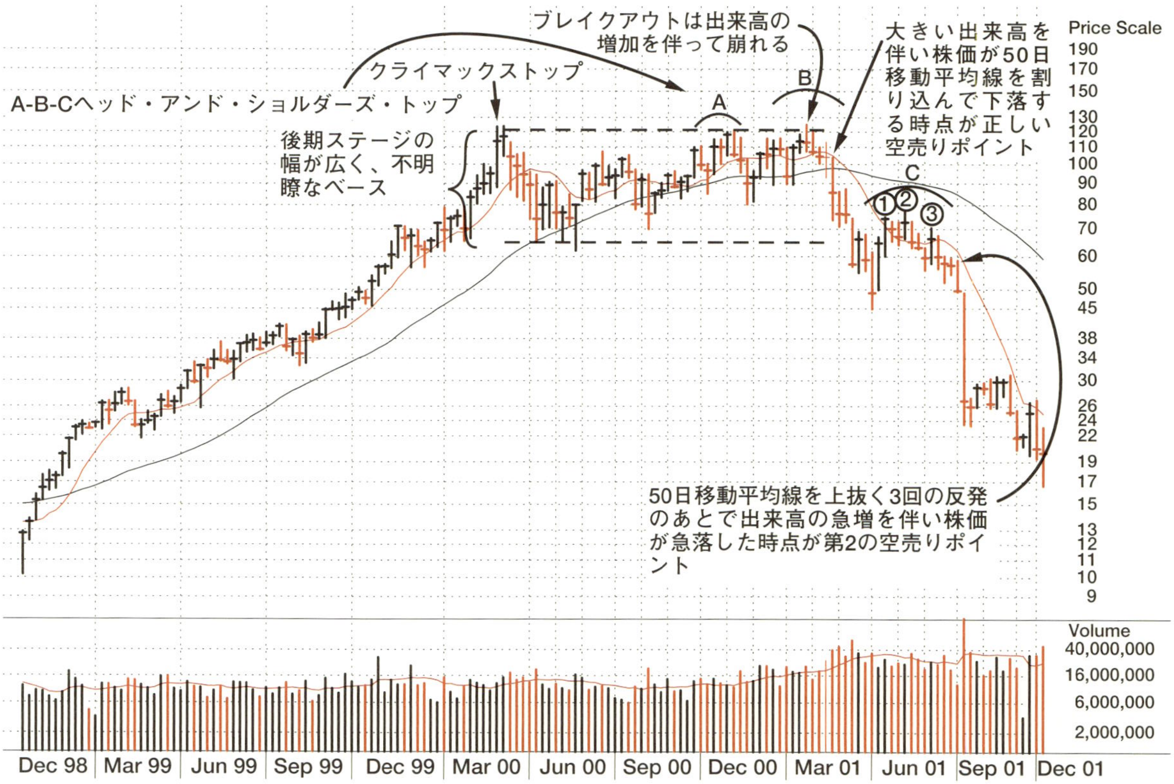
2001
A-B-Cヘッド・アンド・ショルダーズ・トップ
クライマックストップ
ブレイクアウトは出来高の
増加を伴って崩れる
後期ステージの
幅が広く、不明
瞭なベース
A
B
C
①
②
③
大きい出来高を
伴い株価が50日
移動平均線を割
り込んで下落す
る時点が正しい
空売りポイント
50日移動平均線を上抜く3回の反発
のあとで出来高の急増を伴い株価
が急落した時点が第2の空売りポイ
ント
Price Scale
190
170
150
130
120
110
100
90
80
70
60
50
45
38
34
30
26
24
22
19
17
15
13
12
11
10
9
Volume
40,000,000
16,000,000
6,000,000
2,000,000
Dec 98
Mar 99
Jun 99
Sep 99
Dec 99
Mar 00
Jun 00
Sep 00
Dec 00
Mar 01
Jun 01
Sep 01
Dec 01

ゲートウェイ週足チャート

2001

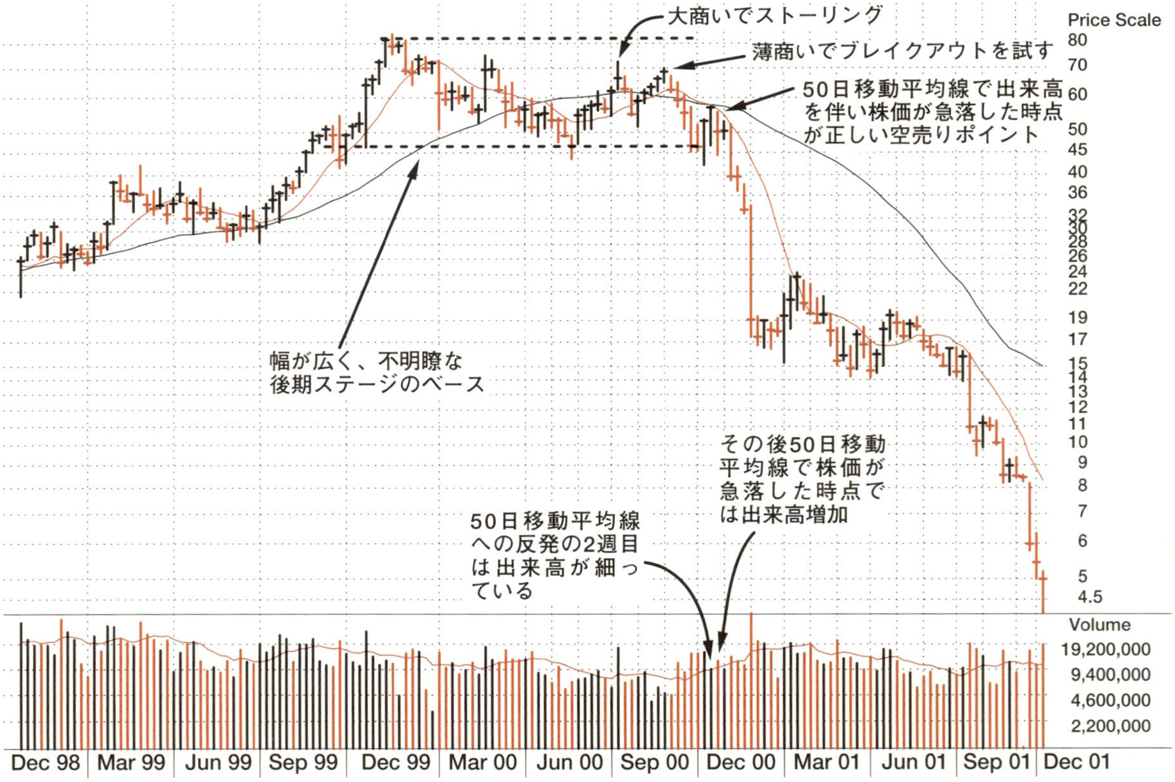
大商いでストーリング
薄商いでブレイクアウトを試す
50日移動平均線で出来高を伴い株価が急落した時点が正しい空売りポイント
幅が広く、不明瞭な後期ステージのベース
その後50日移動平均線で株価が急落した時点では出来高増加
50日移動平均線への反発の2週目は出来高が細っている
Price Scale
80
70
60
50
45
40
36
32
30
28
26
24
22
19
17
15
14
13
12
11
10
9
8
7
6
5
4.5
Volume
19,200,000
9,400,000
4,600,000
2,200,000
Dec 98
Mar 99
Jun 99
Sep 99
Dec 99
Mar 00
Jun 00
Sep 00
Dec 00
Mar 01
Jun 01
Sep 01
Dec 01

ネクステル・コミュニケーションズ週足チャート　2002

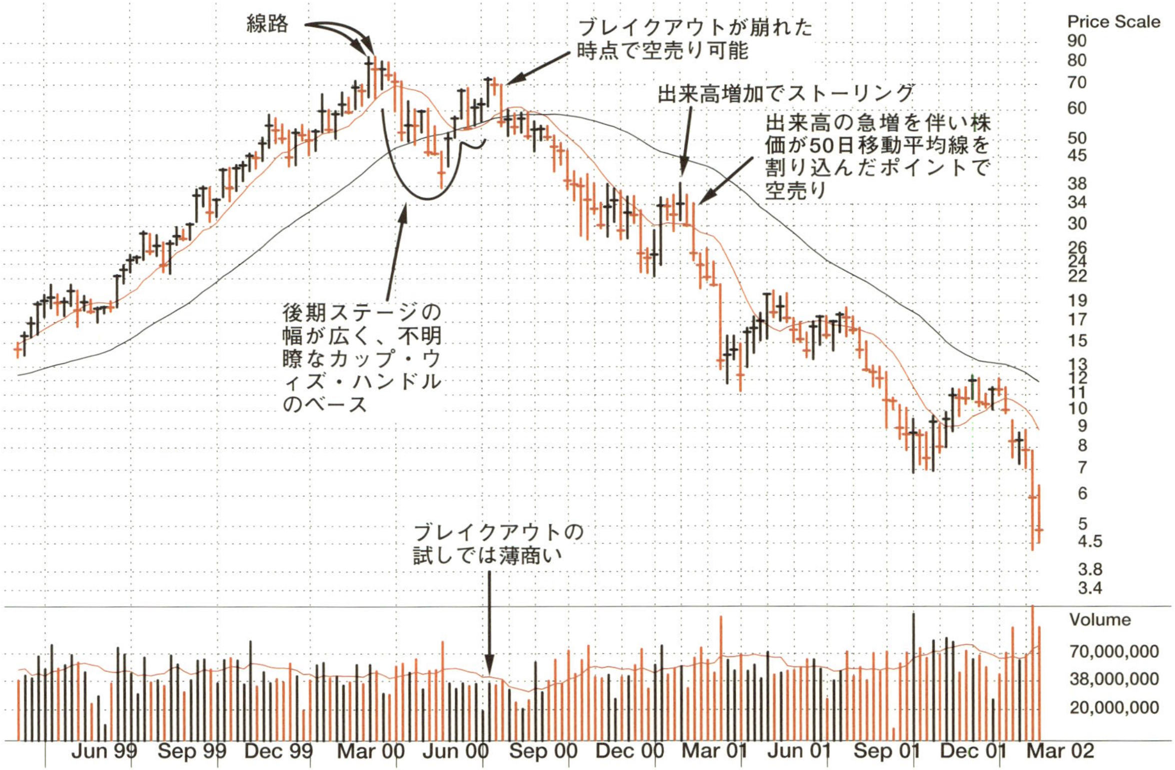
線路
ブレイクアウトが崩れた
時点で空売り可能
出来高増加でストーリング
出来高の急増を伴い株
価が50日移動平均線を
割り込んだポイントで
空売り
後期ステージの
幅が広く、不明
瞭なカップ・ウ
ィズ・ハンドル
のベース
ブレイクアウトの
試しでは薄商い
Price Scale
90
80
70
60
50
45
38
34
30
26
24
22
19
17
15
13
12
11
10
9
8
7
6
5
4.5
3.8
3.4
Volume
70,000,000
38,000,000
20,000,000
Jun 99
Sep 99
Dec 99
Mar 00
Jun 00
Sep 00
Dec 00
Mar 01
Jun 01
Sep 01
Dec 01
Mar 02

スプリントPCSグループ週足チャート

2002

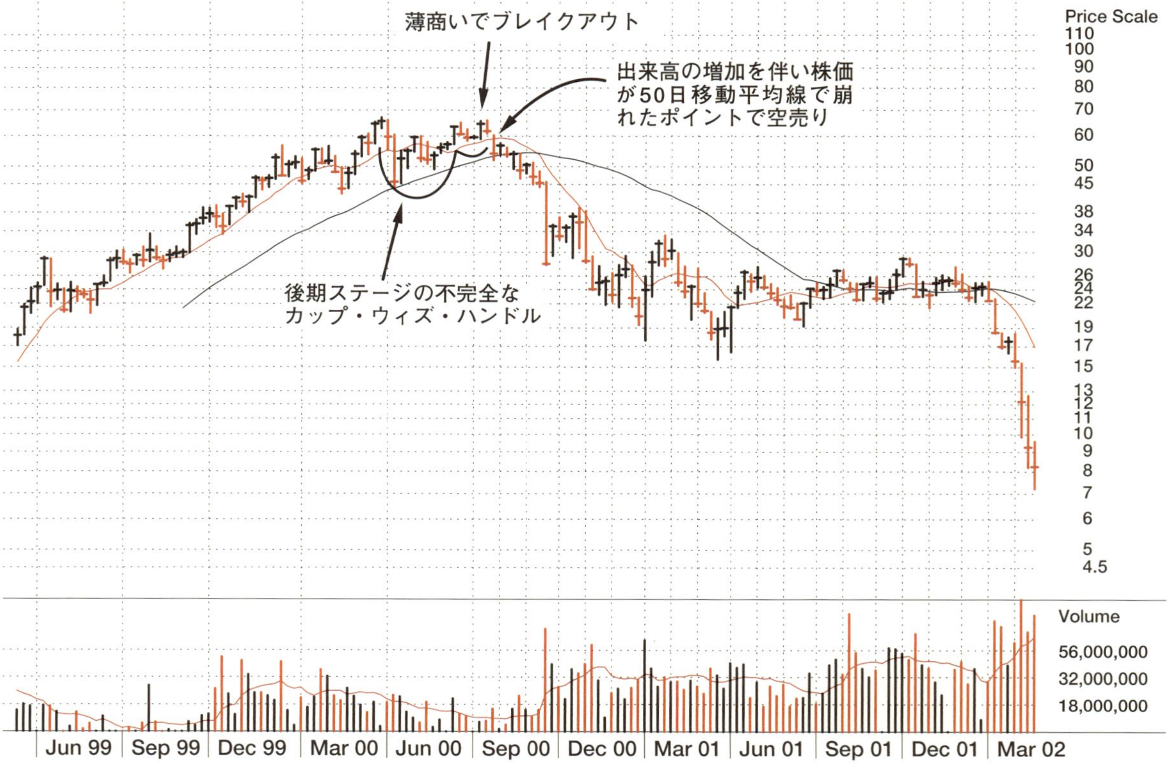
薄商いでブレイクアウト
出来高の増加を伴い株価が50日移動平均線で崩れたポイントで空売り
後期ステージの不完全なカップ・ウィズ・ハンドル
Price Scale
110
100
90
80
70
60
50
45
38
34
30
26
24
22
19
17
15
13
12
11
10
9
8
7
6
5
4.5
Volume
56,000,000
32,000,000
18,000,000
Jun 99
Sep 99
Dec 99
Mar 00
Jun 00
Sep 00
Dec 00
Mar 01
Jun 01
Sep 01
Dec 01
Mar 02

コーニング週足チャート　2002

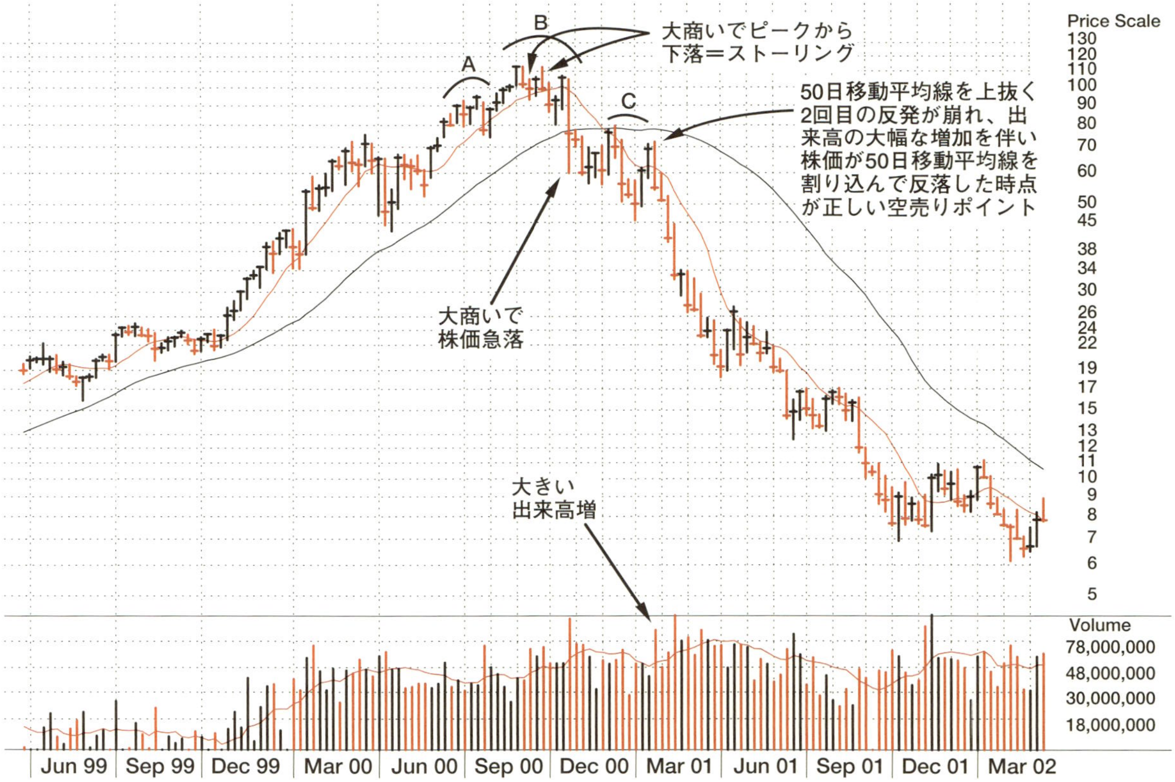
A
B
C
大商いでピークから
下落＝ストーリング
50日移動平均線を上抜く
2回目の反発が崩れ、出
来高の大幅な増加を伴い
株価が50日移動平均線を
割り込んで反落した時点
が正しい空売りポイント
大商いで
株価急落
大きい
出来高増
Price Scale
130
120
110
100
90
80
70
60
50
45
38
34
30
26
24
22
19
17
15
13
12
11
10
9
8
7
6
5
Volume
78,000,000
48,000,000
30,000,000
18,000,000
Jun 99
Sep 99
Dec 99
Mar 00
Jun 00
Sep 00
Dec 00
Mar 01
Jun 01
Sep 01
Dec 01
Mar 02

シエナ週足チャート

2002

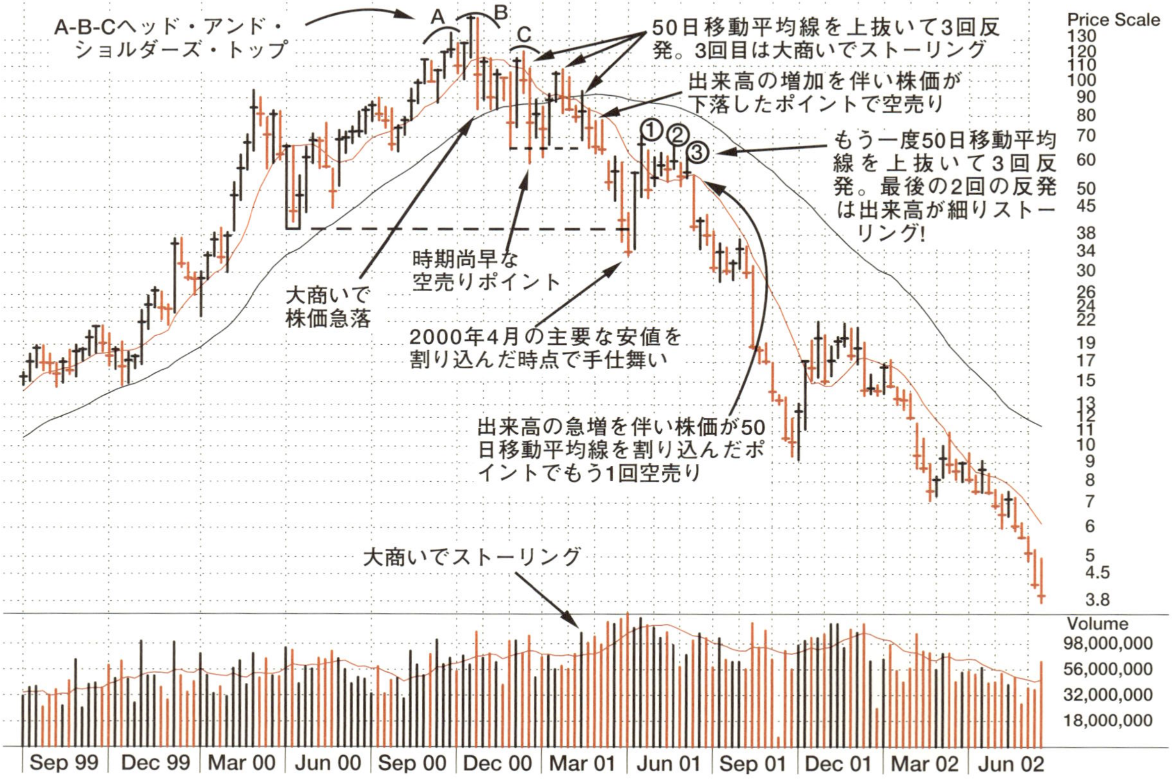
A-B-Cヘッド・アンド・
ショルダーズ・トップ
A
B
C
50日移動平均線を上抜いて3回反
発。3回目は大商いでストーリング
出来高の増加を伴い株価が
下落したポイントで空売り
①
②
③
もう一度50日移動平均
線を上抜いて3回反
発。最後の2回の反発
は出来高が細りストー
リング!
大商いで
株価急落
時期尚早な
空売りポイント
2000年4月の主要な安値を
割り込んだ時点で手仕舞い
出来高の急増を伴い株価が50
日移動平均線を割り込んだポ
イントでもう1回空売り
大商いでストーリング
Price Scale
130
120
110
100
90
80
70
60
50
45
38
34
30
26
24
22
19
17
15
13
12
11
10
9
8
7
6
5
4.5
3.8
Volume
98,000,000
56,000,000
32,000,000
18,000,000
Sep 99
Dec 99
Mar 00
Jun 00
Sep 00
Dec 00
Mar 01
Jun 01
Sep 01
Dec 01
Mar 02
Jun 02

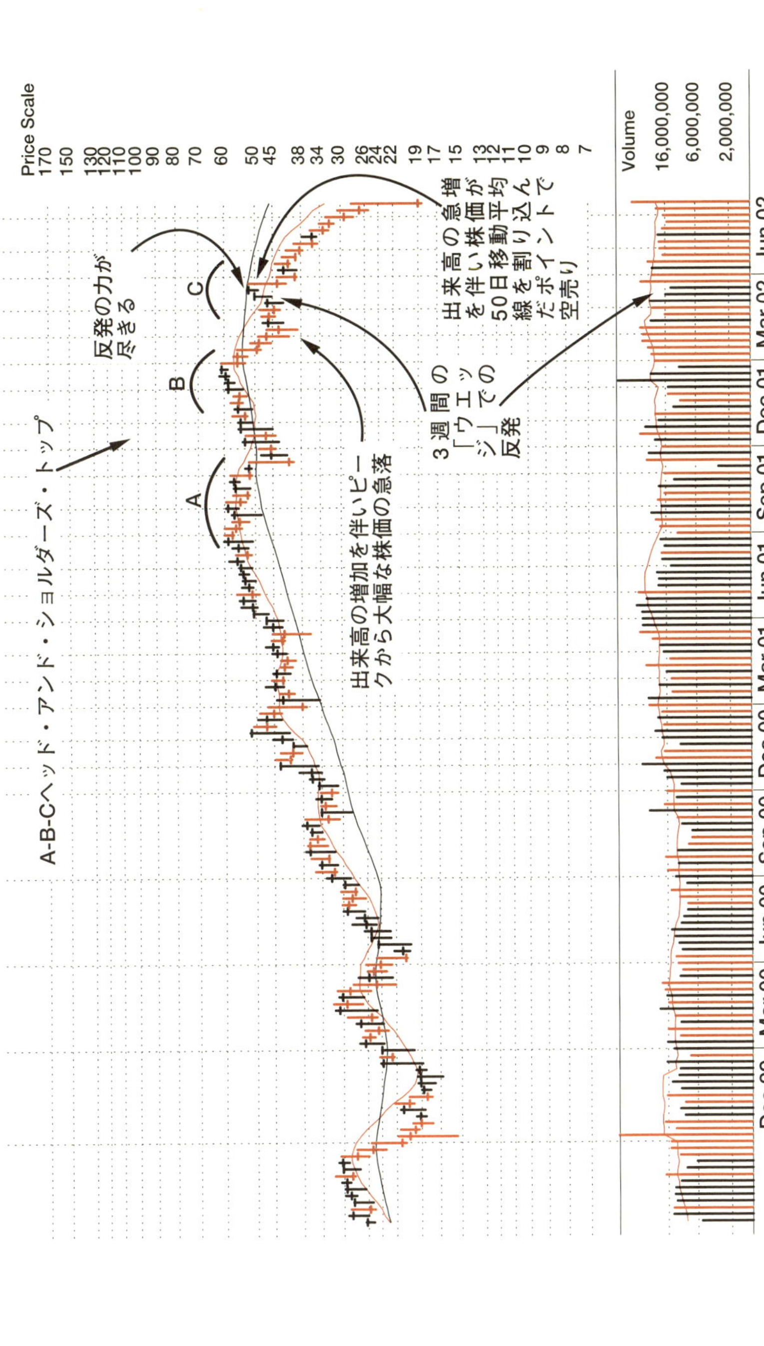
2002
A-B-Cヘッド・アンド・ショルダーズ・トップ
反発の力が尽きる
A
B
C
出来高の増加を伴いピークから大幅な株価の急落
３週間の「ウエッジ」での反発
出来高の急増を伴い株価が50日移動平均線を割り込んだポイントで空売り
Price Scale
170
150
130
120
110
100
90
80
70
60
50
45
38
34
30
26
24
22
19
17
15
13
12
11
10
9
8
7
Volume
16,000,000
6,000,000
2,000,000
Dec 99
Mar 00
Jun 00
Sep 00
Dec 00
Mar 01
Jun 01
Sep 01
Dec 01
Mar 02
Jun 02

ジェンザイム・ゼネラル週足チャート

サンミナSCI週足チャート

2002

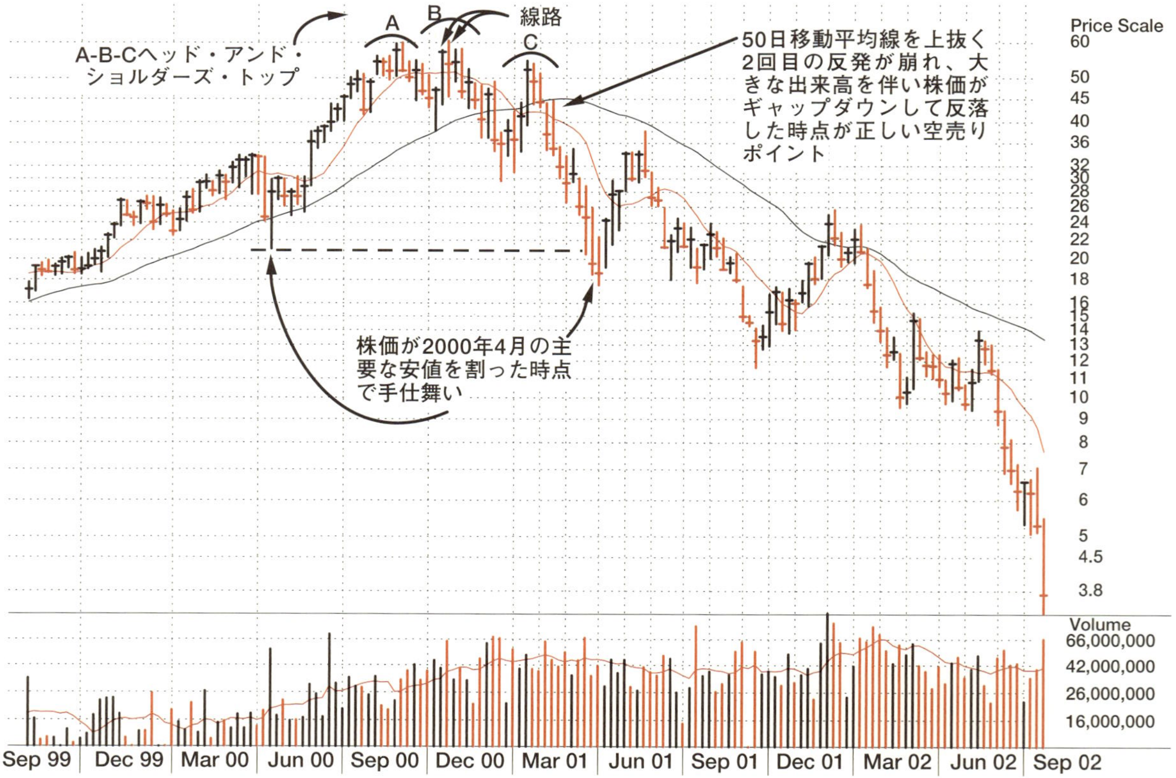
A-B-Cヘッド・アンド・ショルダーズ・トップ
A
B
C
線路
50日移動平均線を上抜く2回目の反発が崩れ、大きな出来高を伴い株価がギャップダウンして反落した時点が正しい空売りポイント
株価が2000年4月の主要な安値を割った時点で手仕舞い
Price Scale
60
50
45
40
36
32
30
28
26
24
22
20
18
16
15
14
13
12
11
10
9
8
7
6
5
4.5
3.8
Volume
66,000,000
42,000,000
26,000,000
16,000,000
Sep 99
Dec 99
Mar 00
Jun 00
Sep 00
Dec 00
Mar 01
Jun 01
Sep 01
Dec 01
Mar 02
Jun 02
Sep 02

アプライド・マイクロ・サーキッツ週足チャート　2002

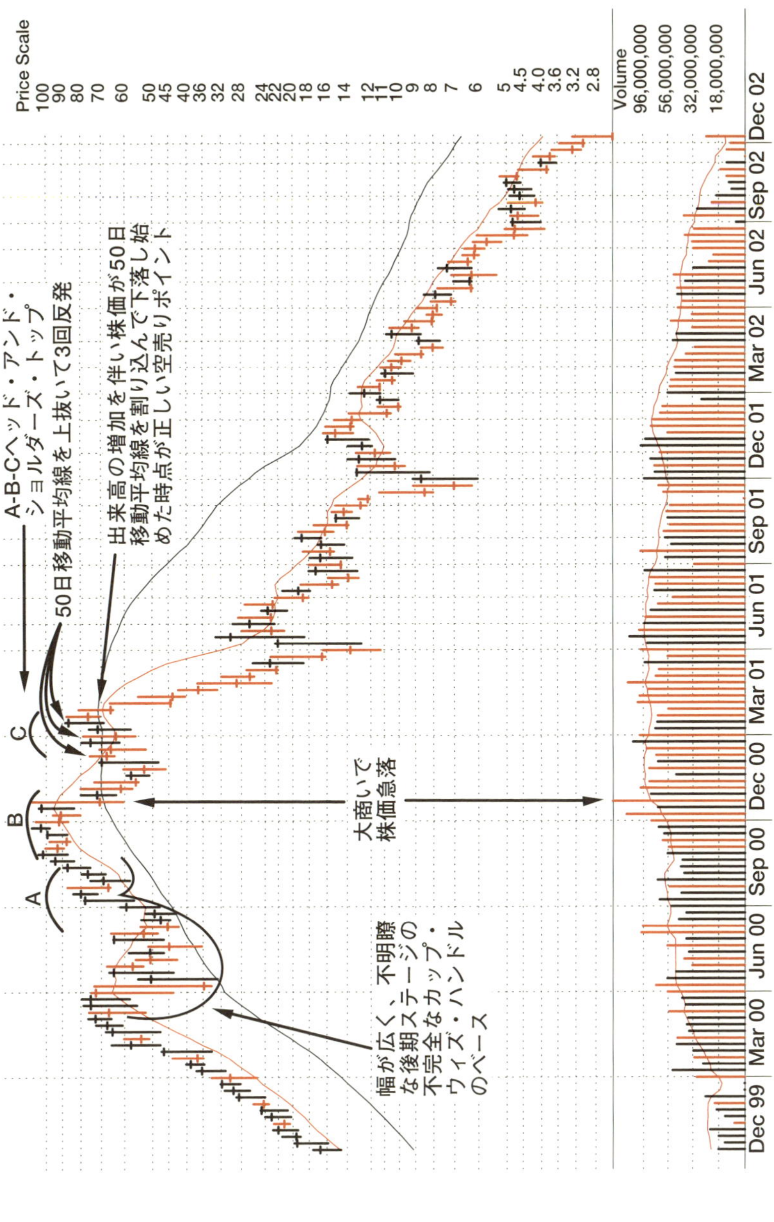
Price Scale
100
90
80
70
60
50
45
40
36
32
28
24
22
20
18
16
14
12
11
10
9
8
7
6
5
4.5
4.0
3.6
3.2
2.8
Volume
96,000,000
56,000,000
32,000,000
18,000,000
Dec 99
Mar 00
Jun 00
Sep 00
Dec 00
Mar 01
Jun 01
Sep 01
Dec 01
Mar 02
Jun 02
Sep 02
Dec 02
A
B
C
A-B-Cヘッド・アンド・ショルダーズ・トップ
50日移動平均線を上抜いて3回反発
出来高の増加を伴い株価が50日移動平均線を割り込んで下落し始めた時点が正しい空売りポイント
大商いで株価急落
幅が広く、不明瞭な後期ステージの不完全なカップ・ウィズ・ハンドルのベース

キャリア・エデュケーション週足チャート

2004

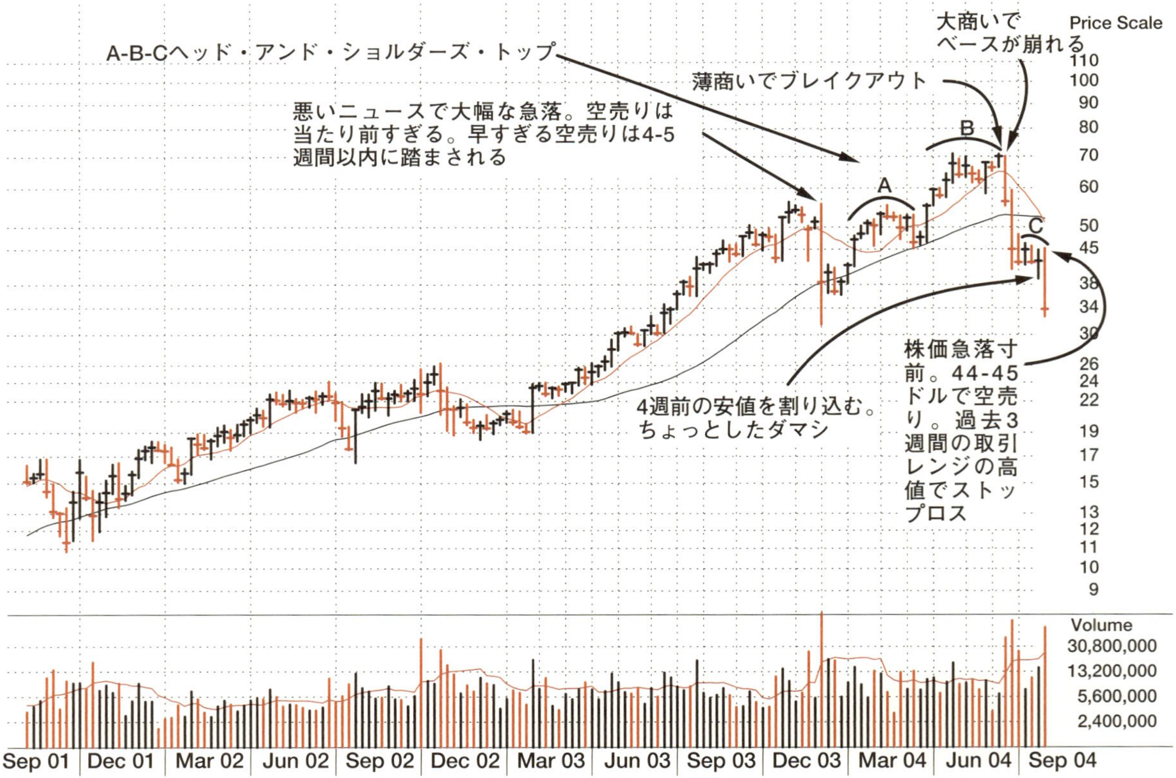

A-B-Cヘッド・アンド・ショルダーズ・トップ
悪いニュースで大幅な急落。空売りは当たり前すぎる。早すぎる空売りは4-5週間以内に踏まされる
薄商いでブレイクアウト
大商いでベースが崩れる
A
B
C
4週前の安値を割り込む。ちょっとしたダマシ
株価急落寸前。44-45ドルで空売り。過去3週間の取引レンジの高値でストップロス
Price Scale
110
100
90
80
70
60
50
45
38
34
30
26
24
22
19
17
15
13
12
11
10
9
Volume
30,800,000
13,200,000
5,600,000
2,400,000
Sep 01
Dec 01
Mar 02
Jun 02
Sep 02
Dec 02
Mar 03
Jun 03
Sep 03
Dec 03
Mar 04
Jun 04
Sep 04

ナム・タイ・エレクトロニクス週足チャート　2004

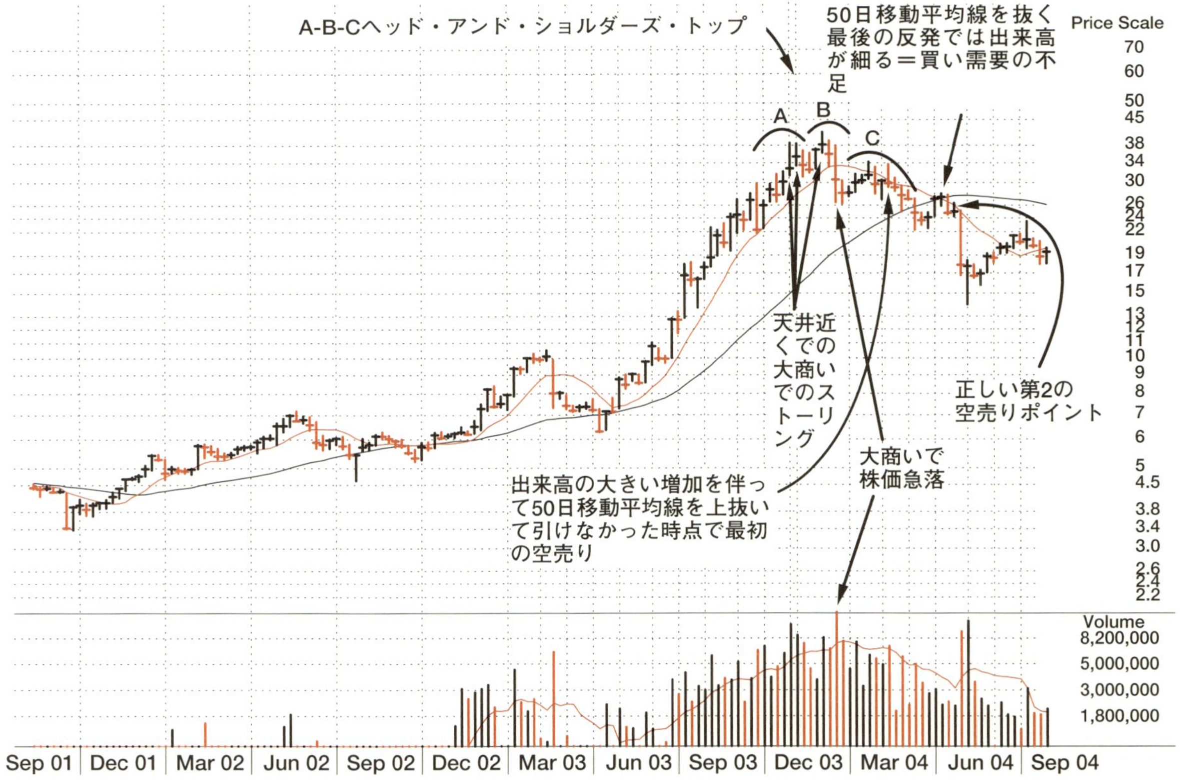
A-B-Cヘッド・アンド・ショルダーズ・トップ
50日移動平均線を抜く最後の反発では出来高が細る＝買い需要の不足
A
B
C
天井近くでの大商いでのストーリング
正しい第2の空売りポイント
大商いで株価急落
出来高の大きい増加を伴って50日移動平均線を上抜いて引けなかった時点で最初の空売り
Price Scale
70
60
50
45
38
34
30
26
24
22
19
17
15
13
12
11
10
9
8
7
6
5
4.5
3.8
3.4
3.0
2.6
2.4
2.2
Volume
8,200,000
5,000,000
3,000,000
1,800,000
Sep 01
Dec 01
Mar 02
Jun 02
Sep 02
Dec 02
Mar 03
Jun 03
Sep 03
Dec 03
Mar 04
Jun 04
Sep 04

タロ・ファーマシューティカル・インダストリーズ週足チャート　2004

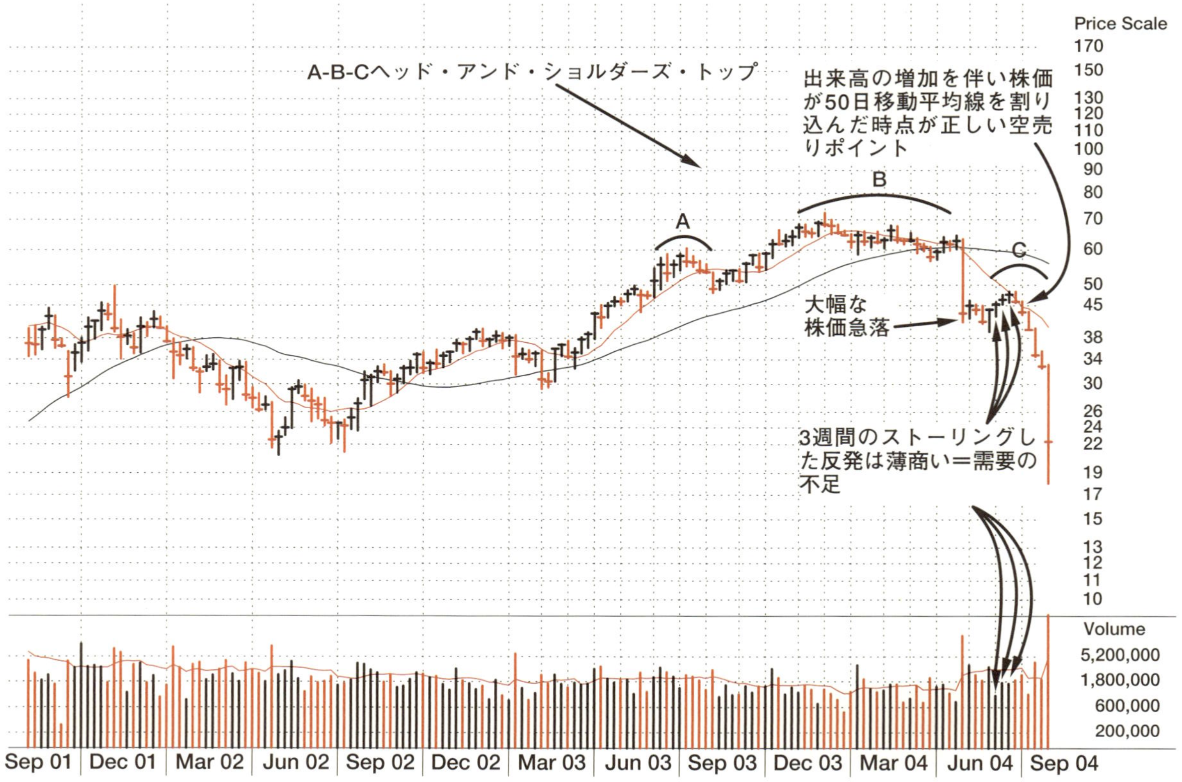
A-B-Cヘッド・アンド・ショルダーズ・トップ
出来高の増加を伴い株価が50日移動平均線を割り込んだ時点が正しい空売りポイント
A
B
C
大幅な株価急落
3週間のストーリングした反発は薄商い＝需要の不足
Price Scale
170
150
130
120
110
100
90
80
70
60
50
45
38
34
30
26
24
22
19
17
15
13
12
11
10
Volume
5,200,000
1,800,000
600,000
200,000
Sep 01
Dec 01
Mar 02
Jun 02
Sep 02
Dec 02
Mar 03
Jun 03
Sep 03
Dec 03
Mar 04
Jun 04
Sep 04

ビスタケア週足チャート　2004

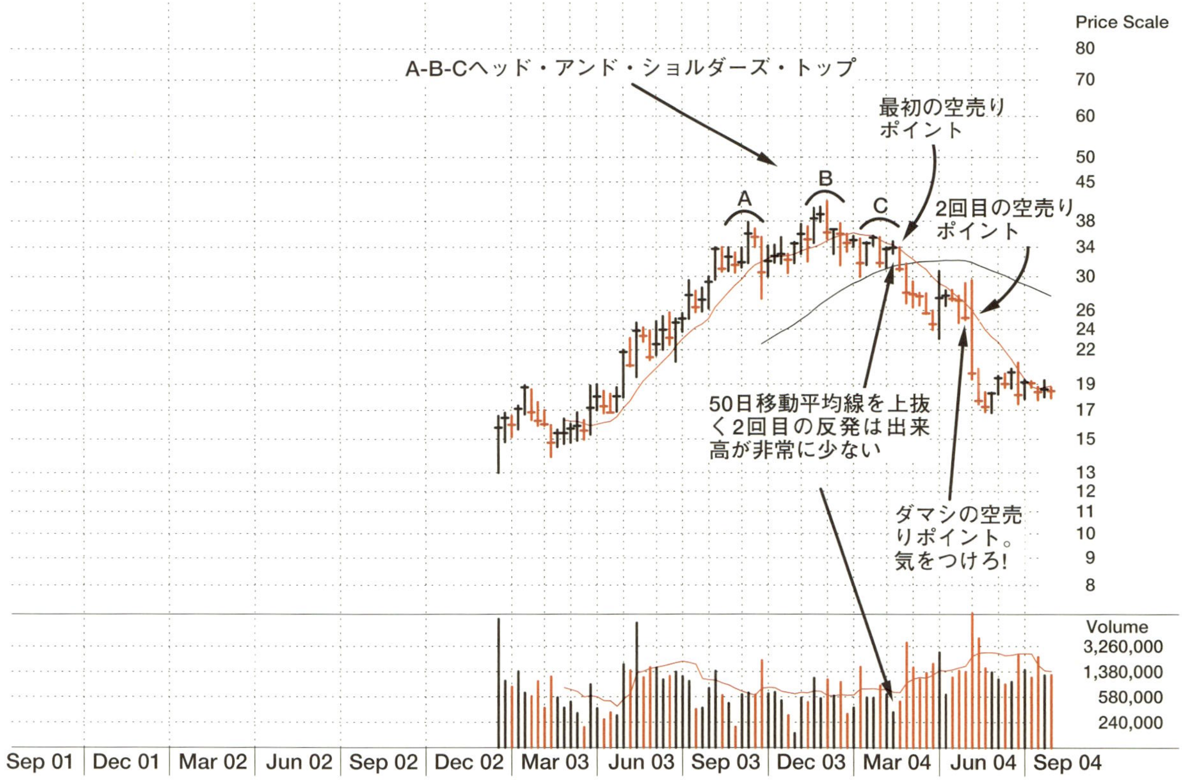
A-B-Cヘッド・アンド・ショルダーズ・トップ
A
B
C
最初の空売り
ポイント
2回目の空売り
ポイント
50日移動平均線を上抜
く2回目の反発は出来
高が非常に少ない
ダマシの空売
りポイント。
気をつけろ!
Price Scale
80
70
60
50
45
38
34
30
26
24
22
19
17
15
13
12
11
10
9
8
Volume
3,260,000
1,380,000
580,000
240,000
Sep 01
Dec 01
Mar 02
Jun 02
Sep 02
Dec 02
Mar 03
Jun 03
Sep 03
Dec 03
Mar 04
Jun 04
Sep 04

コリンシアン・カレッジズ週足チャート

2004

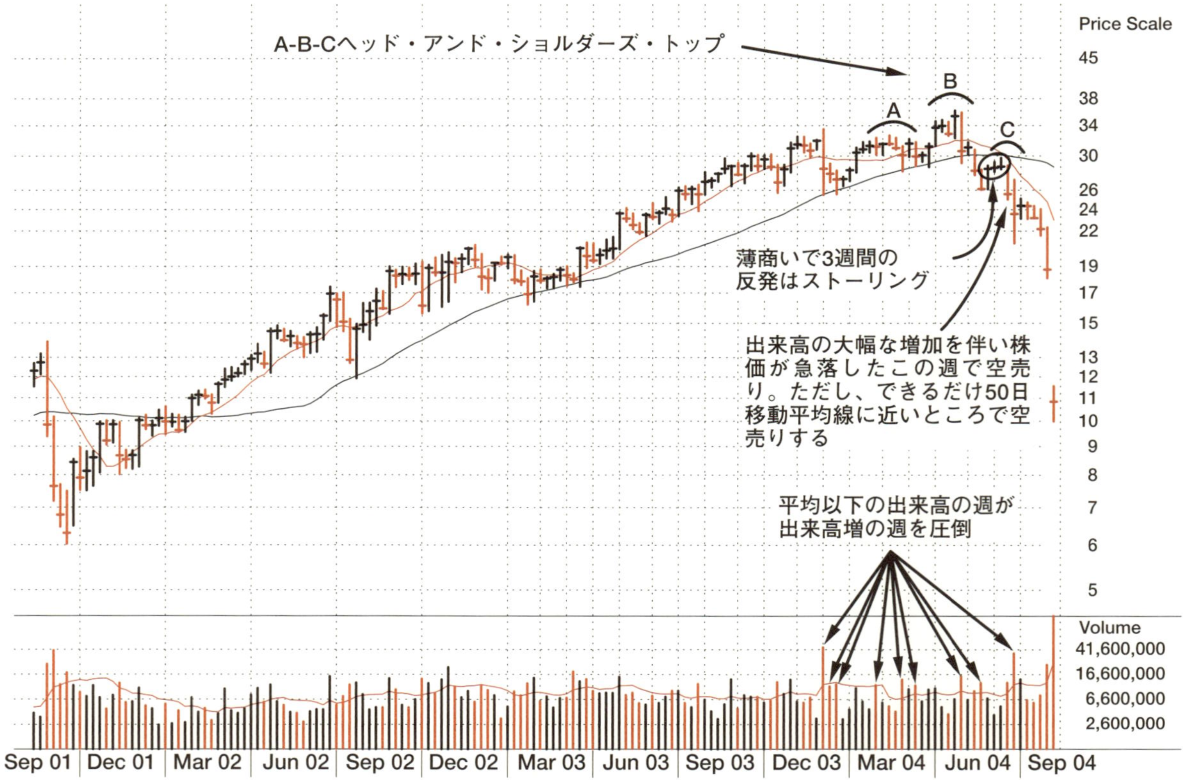
Price Scale
45
38
34
30
26
24
22
19
17
15
13
12
11
10
9
8
7
6
5
A-B-Cヘッド・アンド・ショルダーズ・トップ
A
B
C
薄商いで3週間の
反発はストーリング
出来高の大幅な増加を伴い株
価が急落したこの週で空売
り。ただし、できるだけ50日
移動平均線に近いところで空
売りする
平均以下の出来高の週が
出来高増の週を圧倒
Volume
41,600,000
16,600,000
6,600,000
2,600,000
Sep 01
Dec 01
Mar 02
Jun 02
Sep 02
Dec 02
Mar 03
Jun 03
Sep 03
Dec 03
Mar 04
Jun 04
Sep 04

ネットイーズ・ドット・コム週足チャート

2004

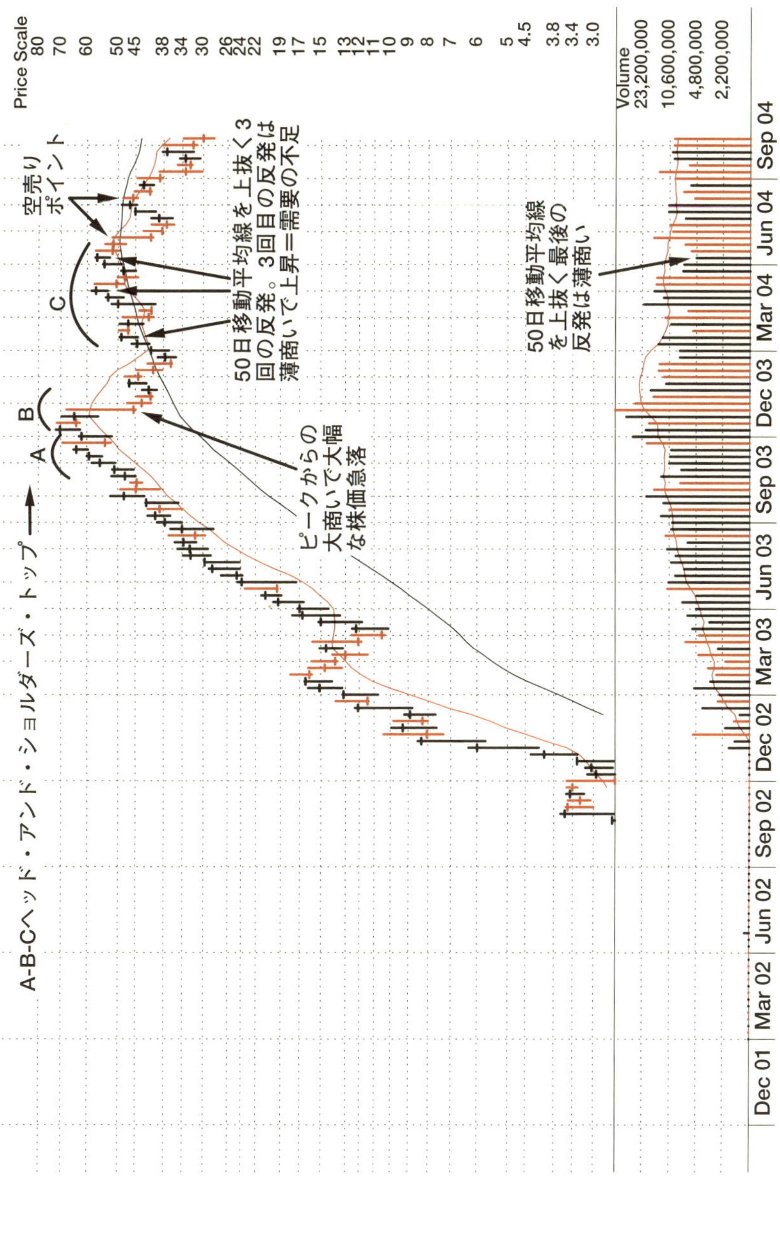
A-B-Cヘッド・アンド・ショルダーズ・トップ
A
B
C
空売りポイント
ピークからの大商いで大幅な株価急落
50日移動平均線を上抜く3回の反発。3回目の反発は薄商いで上昇＝需要の不足
50日移動平均線を上抜く最後の反発は薄商い
Price Scale
80
70
60
50
45
38
34
30
26
24
22
19
17
15
13
12
11
10
9
8
7
6
5
4.5
3.8
3.4
3.0
Volume
23,200,000
10,600,000
4,800,000
2,200,000
Dec 01
Mar 02
Jun 02
Sep 02
Dec 02
Mar 03
Jun 03
Sep 03
Dec 03
Mar 04
Jun 04
Sep 04

シーナ週足チャート　2004

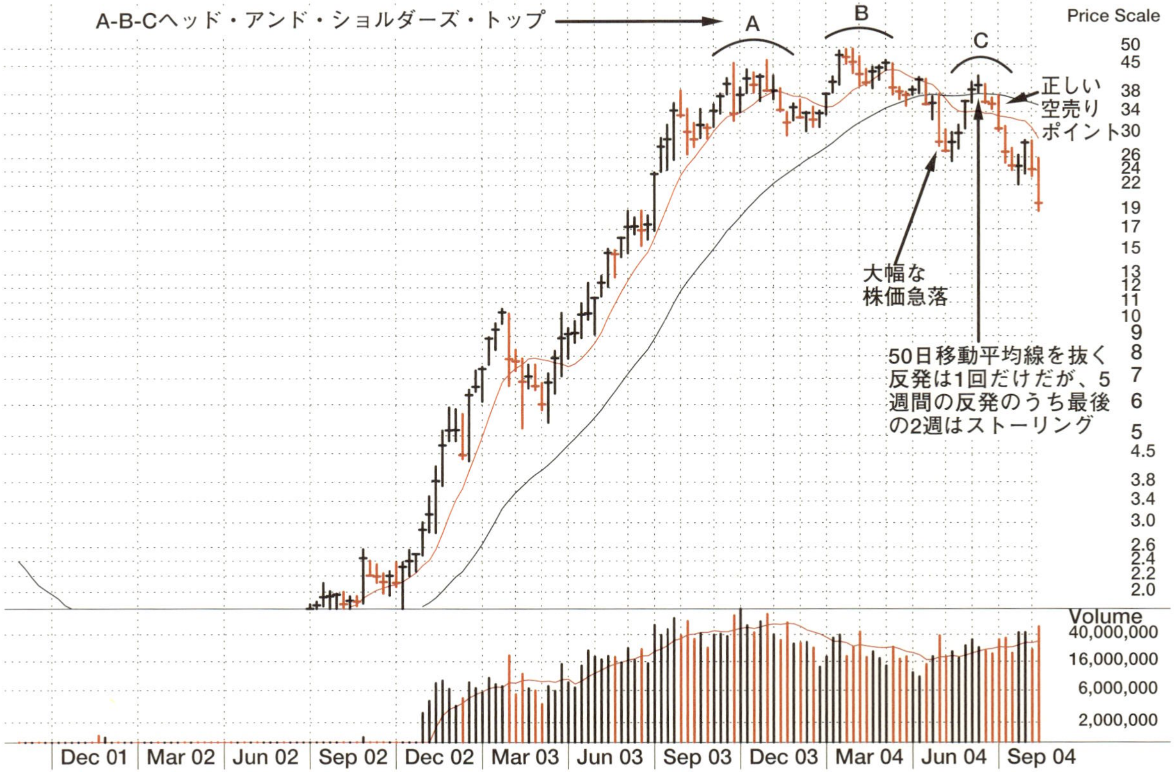
A-B-Cヘッド・アンド・ショルダーズ・トップ
A
B
C
Price Scale
50
45
38
34
30
26
24
22
19
17
15
13
12
11
10
9
8
7
6
5
4.5
3.8
3.4
3.0
2.6
2.4
2.2
2.0
正しい
空売り
ポイント
大幅な
株価急落
50日移動平均線を抜く
反発は1回だけだが、5
週間の反発のうち最後
の2週はストーリング
Volume
40,000,000
16,000,000
6,000,000
2,000,000
Dec 01
Mar 02
Jun 02
Sep 02
Dec 02
Mar 03
Jun 03
Sep 03
Dec 03
Mar 04
Jun 04
Sep 04

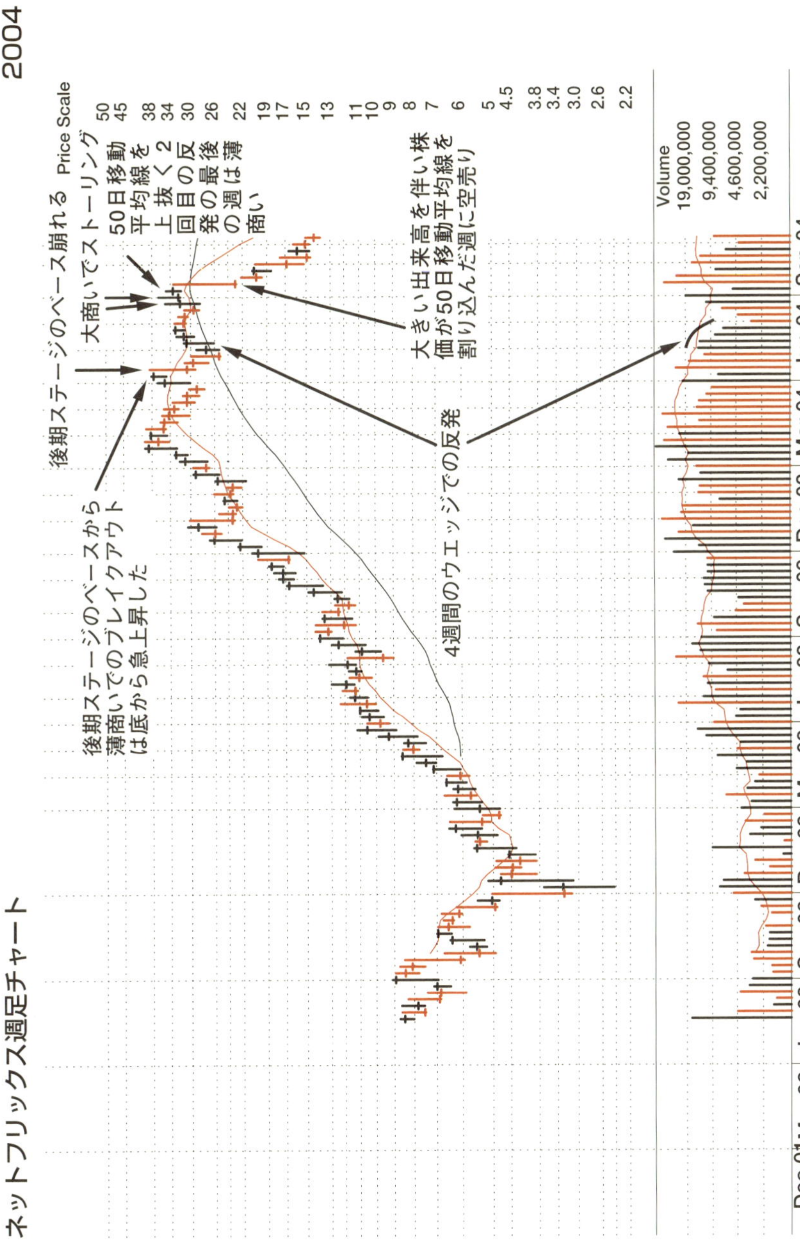
ネットフリックス週足チャート
2004
後期ステージのベースから薄商いでのブレイクアウトは底から急上昇した
後期ステージのベース崩れる
大商いでストーリング
50日移動平均線を上抜く2回目の反発の最後の週は薄商い
大きい出来高を伴い株価が50日移動平均線を割り込んだ週に空売り
4週間のウエッジでの反発
Price Scale
50
45
38
34
30
26
22
19
17
15
13
11
10
9
8
7
6
5
4.5
3.8
3.4
3.0
2.6
2.2
Volume
19,000,000
9,400,000
4,600,000
2,200,000
Dec 01
Mar 02
Jun 02
Sep 02
Dec 02
Mar 03
Jun 03
Sep 03
Dec 03
Mar 04
Jun 04
Sep 04

クリスピー・クリーム・ドーナツ週足チャート

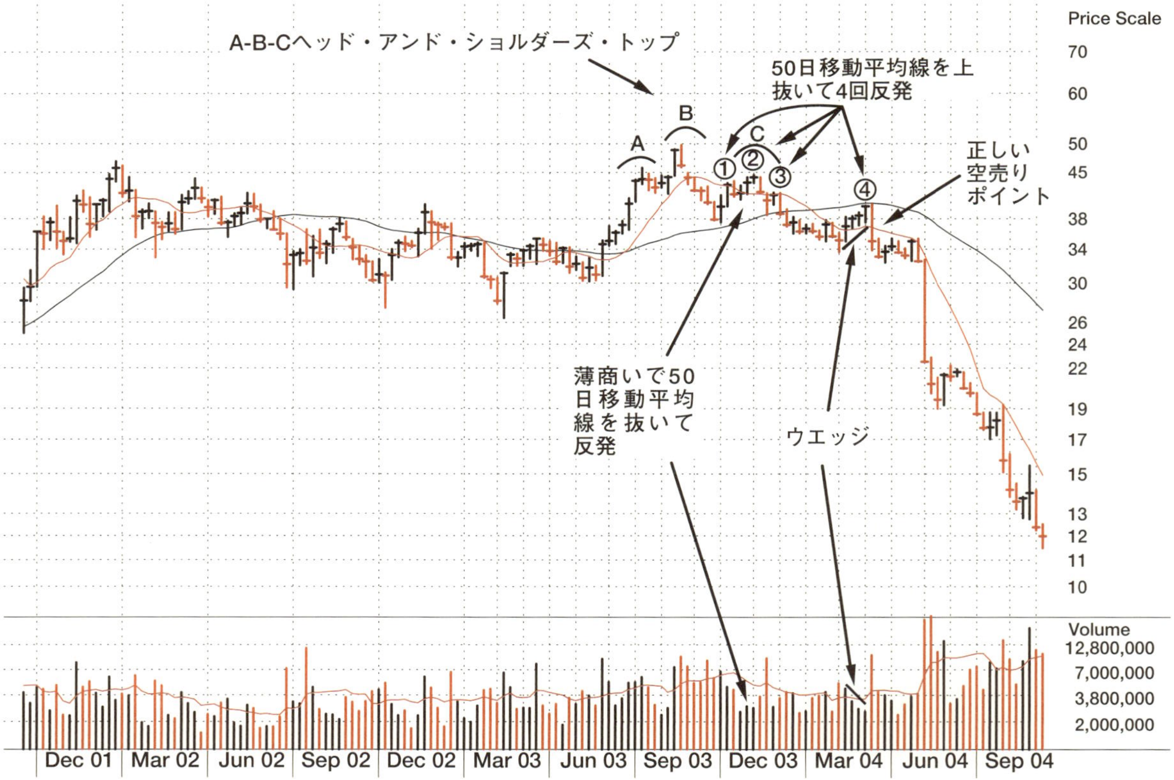
A-B-Cヘッド・アンド・ショルダーズ・トップ
50日移動平均線を上抜いて4回反発
A
B
C
①
②
③
④
正しい空売りポイント
薄商いで50日移動平均線を抜いて反発
ウエッジ
Price Scale
70
60
50
45
38
34
30
26
24
22
19
17
15
13
12
11
10
Volume
12,800,000
7,000,000
3,800,000
2,000,000
Dec 01
Mar 02
Jun 02
Sep 02
Dec 02
Mar 03
Jun 03
Sep 03
Dec 03
Mar 04
Jun 04
Sep 04

■著者紹介

ウィリアム・J・オニール(William O'Neil)

ウィリアム・オニールは個人投資家の際立った擁護者であり、投資で成功するために革新的で、信頼できる実効的なツールと方法を個人投資家に提供している。ベストセラーの『オニールの成長株発掘法【第４版】』『オニールの相場師養成講座』(いずれもパンローリング)などの本では、オニールが1963年にニューヨーク証券取引所の会員権を購入し、いまや500以上の機関投資家の顧客を持つ彼自身の投資会社であるウィリアム・オニール・アンド・カンパニーを始める原動力となったCAN SLIM投資分析ツールの解説を行っている。1984年に彼が創刊したインベスターズ・ビジネス・デイリー紙は、多くの投資家に毎日高度な証券市場のデータを提供しており、またそのウエブサイト(http://www.investors.com/)では正しい投資の基本的な原則について個人投資家に啓蒙を行っている。

ギル・モラレス(Gil Morales)

ギル・モラレスは1981年にスタンフオード大学を卒業し、1991年にメリル・リンチでブローカーとして投資業界でのキャリアを始めた。その後1994年に彼はペインウェバーに移り、同社の稼ぎ頭となり、オニール自身によってウィリアム・オニール・アンド・カンパニーにスカウトされた。彼は現在ウィリアム・オニール・アンド・カンパニーのバイスプレジデント兼チーフマーケットストラテジストであり、また同社の株式の一部の運用に責任を持つ社内ファンドマネジャーとしても活躍している。

■監修者紹介

鈴木一之(すずき・かずゆき)

インフォストックスドットコム、リサーチ部・チーフアナリスト。1983年千葉大学卒業。大和證券にて株式トレーディング室に配属され、以降ほぼ一貫して株式トレードの職務に従事。バブル前夜から崩壊後まで、相場の最前線にいた。2000年5月、インフォストックスドットコムに入社。現職に就く。同社の主催する投資教育セミナーで講師を担当するほか、ウエブサイト「ストックキャンパス」を通じて、日米の株式市況分析を行っている。

■訳者紹介

西村嘉洋(にしむら・よしひろ)

京都大学情報工学修士、ロンドン大学金融経済学修士。米国大手企業にてファイナンス・IT、サプライチェーン、電子商取引関連のマネジャーとして各国で勤務。現在はITコンサルティングのかたわら、金融、経済、IT関連を中心に翻訳を行っている。IEEE通信学会/コンピュータ学会正会員。訳書に『ヘッジファンドの売買技術』(パンローリング)などがある。

2005年11月３日　初版第１刷発行
2006年４月２日　　　第２刷発行
2007年２月２日　　　第３刷発行
2007年７月３日　　　第４刷発行
2014年５月１日　　　第５刷発行
2016年12月３日　　　第６刷発行
2020年１月２日　　　第７刷発行
2021年10月２日　　　第８刷発行
2022年11月２日　　　第９刷発行

ウィザードブックシリーズ(93)

オニールの空《から》売《う》り練《れん》習《しゅう》帖《ちょう》

著　者　ウィリアム・J・オニール、ギル・モラレス
監修者　鈴木一之
訳　者　西村嘉洋
発行者　後藤康徳
発行所　パンローリング株式会社
〒160-0023　東京都新宿区西新宿7-9-18-6F
TEL 03-5386-7391　FAX 03-5386-7393
http://www.panrolling.com/
E-mail　info@panrolling.com
編　集　エフ・ジー・アイ（Factory of Gnomic Three Monkeys Investment）合資会社
装　丁　久保田真理子
印刷・製本　株式会社シナノ

ISBN978-4-7759-7057-7

ウィリアム・J・オニール

証券投資で得た利益によって 30 歳でニューヨーク証券取引所の会員権を取得し、投資調査会社ウィリアム・オニール・アンド・カンパニーを設立。顧客には世界の大手機関投資家で資金運用を担当する 600 人が名を連ねる。保有資産が2億ドルを超えるニュー USA ミューチュアルファンドを創設したほか、『インベスターズ・ビジネス・デイリー』の創立者でもある。

WIZARD
オニールの
成長株発掘法
【第4版】
良い時も悪い時も儲かる銘柄選択をするために
How to Make Money in Stocks
著　者 ウィリアム・J・オニール
監修者 長尾慎太郎　訳者 スペンサー倫亜
CAN《チャン》-SLIM《スリム》は
『最も一貫した最高の成績を
上げた手法のひとつ』
米国個人投資家協会（AAII）の研究発表
Pan Rolling

ウィザードブックシリーズ 179

オニールの成長株発掘法【第4版】

定価 本体3,800円+税　ISBN:9784775971468

大暴落をいち早く見分ける方法

アメリカ屈指の投資家がやさしく解説した大化け銘柄発掘法!投資する銘柄を決定する場合、大きく分けて２種類のタイプがある。世界一の投資家、資産家であるウォーレン・バフェットが実践する「バリュー投資」と、このオニールの「成長株投資」だ。

目次

ウィザードブックシリーズ71

オニールの相場師養成講座

定価 本体2,800円+税　ISBN:9784775970577

キャンスリム（CAN-SLIM）は一番優れた運用法だ

何を買えばいいか、いつ売ればいいか、ウォール街ではどうすれば勝てるかを知っているオニールが自立した投資家たちがどうすれば市場に逆らわず、市場に沿って行動し、感情・恐怖・強欲心に従うのではなく、地に足の着いた経験に裏付けられたルールに従って利益を増やすことができるかを説明。

目次

利益を増やすことができるルール

- 最高の銘柄だけを最適なタイミングでだけ購入する
- 上下への大きな値動きを示唆するチャートパターンを見きわめる
- 売り時を心得る
- リターンを最大化するようにポートフォリオを管理する

相場が明日どう動くか見通しているわけではない――などと認めるのはオニールぐらいだろう。だがオニールは、相場が上げたらどうやって儲けるか、相場が下げたらその儲けをどうやって守るかを知っている。オニールは本書で、半世紀近くにわたって市場から学んできたノウハウを明らかにし、株式投資の厳しさにうろたえ、当惑している投資家たちを守るために編み出された、理性的で安定性のある投資法について説明している。

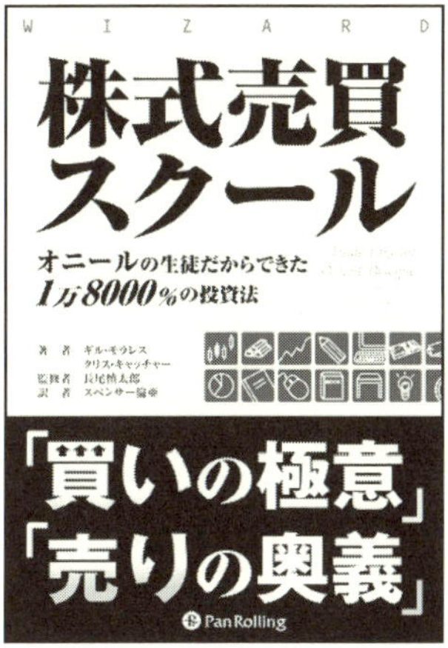

ウィザードブックシリーズ 198

株式売買スクール

著者　ギル・モラレス、クリス・キャッチャー

定価 本体3,800円+税　ISBN:9784775971659

伝説の魔術師をもっともよく知る２人による成長株投資の極意！

株式市場の参加者の90%は事前の準備を怠っている。オニールのシステムをより完璧に近づけるために、大化け株の特徴の有効性を確認。

ギル・モラレス　ウィリアム・オニール・アンド・カンパニーの元社内ポートフォリオマネジャー兼主任マーケットストラテジスト。オニールの手法をもとに、1万1000%を超える利益を上げた。オニールと共著で『オニールの空売り練習帖』（パンローリング）も出版。

クリス・キャッチャー　ウィリアム・オニール・アンド・カンパニーの元社内ポートフォリオマネジャー兼リサーチアナリスト。オニール手法をもとに、7年間で1万8000%のリターンを達成した。

目次

勝つために確認すべき項目

- 損切り――損失が6～7%になったら自動的に損切りをすることの重要性
- じっくりと腰を据えて正しい判断を下すことの勧め――利食いはゆっくりと行うこと
- 精神的な余裕を持つことの大切さ――自分の心理状態をコントロールすることで強い立場から投資をすること
- ポジションの集中――多くの株に手を出すような分散投資は必要ないこと
- マーケットタイミング――マーケットタイミングは不可能だという者がいるが、実は可能であるだけでなくそれが必要であるということ
- 投資家が犯す過ち――新米トレーダーや勉強不足の投資家が犯すナンピン買いやボロ株を買うこと
- オニールが歴史をさかのぼって成長株の前例を探し、それらをボックス理論に応用した結果、上昇型、取っ手付きカップ、ダブルボトム、正方形型、平底型、上昇後に現れた狭いフラッグ型などの独自の株価の調整パターンを見つけた経緯
- 「ポケットピボット」という早い段階で株を買う手法を使い、難しいマーケットの状況でも優位に立つ方法
- 株価が窓を上に空けたときに買うことで、大化け株を手際よく買う手法
- オニール流の空売り手法の詳細